Histoire de la psychanalyse

Sous la direction de
Roland Jaccard

Histoire de la psychanalyse

*

HACHETTE
littérature générale

Ont participé à cet ouvrage :

PAUL-LAURENT ASSOUN
Professeur à l'université de Nimègue

CHRISTIAN DELACAMPAGNE
Attaché culturel, directeur de l'Institut français
de Barcelone

ROLAND JACCARD
Docteur ès sciences sociales et psychologiques

JACQUES LE RIDER
Maître-assistant à l'université de Paris-XII

ALAIN DE MIJOLLA
Membre de la Société psychanalytique de Paris

GÉRARD RAULET
Maître-assistant à l'université de Paris-Sorbonne

Abréviations

G. W. : *Gesammelte Werke*, 18 vol., Londres, Imago Publishing, 1940-1952.

S. E. : *The Standard Edition of the Complete Psychological Works of Sigmund Freud*, éd. J. Strachey, 24 vol., Londres, The Hogarth Press, 1953.

I.P.A. : *International Psychoanalytic Association*, ou Association psychanalytique internationale.

Avant-propos

Roland Jaccard

Depuis qu'à la fin du XIXe siècle, Freud a mis au point un procédé d'investigation des processus inconscients, qu'il a baptisé « psychanalyse », les médecins, les philosophes, les écrivains n'ont pas cessé de s'interroger sur la valeur, l'intérêt et l'efficacité de cette nouvelle technique. Ils l'ont parfois comparée à une autre découverte qui se produisit à peu près simultanément : celle du physicien Wilhelm Roentgen qui, par une expérience inattendue, prouva la possibilité de voir à travers le corps humain considéré jusqu'alors comme impénétrable.

La psychanalyse, elle, permettait de scruter l'âme humaine : nombreux furent ceux qui prirent la fuite devant le spectacle qui leur était présenté et diffamèrent le charlatan viennois qui les invitait à tenter l'expérience. On comprend que Freud, à plus d'une reprise, ait proclamé que les trois qualités indispensables pour entreprendre une analyse était premièrement le courage, deuxièmement le courage et troisièmement le courage.

En près d'un siècle, la psychanalyse a vécu une histoire mouvementée : secouée par des ruptures fracassantes, persécutée par les régimes totalitaires, annexée ici ou là par la psychiatrie, concurrencée par des thérapies prétendument plus efficaces, elle continue cependant à briller d'un éclat particulier dans le ciel de l'intelligence. Si elle meurt un jour, ce sera de vieillesse, et non pour avoir été réfutée.

Si Freud ne considérait pas le point de vue thérapeutique comme fondamental, en revanche, il a toujours tenu à préserver intacte son identité de scientifique. C'est que, comme le rappelle le professeur André Bourguignon [1], à la fin du siècle précédent, la scientificité cotait très haut à la bourse des valeurs culturelles. Il était donc naturel que le jeune Freud cherchât la gloire sur les chemins de la science plutôt que sur ceux de la littérature ou de la philosophie.

Il était tout aussi naturel qu'une discipline apparemment aussi hybride, touchant à la biologie, à la linguistique, à la psychopathologie, à l'anthropologie, fût condamnée à demeurer dans l'antichambre de la science officielle. Tout en admettant, comme le Cercle de Vienne où naquit le positivisme logique, qu'elle révélait des liens entre une gamme étendue de faits observés, nouveaux et surprenants, elle ne satisfaisait pas réellement aux critères de la science. Ainsi, le philosophe Ludwig Wittgenstein affirmait nettement que la séduction des idées de Freud est exactement celle qu'exerce une mythologie. Outre cela, la psychanalyse correspondrait à un besoin de l'être humain aussi puissant (mais moins analysé) que celui de se créer des illusions : celui d'être désillusionné.

Quant à Karl Popper, il emporta l'adhésion des épistémologues et des « vrais » scientifiques en soutenant et en prouvant que la psychanalyse, tout comme le marxisme d'ailleurs, n'étant pas réfutable, elle ne peut en conséquence être promue au rang de science.

Pour bien des psychanalystes, cependant, le problème de la scientificité de leur discipline est aujourd'hui d'un médiocre intérêt, les modes épistémologiques étant sur ce point sujettes à des variations saisonnières. Il leur semble préférable et plus urgent de s'intéresser aux dangers qui la menacent et qui sont, selon André Bourguignon, de deux ordres : d'une part, la fermeture, le repli sur soi avec les risques de stérilité et de dogmatisme qu'il implique; d'autre part, le danger de perdre une identité toujours mal assurée en s'égarant dans d'autres domaines comme ceux de la biologie, de la psychologie ou de toute autre science humaine.

1. André BOURGUIGNON, « Quelques problèmes épistémologiques posés dans le champ de la psychanalyse freudienne », in *Psychanalyse à l'Université*, Paris, Éd. Répliques, juin 1981.

« La psychanalyse, écrit André Bourguignon, est contrainte d'avancer entre ces deux écueils. Certes, elle peut les éviter par la critique constante, le doute, la contestation, les remises en question régulières de la théorie, la lutte contre la croyance aveugle, la soumission aux faits et aux exigences de la logique. Mais il ne faut pas que ces remèdes soient pires que le mal et tuent dans l'esprit des analystes les fantasmes, les fruits de l'imagination et de la déraison, le goût de l'aventure et la capacité de se laisser surprendre, qui sont les seules vraies sources de la création scientifique et psychanalytique. »

Un troisième danger, d'ordre plus institutionnel celui-là, est signalé par Serge Viderman : opposant la médiocrité croissante de la pensée psychanalytique au formidable élan créateur qu'elle a connu à ses débuts, il s'interroge sur les analyses didactiques qui se prolongent de plus en plus au point de ne plus connaître de terme précis. Plus elles s'approfondissent, écrit Viderman, moins elles se révèlent fécondes dans la recherche et l'accès à de nouvelles découvertes théoriques ou pratiques. « La machine institutionnelle, poursuit-il, n'a que faire de têtes qui pensent. Elle n'a besoin que de têtes dociles, soumises, coulées dans le moule sûr qu'on leur a préparé et qui ne risquent pas de soulever des questions gênantes [2]. »

La psychanalyse, à ses débuts, aspirait à « troubler le sommeil du monde ». Il n'est pas certain qu'elle y soit parvenue. Peut-être même n'a-t-elle abouti qu'à engendrer de nouveaux conformismes, en quoi par ailleurs elle ne se distinguerait guère d'autres mouvements révolutionnaires (le christianisme, la Révolution française, le communisme...) ayant affiché de semblables prétentions.

Pourtant, qu'on s'en félicite ou qu'on le déplore, on ne peut s'empêcher de penser que la psychanalyse demeurera vraisemblablement dans le champ culturel de ce siècle barbare et niveleur la pierre de touche d'un certain raffinement intellectuel, d'un individualisme insolemment et parfois pathétiquement revendiqué, ainsi que d'une disposition intérieure géné-

2. Texte publié dans *Géopsychanalyse* sous l'égide de « Confrontation ».

ralement peu conforme aux idéaux, sociaux et politiques, de nos modernes médio-technocraties.

Nous sommes tous, d'une certaine manière, les enfants de Freud et du Coca-Cola, mais il ne faut pas oublier que le Coca-Cola, lorsqu'il fut lancé, était à base de cocaïne et que la psychanalyse ne passait pas précisément pour un neuroleptique intellectuel.

Dans cette *Histoire de la psychanalyse*, il nous a semblé intéressant de récapituler dans un premier volume les origines des découvertes freudiennes, ainsi que les principaux thèmes autour desquels s'est articulée la théorie psychanalytique. Dans un second volume, nous avons cherché à retracer le cheminement des idées freudiennes dans des aires culturelles souvent fort éloignées du creuset viennois où, il y a maintenant près d'un siècle, elles furent élaborées.

Aux origines de la pratique psychanalytique

Alain de MIJOLLA

> « Les médecins jouent à présent dans la société le rôle des prêtres dans le Moyen Age. Ils reçoivent les confidences des ménages troublés, des parentés bouleversées par les fautes et les passions de famille. L'Abbé a cédé la ruelle au Docteur, comme si cette société, en devenant matérialiste, avait jugé que la cure de l'âme devait dépendre désormais de celle du corps. »
>
> Alfred de VIGNY, *Stello* (1832).

Le 25 avril 1886, de retour d'un stage de quatre mois en France, auprès du célèbre professeur Jean-Martin Charcot, un jeune neurologue ouvre à Vienne son premier cabinet médical. Il aura trente ans la semaine suivante et, sans le savoir, s'apprête à réaliser le programme ambitieux qu'il avait tracé à sa fiancée, un an auparavant, dans l'enthousiasme de l'octroi de sa bourse de voyage par la faculté de Médecine : « Je partirai pour Paris, je deviendrai un grand savant et je reviendrai à Vienne paré d'une grande, d'une énorme auréole et nous nous marierons aussitôt et je guérirai tous les malades nerveux incurables [1]... »

Rien ne va toutefois, pour Sigmund Freud, se dérouler comme prévu car : « Qui veut vivre du traitement des malades nerveux, expliquera-t-il quarante ans plus tard [2], doit évidemment pouvoir faire quelque chose pour eux. Mon arsenal thérapeutique ne contenait que deux armes : l'électrothérapie et l'hypnose, car l'envoi dans un établissement hydrothérapique-après une consultation unique n'était pas une source de gain

1. FREUD (S.), *Correspondance 1873-1839*, trad. fr. A. Berman et J.-P. Grossein, Paris, Gallimard, 1966.
2. FREUD (S.), *Ma vie et la psychanalyse* (1925), trad. fr. M. Bonaparte, Paris, Gallimard, 1950.

suffisante. Je m'en rapportai, en ce qui concerne l'électrothérapie, au manuel de W. Erb, qui donnait des prescriptions détaillées sur le traitement de tous les symptômes des maladies nerveuses. Je devais malheureusement bientôt reconnaître que ma docilité à suivre ces prescriptions n'était d'aucune efficacité, que ce que j'avais pris pour le résultat d'observations exactes n'était qu'un édifice fantasmagorique. La découverte qu'un livre signé du premier nom de la neuropathologie allemande n'avait pas plus de rapports à la réalité que, par exemple, une clef des songes " égyptienne " telle qu'on en vend dans nos librairies populaires, fut douloureuse, mais elle m'aida à perdre encore un peu de la naïve croyance aux autorités dont je ne m'étais pas encore rendu indépendant. »

Pour ce qui concernait la thérapeutique des névrosés, les autorités en question se montraient en effet aussi dogmatiques qu'impuissantes, ce qui n'allait pas manquer d'exaspérer l'ardent et imaginatif neuropathologue que le besoin de comprendre, encore plus que les exigences d'une situation matérielle difficile, animait déjà. Les malades nerveux, il en avait d'ailleurs rencontré après son abandon forcé, par impécuniosité, de la recherche en laboratoire, et il avait pu constater à quel point la science officielle se trouvait dépourvue devant eux. Un remplacement dans une maison de santé viennoise, en juin 1885, juste avant le grand départ pour Paris, l'avait mis face à la peu exaltante condition des riches et célèbres « nerveux » que l'on y gardiennait : « Soixante malades sont soignés dans la maison, représentant toute la gamme des affections mentales, depuis la débilité légère qu'un profane ne remarque pas jusqu'à la détérioration psychique la plus profonde. Le traitement médical est naturellement insignifiant, se limitant aux troubles secondaires décelés, chirurgicaux ou internes; tout le reste consiste en surveillance, soins, régime et laisser-aller [...]. Si l'on n'est ni directeur, ni cuisinière, il y a dans l'ensemble fort peu à faire et on pourrait mener ici une vie idyllique avec femme et enfant, à condition que ne manque pas l'élément stimulant de la lutte pour la vie... C'est, en somme, un poste de fonctionnaire [3]. »

Cet élément stimulant, indispensable à Freud tout au long de son existence, il s'était alors persuadé l'avoir trouvé dans le grand bouleversement intellectuel et affectif de sa rencontre avec Charcot. « Ce que je sais, écrivit-il d'ailleurs en novembre 1885 à sa fiancée, c'est qu'aucun autre homme n'a jamais eu autant d'influence sur moi. » Enfin on pouvait s'intéresser scientifiquement à ces malades névrotiques auparavant si négligés, voire traités de simulateurs, enfin s'offrait un fief au neurologue assez hardi pour transmettre à Vienne les idées du maître et pousser plus avant sa recherche, malgré les oppositions des collègues jaloux. De fait, sur le plan spéculatif, mille découvertes étaient imaginables, mais sur le plan de la pratique quotidienne...

Le traitement de l'hystérie, tel qu'il apparaît dans le volumineux *Traité clinique et thérapeutique de l'hystérie, d'après l'enseignement de la Salpêtrière* [4], en trois tomes et près de deux mille pages, écrit par Gilles de la Tourette, élève de Charcot qui préfaça son œuvre, n'y occupe guère que cent cinquante pages qui seraient toutes à reproduire pour permettre à chacun de se représenter, ce que l'on omet trop souvent de faire, où en était la médecine officielle du temps de Freud et de mesurer le chemin parcouru depuis, grâce à lui.

Au départ, il y a les principes : « Il faut placer dans le système nerveux le siège des accidents hystériques. Où la discussion pourrait s'étendre, c'est si l'on voulait préciser quel est, dans ce vaste appareil, le point spécialement touché. Très probablement c'est le cerveau. “ Il faut, dit Charcot, prendre l'hystérie pour ce qu'elle est, c'est-à-dire pour une maladie psychique par excellence. ” » Il en résultera que le « traitement psychique » – mais nous verrons ce que cache cette étiquette –

3. FREUD (S.), *Correspondance 1873-1839, op. cit.*

4. TOURETTE (G. de la), *Traité clinique et thérapeutique de l'hystérie, d'après l'enseignement de la Salpêtrière*, t. III, Paris, Plon, 1895. (Un certain nombre de citations d'auteurs tels Charcot, Briquet, Pitres, etc., sont tirées de ce livre qui en indique les références.).

est la pierre de touche de l'édifice thérapeutique. Comme cela gêne un peu le professeur agrégé de la Tourette, il préfère s'appuyer sur la constatation de troubles fréquents de la sensibilité, hyperesthésies ou anesthésies, pour définir comme « base du traitement » : « Le rétablissement des diverses sensibilités perverties ou disparues. La faradisation des tissus cutanés ou des muqueuses, l'électricité statique, les aimants, le massage, l'hydrothérapie sont les éléments de cette méthode dont l'empirisme a révélé depuis longtemps l'efficacité. »

Dans ses rapports avec sa clientèle, le médecin consultant se doit de rester à tout moment maître de la situation. Est-il appelé d'urgence à l'occasion d'une crise paroxystique? « On est venu nous chercher en toute hâte; à notre arrivée, nous tombons au milieu d'un affolement général. La malade, en raison des phénomènes si fréquents de la boule (sensation d'oppression par une « boule dans la gorge »), ayant crié et criant encore qu'elle étouffe, on a déjà placé, sur le cou, sur la partie antérieure de la poitrine, un sinapisme (cataplasme révulsif) qui risque fort d'être oublié, vu l'anesthésie qui accompagne l'attaque. Une compresse d'éther est maintenue sur ses narines; un bandeau imbibé d'eau sédative couvre son front. La chambre est pleine de monde et les lamentations des assistants se mêlent aux cris du sujet que secouent les convulsions : il suffit d'avoir vu une fois ce spectacle pour qu'il demeure gravé dans le souvenir. » Après avoir confirmé le diagnostic et enlevé les intempestifs sinapisme et bandeau, le médecin doit faire sortir toute l'assistance, car « fréquemment, la crise a été déterminée par une discussion, par une contrariété, par une de ces futilités de la vie journalière qui impressionnent si vivement les hystériques. Le fait même d'éloigner la cause provocatrice en la personne de la mère, du mari, de tout autre, aura immédiatement un résultat favorable. »

L'essentiel du « traitement psychique » est contenu dans ces quelques phrases qui mettent surtout en évidence l'attitude thaumaturgique du médecin. Indispensable lors des grandes crises, sa maîtrise s'impose tout autant lors des consultations plus banales : « Du premier examen doit naître la confiance que le médecin devra toujours inspirer sous peine de courir à un échec certain. » Après avoir écouté le compte rendu que lui fait la malade de ses troubles, « il se fera narrateur à son tour : " Tout cela est très bien, dira-t-il, mais vous oubliez quelque chose; je vais compléter votre récit. " » Et le miracle s'accomplira, dans une réplique que n'aurait pas reniée Molière : « Souvent alors, vous entendez la malade s'écrier : " Mais vous me connaissez donc, vous qui me voyez pour la première fois? On dirait que vous vivez près de moi depuis longtemps; j'éprouve, en effet, tout ce que vous me dites : jamais on ne m'avait parlé de la sorte, jamais on n'a de telle façon analysé mes sentiments. " » On ne pourrait que sourire de ce cri du cœur, transférentiel avant la lettre, si les raisons profondes de la tactique médicale de compréhension n'apparaissaient rapidement : « Lorsque l'hystérique se sent comprise, devinée, il est rare qu'elle ne s'abandonne pas. » En effet, « il faut, en leur faisant comprendre qu'on est au courant de leur maladie, de leur être mental, de leurs faits et actes, de leur manière de vivre journalière, leur montrer qu'on les tient en main, pour ainsi dire, et qu'elles n'ont qu'à obéir, et elle obéissent au moins dans certaines conditions, à l'aide de certains procédés que nous allons déterminer. »

Nous reviendrons sur le second de ces procédés, l'hypnose, qui n'est pas considéré sans méfiance par Gilles de la Tourette. Quant au premier : « L'élément le plus important du traitement psychique des hystériques consiste incontestablement dans l'*isolement* de ces malades des personnes de leur entourage. » Charcot le disait déjà : « Oui, il faut séparer les enfants, les adultes, de leur père et de leur mère, dont l'influence, l'expérience le démontre, est particulièrement pernicieuse. » Rien de sérieux ne peut donc être envisagé sans un séjour de deux mois environ dans un établissement hydrothérapique où le médecin imposera ses prescriptions. « Tous les jours, vous aurez un bulletin de santé et, aussitôt que votre fille ira mieux, vous pourrez, *à titre de récompense* (disait M. Charcot), la voir et juger par vous-même des progrès de sa guérison. » Et M. le professeur Pitres de confirmer : « Le seul fait d'avoir obtenu l'isolement constitue une sorte de victoire morale qui place l'hystérique sous la domination exclusive du médecin. » Car, chacun le reconnaît : « Le traitement médicamenteux, hydrothérapique ou autre, physique en un mot, n'a, d'ailleurs, qu'une importance de second ordre. »

Douches froides, en jet brisé de courte durée, entre 8° et 12°, de 10 à 20 secondes, douches écossaises pour les sensibles, immersions de quelques secondes dans des piscines à 14°, enveloppements dans des draps mouillés, à la rigueur quelques calmants, comme le bromure de potassium, ou, mieux, la « médecine d'imagination », pilules de mie de pain, de bleu de méthylène, injections d'eau distillée, massages, « malaxation des antagonistes » dans les contractures spasmodiques, rien de tout cela n'est très efficace, mais tout peut agir si le médecin a su s'imposer. Dans l'arsenal d'allure plus scientifique de ce temps, on trouve le traitement par l'électricité dont Freud a fait la décevante expérience : électricité statique, bain d'électricité à haute tension, prônés par Charcot qui, à l'aide d'excitateurs à pointe, provoque souffle électrique, aigrettes ou étincelles. Électricité faradique, surtout pour les troubles localisés de la peau, des muscles et des muqueuses, selon les principes d'Erb qui, par pinceaux ou par éponges interposés, vient stimuler localement les malades atteints d'anesthésie, de paralysie, d'amaurose, de surdité hystérique, d'aphonie, de toux ou de vaginisme...

Tout peut paraître préférable d'ailleurs aux méthodes chirurgicales que préconisent les nombreux tenants de l'origine « génitale » de l'hystérie : la castration par ablation des ovaires. Que de femmes ainsi mutilées en Amérique, mais en France aussi à la suite des expériences de Péan, à la grande indignation de Charcot.

Quand on ne peut pas guérir, il faut songer à prévenir, et le « traitement psychologique » va trouver dans ce domaine ses plus parfaits prolongements. « Puisque, écrit un autre spécialiste, Briquet, l'observation montre que le quart environ des filles qui naissent d'une mère atteinte d'hystérie est inévitablement destiné à devenir hystérique, il est évident que la direction de la grossesse de la mère et celle de l'éducation de l'enfant, si c'est une fille, devront se faire d'après certaines règles que le médecin aura à déterminer. » C'est-à-dire que « tous les efforts devront tendre à soustraire le garçon ou la fillette à l'influence pernicieuse de leur mère, surtout à dater de la cinquième ou sixième année, alors que l'intelligence de l'enfant prend son essor, qu'il n'est plus l'être végétatif sur lequel les modifications physiques de l'alimentation, par exemple, avaient une prise singulièrement plus importante que la contagion nerveuse qui se dégageait de sa mère ». Sans doute est-il bon de rappeler que ces lignes sont publiées en 1895, contemporaines donc de la parution à Vienne des *Études sur l'hystérie*, de Freud et Breuer. Que la première analyse de rêve effectuée par Freud, celui de « l'injection faite à Irma », est datée du 24 juillet de cette même année...

Voici donc les enfants placés en internat, pour leur plus grand bien, et le mariage fortement recommandé aux filles « prédisposées », « pour cette raison qu'on les soustraira ainsi à l'influence mauvaise du milieu familial. Il sera permis d'espérer que la jeune fille trouvera dans son mari l'aide morale qui lui est nécessaire, plus particulièrement à elle dans la circonstance. Le vieux principe de l'*Hitopadéça* (recueil de fables et contes moraux de l'Inde) : " Une femme doit être sous la garde de son père pendant son enfance, sous la garde de son mari pendant sa jeunesse, sous la garde de son fils pendant sa vieillesse, et jamais indépendante ", est applicable aux hystériques plus qu'à toutes autres. » Quant aux hystériques mâles, en revanche, pas question surtout de les marier trop vite.

A côté des résultats escomptés de l'isolement, ceux de l'autre procédé du traitement psychique, l'hypnose, apparaissent bien aléatoires et même périlleux aux successeurs de Charcot : « L'hypnotisme est un modificateur puissant du terrain hystérique; de ce fait il peut être dangereux, même dans des mains expérimentées. »

Le jeune docteur Freud n'hésitera pourtant guère plus d'un an avant de se décider à l'employer de façon régulière. En décembre 1887, écrit-il, « je mis l'appareil électrique de côté, avant même que Moebius n'ait proféré ces paroles libératrices : Les succès du traitement électrique – quand il en est – ne sont dus qu'à la suggestion médicale.

Les choses semblaient en meilleure posture avec l'hypnose. »

C'est une longue histoire que celle de l'hypnotisme comme procédé thérapeutique, et il est désormais traditionnel d'évoquer le baquet de Mesmer et les vertus des crises convulsives qu'il déclenchait, au début de tout exposé concernant la psychothérapie, une fois résumés les procédés magiques, les miracles religieux ou les procès de possession démoniaque. Pourquoi pas ? En ce qui concerne l'histoire de la psychanalyse et l'étude des origines de sa pratique, il est légitime également de réserver une place privilégiée aux courants d'idées qui s'ensuivirent et firent apparaître durant le XIXe siècle en Occident les étranges pratiques de l'hypnose, en rappelant toutefois deux réflexions de Freud sur ce sujet, toutes deux extraites de l'*Introduction à la psychanalyse* [5]. La première est souvent citée de façon tronquée, comme une sorte de reconnaissance de filiation : « Jeune médecin, je me suis trouvé moi-même dans une tempête d'indignation de la part des médecins contre le traitement par la suggestion hypnotique, semblable à celle qui s'élève contre l'analyse chez les gens qui ont des vues " modérées ". Mais en tant qu'agent thérapeutique, l'hypnotisme n'a pas tenu ce qu'il avait promis au début; nous autres psychanalystes devons nous considérer comme ses héritiers légitimes, et nous n'oublions pas tous les encouragements et toutes les explications théoriques dont nous lui sommes redevables. » L'autre est aussi nette : « Je suis donc en droit de dire que la psychanalyse proprement dite ne date que du jour où on a renoncé à avoir recours à l'hypnose. »

Franz Anton Mesmer (1734-1815), donc, au principe de cette hypnose que Freud abandonnera un siècle plus tard, se révèle un étrange personnage sur la nature profonde de qui les historiens n'ont pas fini de disputer : mage, imposteur avide d'argent et d'honneurs, précurseur génial opposé aux tenants de l'ordre médico-social établi, il est sans doute tout cela à la fois,

5. FREUD (S.), *Introduction à la psychanalyse* (1916-1917), trad. fr. S. Jankélévitch, Paris, Payot, 1922.

encore que le vague de sa pensée, sa soif de publicité, si l'on ose cet anachronisme, et son goût de la mise en scène fassent plutôt pencher la balance en direction du charlatanisme. Mais peut-on être un charlatan de talent sans croire quelque peu aux vertus magiques de sa potion?

Celle de Mesmer a nom : « fluide animal », notion directement liée aux expériences qui font fureur à son époque sur les propriétés électriques et magnétiques des métaux, la conduction, etc. « Animal » signifie ici « vital », car le monde entier est supposé baigner dans un fluide qui unit tous les êtres et dont la libre circulation, comme celle des idées en ce siècle des Lumières, peut seule assurer bonheur et santé. « La maladie, pour le mesmérisme, est l'obstruction de la circulation du fluide vital; donc, ce qui définit la condition morbide n'est pas le symptôme, mais un *blocage* [6]. » De là à y voir une préfiguration des notions freudiennes de libido et de refoulement, il y a un grand pas que certains franchiront aisément, mais ce fluide qui nous relie aux astres et au cosmos peut être mis en bouteilles, en baquet ou passer de l'un à l'autre par l'entremise de cordes et de baguettes, ce qui rend une telle assimilation théorique pour le moins hasardeuse.

Dans les milieux à la mode, on ne parle que de la Clinique magnétique ouverte à Paris dès 1778 par le maître viennois. La foule s'y presse et, murmure-t-on, la reine Marie-Antoinette, elle-même, incognito... Pour débloquer le fluide coincé, Mesmer offre aux patients deux méthodes thérapeutiques : un magnétisme privé, à base de passes à distance et d'attouchements à l'aide d'une baguette qu'il pointe sur l'impétrant lors d'une cérémonie où il officie, en pantoufles dorées et robe de chambre lilas, au son d'un harmonica; un magnétisme public, par l'entremise de ses quatre fameux baquets, dont l'un, gratuit, est réservé aux pauvres. Selon le *Catéchisme du magnétisme animal*, il s'agit de cuves dans l'intérieur desquelles « on met des éclats de bouteilles cassées, du sable, des pierres, du soufre en bâton concassé, ainsi que de la limaille de fer. Le tout est rempli d'eau et recouvert d'un plancher cloué à la cuve ». Différents trous

6. RAUSKY (F.), *Mesmer ou la révolution thérapeutique*, Paris, Payot, 1977.

pratiqués dans le couvercle laissent passer des tiges de fer courbées qui se dirigent « sur le creux de l'estomac des malades ou telles autres parties affectées ». Comme il s'agit d'une thérapeutique de groupe, « une corde, en communication avec le réservoir magnétique et le réservoir commun, lie tous les malades les uns aux autres, précise le marquis de Puységur; ce qui, s'il existe une circulation de fluide ou de mouvement, sert à établir l'équilibre entre eux ». D'après D. Barrucand : « Pour comprendre " le mouvement qui circule dans les malades ", il faut admettre qu'en touchant les bouteilles " on leur communique par là une impulsion électrique animale; on charge de même l'eau qui recouvre les bouteilles [7] ". » Au bout d'un temps, la musique aidant la survenue des transes, éclate la « crise magnétique » qui assure la guérison.

Car la crise est essentielle, magie vieille comme le monde, catharsis corporelle et équivalent orgasmique dont on trouve la reviviscence dans bien des traitements aux parures actuelles, cri primal ou bioénergie entre cent modes successives, éternelles conditions des thérapeutiques psychiques infra-verbales. Les démons chassés par l'exorciste manifestaient également leur puissance et leur défaite par force cris, convulsions et contorsions érotiques, hommages rendus aux pouvoirs du messager de Dieu. Mesmer, craignant les liens plus profonds et plus durables que pouvait créer le langage entre ses malades et lui, désireux également d'en traiter un plus grand nombre à la fois, préférait aussi laisser la parole au corps et aux crises, d'où la nécessité de ménager dans sa clinique des chambres discrètes où la décharge se donnait libre cours pour redistribuer harmonieusement ce fluide garant de bonne santé.

Tout lasse cependant et les remèdes miracles ont une vie éphémère. Après avoir un temps émoustillé ses contemporains, la chambre des crises devint « un enfer à convulsions », et Louis XVI finit par déléguer quelques membres éminents de l'Académie des sciences et de la Société royale de médecine pour étudier et surveiller de plus près le magnétisme animal. Leurs rapports, rendus en 1784, furent d'une grande netteté :

7. BARRUCAND (D.), *Histoire de l'hypnose en France*, Paris, P.U.F., 1967.

« L'imagination sans magnétisme produit des convulsions... Le magnétisme sans l'imagination ne produit rien », ce qui, Raymond de Saussure l'a fait remarquer [8], constituait une première mise en évidence des facteurs psychologiques interpersonnels dans ce type de phénomènes. Inexistence du fluide, donc, mais danger très précis des pratiques des magnétiseurs, telles que les décrivait au roi un rapport secret de Bailly : « Elles (les femmes, bien sûr) ont assez de charmes pour agir sur le médecin; elles ont assez de santé pour que le médecin agisse sur elles : alors le danger est réciproque. La proximité longtemps continuée, l'attouchement indispensable, la chaleur individuelle communiquée, les regards confondus, sont les voies connues de la nature et les moyens qu'elle a préparés de tout temps pour opérer immanquablement la communication des sensations et des affections. L'homme qui magnétise a ordinairement les genoux de la femme refermés dans les siens; les genoux et toutes les parties inférieures du corps sont par conséquent en contact. La main est appliquée sur les hypocondres et quelquefois plus bas sur les ovaires », etc.

Notons qu'à peu près à la même époque, à Edimbourg, un certain James Graham avait ouvert un « temple de la Santé [9] », décoré comme un sanctuaire antique, au centre duquel se trouvait un « trône électrique » et un cylindre de métal, sources de feux célestes vivifiants et de vapeurs magnétiques. A l'instar de ceux qui prétendent trouver dans le mesmérisme la source de bien des points de la théorie et de la pratique psychanalytiques, sans doute pourra-t-on considérer comme ancêtre direct du divan la pièce maîtresse de son mobilier, le « lit céleste » à baldaquin, entouré de miroirs, inondé de parfums et environné de musiques suaves que James Graham offrait, pour cinq cents guinées la nuit, aux couples désireux de soigner fluidiquement leur stérilité...

A Paris, les rapports académiques sonnent le glas de la mode du baquet magnétique. Elle n'aura duré que sept ans, mais

8. CHERTOK (L.), SAUSSURE (R. de), *Naissance du psychanalyste*, Paris, Payot, 1973.

9. EHRENWALD (J.), *The History of Psychotherapy*, New York, J. Aronson inc. 1973.

laissera des traces car, si Mesmer s'exile en Suisse pour une vieillesse anonyme et pauvre, ses pratiques ont suscité bien des adeptes. Des schismes se sont également produits, opposant les disciples au maître, puis les disciples entre eux, car rien n'est nouveau sous le soleil de France. Faut-il, à ce propos, signaler le possible parallélisme entre la prescription actuelle d'une psychanalyse personnelle à qui veut devenir psychanalyste et cette magnétisation préalable des apprentis magnétiseurs qu'exigeait Mesmer ? Il prétendait en effet que : « Le magnétisme animal doit en premier lieu se transmettre par le sentiment. Le sentiment peut seul rendre la théorie intelligible. Par exemple, un de mes malades, accoutumé à éprouver les effets que je produis, a, pour me comprendre, une disposition de plus que le reste des hommes. » Ne convient-il pas également ici, songeant à la notion quasi fluidique de « liquidation du transfert », de rappeler que le signe principal annonciateur de la fin du traitement mesmérien était l'impossibilité pour le magnétiseur de magnétiser davantage son patient qui devenait réfractaire ? On ne doit pas s'en étonner, ni crier à la merveilleuse coïncidence. Tout l'éventail d'une relation affective privilégiée se déployait en effet sous l'alibi physico-physiologique et derrière les buts thérapeutiques allégués, mais il allait falloir attendre Freud pour que soit enfin fournie une théorisation cohérente qui en permette la compréhension et le maniement.

C'est à un disciple de Mesmer, le marquis Armand Chastenet de Puységur (1751-1825), hobereau campagnard, que reviendra la découverte et l'exploitation du somnambulisme provoqué, c'est-à-dire de ce sommeil hypnotique observé parfois près du baquet, mais jamais encore déclenché volontairement par le magnétiseur.

Le « somnambulisme magnétique » va modifier profondément la technique thérapeutique puisqu'il rend désormais inutile le déchaînement de ces crises dont les convulsions lascives choquaient tant les censeurs. Il devient possible, et même recommandé, de se mettre et de demeurer en rapport verbal avec le sujet traité – ce que Mesmer avait formellement proscrit –, de l'interroger sur ses symptômes et de lui proposer le traitement approprié, de mieux faire circuler surtout le fluide salvateur bloqué. Car il ne faut pas s'y tromper : si certaines phrases de Puységur paraissent prémonitoires des méthodes et des problèmes de la future psychothérapie, le marquis reste un adepte des idées de Mesmer, plus flou encore que ce dernier sur le plan théorique. A côté d'intuitions – « L'effet salutaire d'un attouchement immédiat, quand la volonté est dirigée vers le bien-être d'un malade, est si manifeste que quantité de personnes, lorsqu'elles y réfléchiront, reconnoîtront l'avoir procuré souvent sans réflexions. Combien de mères tendres ont machinalement sauvé la vie à leurs enfans, en les serrant avec sensibilité contre leur sein, dans des momens de souffrance imprévus ! » –, que de naïvetés touchantes : « Afin de pouvoir opérer sur tous ces pauvres gens un effet plus continuel et en même temps ne pas m'épuiser de fatigues, j'ai pris le parti de magnétiser un arbre d'après les procédés que nous a indiqués M. Mesmer; et après y avoir attaché une corde, j'ai essayé sa vertu sur mes malades [...]. Les malades affluent autour de mon arbre; il y en avait ce matin plus de cent trente; c'est une procession perpétuelle dans le pays; j'y passe deux heures tous les matins : mon arbre est le meilleur baquet possible; il n'y a pas une feuille qui ne communique de la santé. »

Une évolution se produit toutefois, qui mène doucement le fluidisme vers une conception plus moderne du lien thérapeutique : « Il n'est pas nécessaire, constate Puységur, que je touche tout le monde; un regard, un geste, une volonté, c'en est assez. » La volonté du magnétiseur, qu'on traduit parfois un peu anachroniquement en « désir », a fait son apparition dans la relation qui l'unit à son somnambule. Les dangers d'abus de confiance ou d'interférences érotiques se trouvent dès lors évoqués : « Quant aux suites résultantes des réciproques affections que font toujours naître entre les personnes de sexe différent les soins rendus d'une part, et la reconnaissance de l'autre, il suffit de prévenir que ces affections seront toujours augmentées par l'action magnétique, pour que quiconque en craindra le danger ne s'expose ni à communiquer, ni à recevoir son influence. » Mais, et c'est la première fois qu'une telle remarque est faite : « Il y aura toujours, du moins dans l'emploi du magnétisme animal, l'avantage de ne pas avoir à craindre la surprise : on ne peut être magnétisé malgré soi et la confiance dans un magnétiseur devra toujours être le préliminaire des secours que l'on en attendra. »

Cette phrase est l'amorce des hypothèses « psychologiques » qui vont désormais entrer en concurrence avec les théories plus scientifiques, « organicistes », dira-t-on bientôt, par lesquelles on tente d'expliquer les phénomènes observés, crises convulsives et somnambulisme magnétique. Occupant tour à tour, au long du XIXe siècle, le devant de la scène, ces deux courants de pensée donneront naissance aux écoles opposées de la Salpêtrière, dirigée par Charcot, et de Nancy, illustrée par Bernheim. Freud, élève de l'une et de l'autre, hésitera un temps avant de créer sa voie personnelle, des conceptions de l'*Esquisse d'une psychologie scientifique* (1895) à l'élaboration du concept de « pulsion » *(Trieb)*, « concept-limite entre le psychique et le somatique ».

Parmi les « fluidistes », tenants de l'explication scientifique, il faut d'abord citer Jean-Philippe Deleuze (1753-1835), qui perpétue les idées et la technique de Puységur vers les années 1820-1830, accentuant encore leur écart avec la thaumaturgie mesmérienne : « Lorsque je magnétise [...] j'envoie par ma volonté le fluide à l'extrémité de mes mains, je lui imprime, par cette même volonté, une direction, et ce fluide communique son mouvement à celui du malade. Rien ne m'empêche de le lancer; mais il peut se trouver dans l'individu sur lequel j'agis un obstacle aux effets que je veux produire : alors j'éprouve plus ou moins de résistance, comme lorsque j'emploie ma force à soulever un fardeau trop lourd. Cette résistance peut même être invincible [10]. » Soixante-dix ans plus tard, partant de la même constatation, exprimée presque dans les mêmes termes, Freud proposera une théorisation de cette « force » contraire et décrira le mécanisme du « refoulement » qui la caractérise. De même pour le transfert, que Jean Philippe

10. DELEUZE (J.), *Histoire critique du magnétisme animal*, Paris, Belin-Leprieur, 1819.

Deleuze se contente d'observer : « Je dois avertir que le magnétisme produit quelquefois un attachement tendre et entièrement étranger aux sentiments qu'il faut combattre. » Ce n'est toutefois qu'un des aspects de ce « rapport » qui, depuis Mesmer, désigne le lien qui unit magnétiseur et sujet : « Quand on veut magnétiser, il est d'abord nécessaire d'établir le rapport par le contact : en voici la raison. Pour que le fluide qui part de moi agisse sur l'homme que je magnétise, il faut que les deux fluides s'unissent, qu'ils aient le même ton de mouvement. » Freud utilisera d'ailleurs ce terme de « rapport » à plusieurs reprises, par exemple dans sa *Contribution à l'histoire du mouvement psychanalytique* où, en 1914, commentant le cas d'Anna O., il ajoute : « Breuer disposait, pour le rétablissement de sa malade, d'un rapport suggestif des plus intenses *(der intensivste suggestive Rapport)*, rapport dans lequel nous pouvons voir précisément le prototype de ce que nous appelons " transfert " [11]. »

De nouvelles condamnations du magnétisme animal par les autorités médicales et scientifiques françaises vont le faire disparaître, vers 1840 et pour une vingtaine d'années, des thérapeutiques reconnues, mais le somnambulisme continue de passionner les foules qui se pressent au spectacle afin d'applaudir les prouesses des magnétiseurs et de leurs médiums inspirés. Le père Lacordaire lui-même, du haut de la chaire de Notre-Dame, les évoque en prêche : « Plongé dans un sommeil factice, l'homme voit à travers les corps opaques, il indique les remèdes qui guérissent, il paraît savoir des choses qu'il ne savait pas. »

En Angleterre, certains tentent des opérations chirurgicales sous sommeil artificiel, tandis que des magnétiseurs français, tels Dupotet ou Lafontaine, multiplient les démonstrations. A Manchester, en 1841, convaincu par l'un de ces spectacles de la réalité des phénomènes hypnotiques, comme le sera Freud lui-même quarante ans plus tard, un chirurgien écossais décide d'entreprendre des recherches personnelles sur le sujet. Il se nomme James Braid (1795-1860) et va relancer

11. FREUD (S.), « Contribution à l'histoire du mouvement psychanalytique » (1914), in *Cinq leçons sur la psychanalyse*, trad. fr. S. Jankélévitch, Paris, Payot, 1973.

l'intérêt des scientifiques pour ce qu'il baptise d'un mot qui restera le plus conséquent et le plus durable de son œuvre : l'hypnotisme [12].

Sa théorie tente d'allier neurophysiologie et psychologie : la fixation d'un objet brillant – manifestation de l'importance du regard, ce qui conduira un jour Freud à se soustraire de la vue de ses patients –, associée à des passes magnétiques, réalise une stimulation physico-chimique de la rétine et agit sur le système nerveux pour y provoquer le sommeil. Un autre facteur joue un rôle décisif, le « monoidéisme », c'est-à-dire la concentration du sujet sur une seule idée durant les manœuvres d'endormissement auxquelles il est soumis. Un peu plus tard, James Braid reconnaîtra que la suggestion verbale peut également provoquer l'apparition d'un état hypnotique, car très vite se posent les questions, toujours semblables, que suscitent de tels phénomènes et que rappelle Léon Chertok : « Le domaine de l'hypnose est mal circonscrit et il n'y a pas de critères objectifs de l'état hypnotique. On ne sait pas ce qui est propre à celui-ci et ce qui relève de la suggestion directe ou indirecte. En d'autres termes, l'état hypnotique contient-il quelque chose de spécifique, ou uniquement des éléments introduits par l'hypnotiseur [13] ? »

James Braid et ses successeurs sont plutôt du côté de ceux qui croient au « spécifique » et vont s'atteler à sa mise en lumière pendant une quarantaine d'années. Eugène Azam (1822-1899), professeur à la faculté de médecine de Bordeaux, fait connaître en France, dès 1859, les théories du chirurgien écossais, déjà presque oublié outre-Manche, et suit sur plusieurs d'années le cas d'une malade, Félida, pour qui il crée l'expression de « dédoublement de la personnalité » qui va devenir très populaire. Il ouvre dans ses conceptions théoriques la voie aux thèses organicistes que Charcot fera bientôt triompher : « L'hypnotisme, écrit-il en 1860, est un moyen particulier de provoquer un sommeil nerveux, un somnambulisme artificiel, accompagné d'anesthésie, d'hyperesthésie, de catalepsie et de quelques autres phénomènes portant sur le sens

12. Braid (J.), *Neurhypnology, or the Rationale of Nervous Sleep, considered in relation with Animal Magnetism*, Londres, J. Churchill, 1843.
13. Chertok (L.), *L'Hypnose*, Paris, Payot, 1963.

musculaire et l'intelligence [14]. » D'emblée, on le voit, l'étude des manifestations hypnotiques se mêle aux premières recherches de la neurologie naissante, créant d'ailleurs ce double sens du mot « nerveux » qui, pour plus d'un siècle, engendrera en France équivoque et confusion. A la suite d'Azam, Broca et Velpeau s'intéressent aux possibilités anesthésiantes de l'hypnose, mais la diffusion du chloroforme rend très rapidement caduques leurs tentatives. Plus encore qu'Eugène Lasègue vers 1865, c'est le physiologiste Charles Richet, futur prix Nobel, qui relance l'intérêt des médecins pour un domaine qui passionne surtout le public avide de spiritisme, de tables tournantes et de médiums. En Europe comme en Amérique, la mode est aux manifestations de l'au-delà et, sous le pseudonyme de Charles Epheyre, Charles Richet lui-même n'hésite pas à publier avec succès en 1889 *Sœur Marthe*, un sombre roman d'amour, de religion, d'hypnotisme et de double personnalité [15].

Parallèlement, un médecin, Victor Burq (1822-1884), persuadé de l'intérêt de la métallothérapie qu'il prône depuis 1849, tente de répandre sa découverte : les métaux ont également une action sur le sommeil hypnotique. Bien plus, grâce à l'aimant, il est possible d'exercer une action à distance sur les symptômes hystériques. Gilles de la Tourette en décrit prudemment mais clairement le mécanisme : « C'est ainsi qu'en plaçant un barreau aimanté près de la région ovarienne droite, par exemple, siège d'une région hyperesthésique hystérogène, on noterait, dans certains cas, au bout d'un temps variable – de quelques minutes à plusieurs heures –, le *transfert* de la zone et des troubles de la sensibilité cutanée, presque toujours concomitants, du côté opposé. Plaçant alors l'aimant à gauche, puis revenant à droite, on observerait des *oscillations* dans les phénomènes morbides, à chaque passage l'hyperesthésie allant s'atténuant pour disparaître en fin de compte [16]. » Notons ce terme de « transfert » car il témoigne de la difficulté qu'éprou-

14. AZAM (E.), « Note sur le sommeil nerveux ou hypnotisme », *Arch. gén. Méd.*, 1860, 15, pp. 5-24.
15. ELLENBERGER (H. F.). *À la découverte de l'inconscient*, trad. fr. J. Feisthauer, Lyon, Simep, 1974.
16. TOURETTE (G. de la), *op. cit.*

veront les premiers traducteurs de Freud en français et les contresens qui s'ensuivront parfois : *Übertragung*, par exemple, fut d'abord rendu par « rapport affectif », ou « report », puis « transfert », mais tous ces mots étaient encore liés à l'hypnose et au magnétisme, alors totalement décriés et passés de mode, pour les lecteurs des années 1930.

En 1876, en revanche, une commission nommée par Claude Bernard fut chargée de vérifier les assertions de Victor Burq. Parmi ses membres, le professeur Jean-Martin Charcot (1825-1893) qui, après un an d'expériences en son service de l'hôpital de la Salpêtrière, était totalement convaincu.

Freud indique, dans son *Rapport sur mes études à Paris et à Berlin* écrit à son retour à Vienne, en mars 1886 : « Je ne négligeai pas non plus les occasions qui me furent offertes de connaître par moi-même les phénomènes si surprenants et si contestés de l'hypnotisme, surtout ceux auxquels Charcot a donné le nom de " grand hypnotisme ". Je fus stupéfait de découvrir qu'il s'agissait de faits incontestables, mais si étranges qu'il fallait vraiment les avoir vus pour n'en point douter. Toutefois je n'ai observé chez Charcot ni attrait particulier pour les faits étranges, ni tentatives d'exploiter ceux-ci à des fins mystiques. Bien au contraire, il trouvait plutôt dans l'hypnotisme un champ de phénomènes à décrire scientifiquement, comme il l'avait fait quelques années plus tôt pour la sclérose en plaques ou l'atrophie progressive des muscles [17]. »

Considéré après sa mort comme « une légère défaillance » du maître, puis rejeté par ses successeurs, l'abord « scientifique » de l'hypnotisme préconisé et enseigné par Charcot eut un immense retentissement à son époque. Sa personnalité contradictoire, charismatique à en juger par le succès de ses « Leçons cliniques », avec leurs spectaculaires présentations de malades qui faisaient autant courir la faune du Tout-Paris que l'élite de la médecine internationale, l'autorité qu'il montrait auprès de ses élèves comme de ses consultants, l'importance et la rigueur de ses découvertes neurologiques, tout concourait à élever au

17. FREUD (S.), *Rapport sur mes études à Paris et à Berlin* (1886), trad. fr. A. Berman, *Rev. fr. psychan.*, Paris, 1956, XXX, p. 3.

rang de dogme ses descriptions et sa classification des phénomènes hypnotiques. A sa disparition, son bel édifice théorico-clinique devait brutalement se révéler un tissu d'erreurs et de naïvetés, et cette découverte, traumatisante pour ceux qui avaient suivi son enseignement, rendit Freud d'autant plus suspect aux Français qu'il ne cessa de témoigner publiquement son admiration et sa dette scientifique envers le « maître Charcot » de sa jeunesse.

La doctrine de l'École de la Salpêtrière a été bien résumée en quatre points par Joseph Babinski, alors assistant et partisan de Charcot : « 1. Les caractères somatiques qu'on observe chez certains sujets dans l'hypnotisme ont une importance fondamentale, car ils permettent seuls d'affirmer légitimement l'absence de simulation. 2. Les phénomènes hypnotiques peuvent affecter un groupement spécial en trois états distincts. C'est là la forme la plus parfaite de l'hypnotisme, celle qu'on doit prendre pour type, et à laquelle on propose de donner le nom de grand hypnotisme. 3. Aux deux propositions précédentes, s'en rattache une troisième qui consiste en ce que les propriétés somatiques de l'hypnotisme et le grand hypnotisme peuvent se développer indépendamment de toute suggestion. 4. L'hypnotisme doit être considéré dans ses formes les plus parfaites comme un état pathologique [18]. »

L'hypnose paraît donc constituer un état morbide proche de l'hystérie décrite par Charcot. Elle suppose les mêmes origines héréditaires et les mêmes défaillances constitutionnelles, elle peut n'être considérée que comme une hystérie provoquée par des actions purement somatiques, telle une pression sur le sommet du crâne, « point magnétique privilégié », ou par le contact d'un métal. On conçoit dès lors son intérêt présumé pour l'étude de la « vraie » hystérie, et comment Charcot va utiliser les états de somnambulisme, provoqués en coulisses par ses élèves sur des sujets « prédisposés », – et bien dressés, chuchotent les railleurs. Par chocs de la main et suggestions verbales, il fait naître et disparaître, à l'ébahissement émerveillé de son auditoire, anesthésies ou paralysies en

18. BABINSKI (J.), « La suggestion dans l'hypnotisme », *Congrès international de psychologie physiologique*, 1890, Paris, Bureau des Revues.

tous points semblables à celles que les traumatismes physiques produisent spontanément dans l'hystérie, selon sa théorie. Freud, en 1886, le confirme : « Par l'étude scientifiquement réalisée de l'hypnotisme – domaine de la neuropathologie qu'il convient de soustraire d'une part au scepticisme, d'autre part à la supercherie –, Charcot parvient à édifier une sorte de théorie de la symptomatologie hystérique [19]. »

Toutefois, et c'est un des points de son opposition à l'École de Nancy, il se refuse à utiliser l'hypnose à des fins thérapeutiques. Les effets éventuels de la suggestion lui paraissent bien aléatoires car « tous ces malades atteints de paralysie psychique, d'origine traumatique ou non, ne sont pas, tant s'en faut, hypnotisables, tout hystériques qu'ils soient ». Bien plus : « Après avoir délivré notre malade de sa paralysie, nous ne devrons pas le considérer encore comme guéri; restent les stigmates (signes caractéristiques de l'hystérie pour Charcot : rétrécissement du champ visuel, anesthésie, etc.), reste la diathèse (prédisposition générale à l'hystérie : hérédité, constitution, etc.) plus ou moins enracinée et contre laquelle il vous faudra lutter [20]. »

Cette dernière remarque continuera d'inspirer la recherche d'un Freud qui, durant les deux premières années de sa pratique médicale, va demeurer fidèle aux conseils de « maître Charcot », tant sur le plan théorique que thérapeutique. Celui-ci ne s'était-il pas montré fort peu intéressé par ce que son visiteur autrichien lui avait rapporté d'un cas traité par un de ses amis, le docteur Josef Breuer ? Une jeune fille qui voyait ses symptômes disparaître en racontant sous hypnose dans quelles circonstances ils étaient survenus pour la première fois... Cela ne menait à rien sur le plan des stigmates et de la diathèse. Et puis, cela sentait un peu le soufre et les charlataneries de tous les tenants des théories dites « animistes », puis « psychologistes » de l'hypnotisme...

19. FREUD (S.), *Rapport sur mes études à Paris et à Berlin*, *op. cit.*
20. CHARCOT (J.-M.), *Leçons du mardi à la Salpêtrière*, Paris, Progrès Médical, 1892, in *Bibl. CEPL*, Retz, 1973.

Ces conceptions avaient également une longue histoire au cours de laquelle la négation de l'origine somatique des phénomènes hypnotiques avait été suivie de considérations qualifiées de « spiritualistes ». Dès l'époque de Mesmer, prémonitions et télépathie s'étaient trouvées liées aux états de transes de la crise magnétique et, dans l'esprit de loges maçonniques alors florissantes, des prolongements idéologiques ou métaphysiques avaient été apportés à la notion d'un « fluide céleste » universel, rapidement devenu « souffle divin ».

Le somnambulisme artificiel découvert par Puységur avait précipité l'éclosion de sectes de parapsychologues, surtout à Lyon où les initiés des loges occultistes et mystiques, voyant dans « la trance » (comme on écrivait à l'époque) une preuve de la possibilité de communication avec les morts, avaient peu à peu transformé en médiums les sujets qu'ils magnétisaient. En pythonisses également, car voyance et prophétisation ne tardèrent pas à suivre. Mais, en s'éloignant de la finalité thérapeutique primitive de leur pratique, les magnétiseurs mystiques en vinrent à poser l'hypothèse d'une double personnalité, celle de l'état de veille, ignorante de ses pouvoirs, et celle de la transe, inspirée et reliée au surnaturel. C'était l'ébauche de la conception d'un moi clivé. Ils inventèrent aussi des méthodes d'exploration dont le destin devait se révéler durable, telle l'écriture automatique, ou psychographie. Sa diffusion se fit en Allemagne par le célèbre écrivain Jean-Paul Richter, lui-même magnétiseur, et par Ludwig Börne qui publia sur ce sujet en 1823 un court essai intitulé : *L'Art de devenir un écrivain original en trois jours*. En 1920, Freud se souvint d'avoir lu cet essai dans sa prime jeunesse et lui reconnut un rôle originel inconscient dans la création de la technique psychanalytique des associations libres [21]. On sait d'ailleurs que cette pratique lui valut un temps l'encombrante sympathie des surréalistes...

A l'affût du moindre mot, du moindre geste traduisant quelque manifestation de l'au-delà retransmise par leurs médiums, les spiritualistes développèrent enfin chez leurs

21. FREUD (S.), *Zur Vorgeschichte des analytischen Technik* (Sur la préhistoire de la technique psychanalytique, 1920), *G.W.*, XII; *S.E.*, XVIII.

adeptes des habitudes d'observation et d'écoute d'une méticulosité toute nouvelle. Leurs comptes rendus de séances spirites constituent en fait les premières « observations » de la psychologie naissante.

Mais c'est à l'abbé de Faria (1756-1819), qui ne mérite pas d'être connu pour sa seule participation involontaire au roman d'Alexandre Dumas, *Le Comte de Monte-Cristo*, que l'on doit faire remonter le courant « psychologiste » qui attribue à des facteurs essentiellement psychiques, telles la concentration, la confiance et la conviction, la possibilité de provoquer le somnambulisme artificiel. « Je ne puis concevoir, écrivait-il en 1819 [22], comment l'espèce humaine fut assez bizarre pour aller chercher la cause de ce phénomène dans un baquet, dans une volonté externe, dans un fluide magnétique, dans une chaleur animale et dans mille autres extravagances ridicules de ce genre. » Puis il ajoutait, réflexion tout à fait actuelle si l'on songe aux multiples thérapeutiques de groupe à la mode : « Le magnétisme par les arbres prit une grande vogue parce qu'il semblait offrir une grande facilité à expédier beaucoup de malades à la fois. »

Contraint, comme Mesmer, de se retirer sous les moqueries d'un public lassé, il eut un destin posthume inverse. Mesmer et son baquet restèrent célèbres, caractéristiques d'une époque, symboles pour les uns de la charlatanerie et pour les autres d'une marginalité géniale. L'abbé de Faria, malgré les témoignages d'estime que lui prodiguèrent après sa mort Hippolyte Bernheim ou Gilles de la Tourette, demeura et continue d'être inconnu du public.

Peut-être une telle ingratitude est-elle imputable aux croyances mystiques dont il entremêlait ses intuitions annonciatrices de la théorie de la « suggestion »? Ce fut pourtant lui qui mit au point dès le début du XIXe siècle les diverses méthodes d'endormissement que l'on utilise encore de nos jours.

L'abbé recommande au sujet assis confortablement de fermer les yeux et de penser au sommeil qui va venir, puis il

22. FARIA (Abbé de), *De la cause du sommeil lucide, ou étude de la nature de l'homme*, réimp., Paris, Jouve, 1906.

ordonne : « Dormez ! » La seule suggestion verbale agira également pour obtenir le réveil. En cas d'échec, il emploie, bien avant Braid, la technique de fixation du regard sur sa main ouverte qu'il rapproche peu à peu des yeux de son malade. Il conseille, et Freud l'imitera pour susciter les associations d'idées et les aveux de ses premières hystériques, de toucher légèrement les tempes ou la tête des sujets réfractaires afin d'aider leur concentration. Utilisant habituellement les suggestions thérapeutiques sous sommeil artificiel, il pratique aussi ces suggestions post-hypnotiques dont l'observation dans le service de Bernheim persuadera Freud en 1889 de l'existence de l'inconscient. Ainsi, écrit l'abbé de Faria, les malades « éprouvent dans leur état de veille, à point nommé, l'effet déterminé pendant leur sommeil, comme l'évacuation menstruelle, les vomissements, les selles et autres semblables ».

Malgré quelques continuateurs, tel le général Noizet, vers 1820, ou Durand de Gros, en 1855, il faut attendre la parution en 1866 du livre d'Ambroise Auguste Liébeault (1823-1904) pour que reviennent au grand jour ses théories et ses techniques. Nous sommes alors à la veille de la fondation de cette École de Nancy que son opposition à la toute-puissante École de la Salpêtrière va rendre mondialement célèbre.

« Je vis le vieux et touchant Liébeault à l'œuvre, auprès des pauvres femmes et enfants des populations prolétaires », écrivit Freud en souvenir de son passage à Nancy en 1889, et ces qualificatifs rendent bien compte du prestige dont cet attachant personnage se vit très tôt auréolé. « Les maladies par l'action de la pensée affectent toutes les parties du corps », affirme ce médecin de campagne qui préfère se présenter comme « guérisseur » et traiter gratuitement ses malades. Un grand nombre de troubles lui semblent l'effet d' « idées fixes » qu'il convient de chasser, car les idées à cette époque sont censées agir les unes sur les autres selon des lois proches de celles de la mécanique. « Elles étaient, en fait, écrit N. Walker [23], la contrepartie mentale des atomes dont le monde physique était constitué, comme Dalton l'avait récemment démontré. Le modèle le plus

23. WALKER (N.), *Nouvelle histoire de la psychothérapie*, trad. fr. M. Yann, Paris, E.S.F., 1971.

complet et le plus élaboré, dans ce domaine, venait d'être trouvé par Herbart, psychologue et pédagogue allemand, et c'était la base du manuel que Freud avait utilisé en terminale. » C'était en tout cas la base théorique de l'utilisation thérapeutique de l'hypnotisme par Liébeault. Une nouvelle idée introduite dans l'esprit du malade par son hypnotiseur – « mon bras fonctionne normalement » – devait pouvoir expulser et prendre la place de l'idée fixe pathologique – « mon bras est paralysé » – qui l'occupait antérieurement.

En 1882, Hippolyte Bernheim (1837-1919), professeur à la faculté de médecine de Nancy, rend par hasard visite à ce médecin des faubourgs dont on dit un bien qui le laisse sceptique, mais ce qu'il voit le persuade d'entreprendre dans son service hospitalier des recherches et des expériences sur l'hypnose. Il en conclut, contrairement à Charcot, que l'état hypnotique n'est pas lié à l'hystérie et peut survenir chez n'importe qui, puis il place l'accent sur la suggestion à laquelle, selon lui, tous les phénomènes observés peuvent se ramener. En clair : « Il n'y a pas d'hypnotisme, il n'y a que de la suggestibilité », celle-ci étant « l'aptitude à être influencé par une idée acceptée par le cerveau et à la réaliser [24] ».

Cette remise en question des descriptions cliniques de l'hypnose, dont Charcot avait cru prouver la permanence universelle et la spécificité, va déclencher durant plusieurs années une polémique dans laquelle Freud prendra d'abord le parti de son maître parisien. En 1888, dans la préface qu'il écrit pour la traduction allemande de l'ouvrage de Bernheim, *De la suggestion et de ses applications à la thérapeutique,* s'il défend encore la théorie de l'objectivité des phénomènes hystériques et hypnotiques, il manifeste toutefois des intuitions qui préfigurent les découvertes psychanalytiques. Par exemple, pour défendre les théories de Charcot concernant de la prédisposition physique et le rôle du stimulus externe, cette remarque : « La distinction entre une suggestion psychique directe et une suggestion indirecte (physiologique) sera peut-être perçue plus clairement dans l'exemple suivant : si je dis à un sujet sous

24. BERNHEIM (H.), *Hypnotisme, suggestion, psychothérapie, Études nouvelles,* Paris, Doin, 1891.

hypnose : “ Votre bras droit est paralysé, vous ne pouvez pas le bouger ”, je réalise directement une suggestion psychique. Au lieu de cela, Charcot donne au sujet un léger coup sur le bras, ou lui dit : “ Regardez cette tête affreuse! Tapez dessus! ”, le sujet se frappe et, dans les deux cas, son bras tombe paralysé [25]. »

L'affreuse tête sur laquelle le sujet ne peut se permettre de cogner, il faudra encore quelques années de recherches et d'auto-analyse pour que Freud lui donne sa place dans le complexe d'Œdipe et interprète en termes de pulsions et de défenses la curieuse paralysie que son évocation déclenche. Pourtant, déjà, il a noté inconsciemment la mise en scène du fantasme réalisée par ce grand homme de théâtre que fut Charcot. Reste à l'analyser.

En fait, au moment où Freud écrit ces lignes, il a décidé de jeter aux orties sa panoplie électrique de neurologue et d'utiliser de plus en plus la suggestion, son « principal instrument de travail », comme il le dira plus tard : « D'ailleurs, le travail au moyen de l'hypnose était fascinant. On éprouvait pour la première fois le sentiment d'avoir surmonté sa propre impuissance, le renom d'être un thaumaturge était très flatteur. Je devais découvrir plus tard quels étaient les défauts du procédé. Pour le moment je ne pouvais me plaindre que de deux choses : en premier lieu, qu'on ne réussît pas à hypnotiser tous les malades; en second lieu, qu'on ne fût pas maître de plonger tout le monde dans une hypnose aussi profonde qu'on l'eût souhaité. Dans l'intention de parfaire ma technique hypnotique, je partis, l'été de 1889, pour Nancy, où je passai plusieurs semaines [...]. Je fus témoin des étonnantes expériences de Bernheim sur ses malades d'hôpital, et c'est là que je reçus les plus fortes impressions relatives à la possibilité de puissants processus psychiques demeurés cependant cachés à la conscience des hommes. »

« Complétant mon exposé, ajoute ici Freud, je dois avouer avoir dès l'origine fait encore un autre emploi de l'hypnose que la suggestion hypnotique. Je m'en servais pour explorer l'âme du malade relativement à l'histoire de sa maladie, à la genèse de

25. Freud (S.), *S.E.*, I, pp. 71-87.

celle-ci, histoire et genèse qu'il ne pouvait, à l'état de veille, souvent pas du tout ou fort incomplètement me faire savoir [26]. »

C'est en novembre 1882, en effet, que Josef Breuer avait raconté au jeune Freud la passionnante histoire du traitement d'Anna O. Agée de vingt et un ans, souffrant de nombreux et graves troubles de type hystérique, elle présentait un symptôme remarquable qui allait jouer un rôle historique déterminant : elle ne pouvait ni comprendre ni parler l'allemand, sa langue maternelle, et ne communiquait qu'en anglais avec son thérapeute. Mais alors, sous hypnose, elle avait un très grand besoin de parler. Breuer l'admit et, au long de multiples rencontres, l'amena à exprimer les rêveries fantasmatiques qui la hantaient, puis à retrouver minutieusement les circonstances dans lesquelles ses symptômes morbides étaient apparus pour la première fois. A la suite de cette *« talking cure »* (cure par la parole), de ce *« chimney sweeping »* (ramonage de cheminée), comme elle avait elle-même dénommé le traitement qu'elle inventait, le trouble incriminé disparaissait, fait très extraordinaire qui devait conduire quelques années plus tard Sigmund Freud à l'affirmation que « les hystériques souffrent de réminiscences ».

Vers 1887, Freud se décida à utiliser dans sa pratique cette exploration « cathartique », « purgative », de la préhistoire psychique de ses malades et, dès 1888, il pouvait écrire : « Cette méthode de traitement est nouvelle, mais donne des guérisons qu'on ne peut obtenir autrement. C'est la méthode la plus appropriée à l'hystérie, car elle imite précisément le mécanisme de l'origine et du déroulement des désordres hystériques [27]. » Elle lui permettait surtout de sortir de la contradiction « entre la ferme négation du trouble dans la suggestion et sa nécessaire reconnaissance en dehors d'elle [28] » qui lui était progressivement apparue comme intolérable.

L'Automatisme psychologique fut publié en 1889. Pierre Janet y développait sa thèse des « idées fixes subconscientes »

26. FREUD (S.), *Ma vie et la psychanalyse, op. cit.*
27. FREUD (S.), *Hysteria, S.E.*, I, pp. 41-49.
28. FREUD (S.), *Footnote to Charcot, S.E.*, I, p. 141.

responsables des troubles hystériques, fragments dissociés de leur personnalité que « l'analyse psychologique » permettrait de rattacher à des événements traumatisants de leur passé ou, sous hypnose, de transformer progressivement par suggestion. Hérédité et faiblesse congénitale de la synthèse mentale, croyance en la possibilité d'une « observation objective », méconnaissance du symbolisme, autant de différences avec ce que Freud commençait à constater sur le plan clinique et les premières élaborations théoriques qu'il s'apprêtait à en formuler.

« Je n'aimais pas l'hypnose, reconnaîtra Freud en 1909 [29]; c'est un procédé incertain et qui a quelque chose de mystique. » Décidé à l'abandonner, mais confiant dans la méthode cathartique, il poursuivait sa recherche des causes et de l'histoire plus que la seule disparition des symptômes. Solitaire, mais pas seul, car il avait retenu une autre leçon de l'expérience vécue par Breuer avec Anna O. : ce sont les malades eux-mêmes qui révèlent à leur thérapeute, pour peu qu'on veuille bien les écouter, la technique à suivre pour qu'ils livrent leur secret et acceptent de guérir. Breuer n'avait fait qu'accepter la *talking cure* qui lui avait été en quelque sorte imposée par sa patiente. A son tour, Freud tiendra de ses patients, en particulier d'Emmy von N., les rudiments d'une pratique psychanalytique qu'il lui faudra encore de nombreuses années pour dégager des certitudes du « traitement moral » et de la suggestion monotone des hypnotiseurs.

A l'évidence, son évolution ne s'est pas accomplie sans peine, ainsi que le montre *l'Esquisse d'une psychologie scientifique* (1895), ultime tentative, ou plutôt tentation, de construire cette théorie neurobiologique du psychisme qu'il devait à ses pères spirituels : Helmholtz, Dubois-Reymond, Brücke et Charcot. Et que de doutes, d'échecs et d'espoirs durant ce long temps où, ferments permanents de son auto-analyse, ses patients venaient chaque jour lui rappeler la phrase de Charcot : « La théorie, ça n'empêche pas d'exister. »

29. FREUD (S.), *Cinq leçons sur la psychanalyse* (1909), trad. fr. S. Jankélévitch, Paris, Payot, 1973, p. 23.

Mais ici commence une autre histoire, celle de la psychanalyse. Elle est caractérisée par une découverte d'une grande simplicité : c'est à l'intérieur du sujet lui-même que se déroule le plus important de la relation thérapeutique. C'est à lui qu'il convient de laisser la parole, l'interrogatoire et ses présupposés faisant place aux associations libres. L'analyste va remplacer le thérapeute thaumaturge des siècles passés, et le détective tout-puissant, qui savait distinguer le « vrai » du « faux », le « bon » du « mauvais », se trouvera relégué au fond d'une boîte d'où, tel un diable immortel, il cherche encore et toujours à s'échapper pour reconquérir ses prérogatives.

Tous les traitements visaient à apaiser les drames, à soulager au plus vite. Voici que, peu à peu, aucune parole, aucun acte apaisants ne sont conseillés. Chacun dans la vie cherche à plaire, à se faire aimer, et voici qu'il convient d'être « neutre », d'entretenir même un état de non-satisfaction immédiate des désirs. Là où les bons médecins promettaient amélioration rapide et guérison définitive, prodiguant conseils et encouragements, appels à la volonté et à l'intelligence, on va se taire pour ne pas mêler à « l'or pur » de l'interprétation analytique le « vil cuivre » de la suggestion. Alors qu'on multipliait pressions directes ou sournoises afin d'obtenir des malades pauvres pécheurs cet aveu qui allait soulager leur cœur, leur âme ou leur mémoire, selon les idéologies, voici qu'on se borne à écouter, et qui plus est avec une attention « également flottante » *(gleichschwebende Aufmerksamkeit)*, sans rien privilégier à priori des propos que la seule exigence est d'espérer les plus spontanés possibles. Pas d'instruments de torture, de pilules ni d'aigrettes électriques. Pas d'isolement requis en clinique spécialisée. Pas de contact corporel. Pas de dialogue même, cette activité la plus élémentaire des relations socialisées entre les êtres...

Oui, vraiment, avec le docteur Freud, en ce début du XXe siècle, on entre, sans le savoir encore, dans une autre histoire.

Freud et la littérature

Jacques LE RIDER

« Mon père s'amusa un jour à nous laisser, l'aînée de mes sœurs et moi, mettre en lambeaux un livre orné de planches en couleurs (description d'un voyage en Perse). Voilà qui était pédagogiquement indéfendable. J'avais alors cinq ans, ma sœur n'en avait pas trois, et l'image de la joie ineffable avec laquelle nous lacérions ce livre (comme un artichaut, feuille à feuille, je dois le dire) est presque la seule image de cette époque de ma vie qui soit restée vivante dans mon souvenir. Quand je fus plus tard étudiant, se développa en moi le goût prononcé de collectionner et de posséder des livres. [...] A l'âge de dix-sept ans j'avais fait des dettes considérables chez un libraire sans avoir les moyens de les régler et le fait que mes penchants auraient pu se porter sur un objet plus condamnable ne constitua pas une excuse aux yeux de mon père. » (*L'Interprétation des rêves,* chap. V, p. 1.)

Le plus vivant des souvenirs d'enfance de Freud est déjà lié au livre. Un livre donné par le père; un livre donné à lacérer; l'amour et le respect du livre (du père); la joie de mettre en pièces le livre. Freud ne cessera pas de lacérer les livres qu'il respecte le plus et d'en éprouver un sentiment de culpabilité.

Pour le trente-cinquième anniversaire de Sigmund, son père Jakob Freud lui fait cadeau de la Bible familiale, avec une dédicace touchante et pompeuse : « Tu as pu avoir, grâce à ce Livre, une vision du Tout-Puissant, tu as agi, tu as essayé de voler haut sur les ailes de l'Esprit sacré. » Or le dernier grand essai de Freud, *Moïse et le monothéisme,* écrit en 1934 et publié après mainte hésitation en 1939, s'ouvre par l'aveu d'un sacrilège.

« Contester à un peuple l'homme qu'il célèbre comme le

plus grand de ses fils n'est point une tâche qu'on entreprend de gaieté de cœur, ni à la légère, surtout quand on appartient à ce peuple. » La thèse d'un Moïse égyptien ne pouvait que choquer les croyants. Une fois encore, Freud avait lacéré le Livre, le plus précieux cadeau laissé par son père.

En 1907, l'éditeur viennois Hugo Heller invita diverses personnalités à indiquer leur choix de dix bons livres. La réponse détaillée de Freud révèle son goût éclectique et sa préférence pour les classiques :

« [...] Vous n'avez pas dit " les dix ouvrages les plus merveilleux de la littérature mondiale ", auquel cas j'aurais dû répondre, comme tant d'autres, Homère, les tragédies de Sophocle, le *Faust* de Goethe, *Hamlet* de Shakespeare, *Macbeth*, etc.

« Vous n'avez pas dit non plus " les dix livres les plus importants ", ce qui m'aurait forcé à inclure des ouvrages scientifiques : ceux de Copernic, le livre sur les croyances et la sorcellerie du vieux médecin Johann Weier, *Les Ascendants de l'homme* de Darwin, etc.

« Vous ne m'avez même pas demandé la liste de mes " livres favoris ", ce qui m'aurait conduit à citer le *Paradis perdu* de Milton ou le *Lazare* de Heine. Je pense donc que vous accordez une signification particulière au mot " bon ", semblable à celle que nous entendons lorsque nous parlons de " bons " amis [...].

« Je vous citerai dix " bons " livres de ce genre comme ils me viennent à l'esprit, sans trop y réfléchir.

Multatuli, *Œuvres et correspondance.*

Kipling, *Le Livre de la jungle.*

Anatole France, *Sur la pierre blanche.*

Zola, *Fécondité.*

Merejkovski, *Léonard de Vinci.*

Gottfried Keller, *Les Gens de Seldwyla.*

Conrad Ferdinand Meyer, *Les Derniers jours de Hutten.*

Macauley, *Essais.*

Gomperz, *Penseurs grecs.*

Mark Twain, *Sketches.* »

Freud précise qu'il a exclu de sa liste les productions littéraires de valeur « purement poétique » et que, par exemple dans le cas du *Hutten* de Meyer, il considère la « bonté » de l'œuvre comme bien supérieure à sa beauté. Il écrit de même au début de son étude sur *Le Moïse de Michel-Ange* (1914) : « Je déclare d'emblée que je ne suis pas un connaisseur d'art mais un profane. J'ai souvent remarqué que le contenu d'une œuvre d'art m'attire plus que ses qualités de forme ou de technique auxquelles pourtant l'artiste attache en première ligne de la valeur. »

En renouvelant la distinction académique entre le fond et la forme, Freud explique pourquoi il s'intéresse indifféremment à des chefs-d'œuvre et à des textes sans prétention : son étude la plus longue et la plus fouillée porte sur *Gradiva,* une nouvelle de Wilhelm Jensen, charmante, mais littérairement insignifiante. Ce qu'apprécie Freud chez les « bons auteurs », c'est la connaissance de la vie, la vérité psychologique des caractères et des situations; il admire les classiques, de Sophocle à Shakespeare, pour leur sagesse et leur *studium humanitatis,* il cherche chez les modernes la perspicacité de l'observation et la maturité du jugement.

Freud s'abandonne volontiers à l'illusion romanesque : il croit aux personnages plus « vivants » que nature imaginés par le romancier, il analyse leurs cas fictifs comme s'ils étaient des cas réels. Il estime que la littérature et la psychologie, par des voies différentes, poursuivent une même enquête sur l'homme et peuvent s'enrichir mutuellement. Par cette conviction, Freud appartient, pourrait-on dire, à la génération naturaliste où le psychiatre-psychologue et l'écrivain collaborent et parfois même rivalisent. Edmond de Goncourt écrit dans son *Journal* à propos de Charcot : « Désapprouve-t-il, depuis mes débuts en littérature, que je m'occupe de maladie nerveuse et voudrait-il que lui seul en ait le monopole? » Selon la formule de Gunnar Brandell, vers 1890, « les écrivains étaient quelque peu savants, le savant passablement écrivain ».

Freud a souvent raconté que sa vocation scientifique avait été déterminée par un texte attribué à Goethe (mais dû en réalité au théologien suisse Christoph Tobler), *La Nature*. Ce fragment du pseudo-Goethe traduit un sentiment quasi mystique de communion avec la nature : « Nature! Nous sommes entourés et enlacés par elle – incapables de nous en dégager, incapables de pénétrer plus profondément en elle. De gré ou de force, nous sommes introduits dans le tourbillon de sa danse et elle nous entraîne jusqu'à ce que nous tombions épuisés de son bras [...]. »

On peut s'étonner qu'une profession de foi aussi lyrique ait pu révéler à Freud sa vocation scientifique. Mais en se plaçant sous le patronage de ce texte attribué à Goethe, il rappelle aussi que les aspirations du poète et de l'artiste ne restent jamais étrangères aux exigences du chercheur : l'écrivain, comme le savant, recourt à l'expérience de la réalité, observe et analyse avant de créer; le savant, comme l'écrivain, doit trouver un style d'exposition et un nouveau langage.

Une lettre de Freud à sa fiancée Martha Bernays, du 1er avril 1884, confirme qu'il aurait aimé réussir une œuvre de romancier : « J'ai une surprise pour toi. Je ne sais combien d'histoires me reviennent sans arrêt à l'esprit dont l'une – un conte à l'orientale – a récemment pris une forme assez précise. Tu seras étonnée d'apprendre que je deviens conscient d'une agitation littéraire en moi alors qu'auparavant rien n'aurait pu être plus loin de ma pensée. Dois-je écrire l'histoire, ou cela t'embarrasserait-il d'avoir à la lire? Si je la compose ce ne sera que pour toi, mais elle ne sera pas très belle. Et puis aussi j'ai très peu de temps en ce moment. Pourtant, je pense que si cette inspiration me revient, l'histoire s'écrira toute seule. »

Les *Études sur l'hystérie*, écrites en collaboration avec Josef Breuer et publiées en 1895, eurent très peu de succès. L'hommage le plus sincère ne vint pas d'un confrère médecin, mais de l'écrivain Alfred von Berger qui écrivit dans son compte rendu : « Nous pressentons qu'il deviendra un jour possible d'accéder au secret le plus profondément enfoui dans la personnalité humaine. [...] La théorie elle-même n'est en fait rien d'autre que cette sorte de psychologie dont font usage les poètes. »

Freud lui-même s'avouait frappé par le fait que les histoires de malades qu'il écrivait se lisaient comme des nouvelles et sortaient du genre sérieux propre à la manière scientifique. Sa présentation des processus psychiques, convenait Freud, s'apparentait à celle des poètes, mis à part quelques formules psychologiques. Dans son article *Freud écrivain*, Walter Muschg analyse particulièrement le chapitre des *Études sur l'hystérie* consacré au cas « Katharina... » Freud commence par quelques touches de pittoresque : ses vacances dans le massif des Tauern, une escalade en montagne, une rencontre inopinée avec une jeune fille qui deviendra sa patiente et dont il rend fidèlement les tournures dialectales...

Les *Études sur l'hystérie* révèlent des affinités entre la démarche freudienne et la littérature plus profondes encore que cette tendance spontanée à la narration. Dans cet ouvrage apparaît la notion essentielle de « catharsis », empruntée à la *Poétique* d'Aristote qui définissait l'effet produit par la tragédie grecque : en suscitant la terreur et la pitié, elle « purifie » le spectateur des passions représentées sur scène. Par analogie, Breuer appelle « cure cathartique » la « cure par la parole » expérimentée dans le cas Anna O. (qui parle elle-même de *« talking cure »* ou de *« chimney sweeping »*). Freud va plus loin et découvre la technique de « l'association libre ».

Cette technique est de toute évidence empruntée à la littérature. Lorsque Havelock Ellis, un contemporain de Freud, prétend ruiner les prétentions scientifiques de la psychanalyse, il insiste sur le caractère littéraire de la technique de l'association libre. Sigmund Freud répond à Havelock Ellis en 1920, dans le court texte intitulé *A propos de la préhistoire de la psychanalyse*. Il convient volontiers que plusieurs écrivains ont relevé avant lui les vertus de l'association libre.

Il rappelle que dans *L'Interprétation des rêves* il avait déjà cité une lettre de Schiller à Körner : « Dans une tête créatrice, l'entendement a retiré la garde qui surveille ses portes, les idées se précipitent pêle-mêle, et le créateur ne peut qu'après coup en prendre la mesure et trier cette grande masse. Vous autres critiques, ou quel que soit le nom que vous vous donnez, vous avez honte et peur de cette folie (Wahnwitz) instantanée et transitoire que l'on trouve chez tous les authentiques créateurs et dont la durée plus ou moins longue distingue l'artiste pensant du rêveur. »

Freud cite également l'article de Ludwig Börne, *L'Art de devenir en trois jours un écrivain original :* « Prenez quelques feuilles de papier et écrivez trois jours durant, sans mensonge ni dissimulation, tout ce qui vous passe par la tête [...]. Et au bout de ces trois jours, vous serez éperdu d'étonnement devant les pensées nouvelles et inouïes qui vous seront venues. » Freud précise qu'il avait reçu à quatorze ans les œuvres de Börne en cadeau et les avait lues avec passion. Il conclut que cet article dont il ne se souvenait pas pourrait bien l'avoir influencé par un phénomène de cryptomnésie.

Freud aurait pu citer bien d'autres précurseurs de sa technique de l'association libre. Car on la retrouve diversement formulée dans la plupart des théories classiques et romantiques du génie créateur. Il ne s'agit pas ici d'une vaine querelle de sources. Mais bien de constater avec François Roustang que, « sans produire une œuvre inscriptible en un texte, l'analysant fait quelque chose de semblable au travail de l'écrivain. L'analysant *fixe* peu à peu, comme l'écrivain, mais ici sur l'analyste et dans l'analyste, les traits de son histoire en un récit, soit qu'il la redécouvre, soit qu'il l'invente parce qu'elle lui a manqué ».

Si Freud n'a guère apprécié les surréalistes dont l'écriture automatique se réclamait de la psychanalyse, c'est parce que sa technique ne se voulait point art poétique, mais thérapie. « Il a détourné ou retourné les fondements de la création littéraire » (François Roustang). Tandis que l'écrivain cherche dans le rêve les matériaux de sa création auxquels il n'accède pas par la réflexion consciente, Freud explore les rêves et l'inconscient pour découvrir et démonter les mécanismes psychonévrotiques. Selon la formule de Bernard Pingaud, le patient crée « des figures provisoires, destinées à s'effacer tôt ou tard, une fois que l'effet réel visé par le discours aura été atteint ».

« Une psychologie de poète », disait Alfred von Berger.

Éloge à double tranchant dont Freud ne dut guère se réjouir, car il se plaçait du côté de la science. Pourtant, si la psychanalyse a profondément marqué la création littéraire, c'est que l'écriture et la cure, malgré leurs essentielles différences, ont ceci de commun qu'elles recourent au discours pour traiter un matériel identique.

Freud et la littérature : ne pas chercher des sources, mais des confluences. Avec un rien de suffisance et beaucoup d'incompréhension, le poète Hugo von Hofmannsthal se dispensait de lire plus attentivement les écrits psychanalytiques en déclarant : « Ce qu'ils savent, nous le savions depuis longtemps. » Suivant cette fausse piste, des historiens ont fini par présenter Freud comme l'épigone de quelques précurseurs littéraires. Frederick J. Beharriel a prétendu par exemple que le dramaturge et romancier Arthur Schnitzler avait, dès 1894, élaboré toutes les idées fondamentales dont Freud s'attribuera la primeur.

Ce n'est pas une révélation, puisque Freud lui-même ne manque jamais une occasion de rendre hommage aux écrivains dont les intuitions ont précédé ses théories. En 1912, il écrivait à Schnitzler dont c'était le cinquantième anniversaire : « Votre déterminisme comme votre scepticisme [...], votre perception des vérités de l'inconscient et des pulsions qui sont dans la nature humaine, votre dissolution des certitudes conventionnelles de la culture, l'attachement de vos pensées à la polarité de l'amour et de la mort, tout cela me touchait avec une étrange familiarité. Ainsi se confirma mon impression que vous saviez par intuition – mais à vrai dire grâce à une très subtile introspection – tout ce que j'ai découvert par un travail ardu mené sur autrui. »

Freud n'a pas découvert l'inconscient au sens où l'on dit que Goethe a découvert l'os intermaxillaire chez l'homme, ou qu'un physicien découvre une nouvelle molécule. Mais la psychanalyse a redéfini et analysé l'inconscient d'une façon qui permettait de développer une théorie vérifiable par l'expérience et de poser des questions nouvelles. Ainsi divers écrivains avaient, bien avant les *Études sur l'hystérie*, montré les relations entre hystérie et sexualité. Les Goncourt (inspirés par

Charcot) dans *Germinie Lacerteux* (1864); August Strindberg dans *Une sorcière (Genvägar)*, nouvelle publiée dans le recueil *Destinées suédoises (Svenska Öden)* et présentée en allemand par le journal viennois *Neue Freie Presse* d'août-septembre 1887; Arthur Schnitzler dans la nouvelle *Un sensible (Der Empfindsame)* de 1895 proposaient des études cliniques romancées où s'esquissaient les idées de Breuer et Freud. Mais ces écrivains ne proposaient aucune théorie cohérente et s'appuyaient eux-mêmes sur les surabondantes publications consacrées à l'hystérie que Breuer et Freud récapitulent consciencieusement.

Le psychologue romantique Karl Gustav Carus écrit en épigraphe de son grand traité *« Psyché, histoire de l'évolution de l'âme »* (1846) : « La clef de la connaissance de la vie consciente de l'âme se trouve dans la région de l'inconscient. » Freud a souligné à l'occasion la dette de la psychanalyse envers le romantisme allemand. Thomas Mann, dans un essai sur Freud de 1929, va jusqu'à dire que « la théorie de l'inconscient est un romantisme devenu science ». Là encore, les problèmes de filiation sont complexes et prêtent à malentendu. La psychanalyse paraît plus proche du rationalisme des Lumières. Romantisme et psychanalyse partagent l'intérêt pour la « face nocturne » du psychisme. Mais de profondes différences les séparent. Chez Freud, conscience et inconscient échangent certains contenus, mais le cycle reste essentiellement individuel. Pour les romantiques au contraire, la vie inconsciente (rêve, somnambulisme, magnétisme, etc.) communique avec une réalité plus vaste, supérieure à l'individu : ils cherchent dans les régions obscures de l'âme le secret de l'univers tout entier, de « l'Ame universelle ». Carl Gustav Jung, qui rapproche l'inconscient collectif et l'inconscient individuel, est beaucoup plus proche du romantisme que Freud.

Freud n'a jamais renié ses premières ambitions littéraires, ni relâché sa fréquentation des « bons » auteurs. Il leur doit plus que quelques thèmes ou la qualité de son style. On aperçoit transposés dans la cure certains procédés de la création littéraire. Voilà qui explique l'ambivalence de la psychanalyse : Freud la maintient résolument du côté de la science, et s'offusque d'être pris pour un artiste ou un poète. Mais « l'autre versant de la psychanalyse pourrait être constitué par la tentative de l'analysant, non seulement de dire ses rêves, ses fantasmes et ses trouvailles, mais de les travailler pour s'y reconnaître » (François Roustang). Dans cette perspective, tout analysant doit devenir romancier.

Avant *L'Interprétation des rêves*, Freud parle beaucoup de littérature dans sa correspondance, mais assez peu dans ses œuvres publiées. Les lettres à sa fiancée Martha Barnays fourmillent de références littéraires et, parfois, de commentaires développés, par exemple à propos de *La Tentation de saint Antoine* (lettre du 23 août 1883) : « Flaubert évoque non seulement les grands problèmes de la connaissance, mais pose les vraies énigmes de la vie, tous les conflits de sentiments et d'impulsions. »

Dans la correspondance avec Wilhelm Fliess, publiée dans *La Naissance de la psychanalyse*, on trouve la première version de la plus célèbre analyse littéraire de Freud :

« J'ai trouvé en moi, comme partout ailleurs, des sentiments d'amour envers ma mère et de jalousie envers mon père, sentiments qui sont, je crois, communs à tous les jeunes enfants. [...] S'il en est bien ainsi, on comprend, en dépit de toutes les objections rationnelles qui s'opposent à l'hypothèse d'une inexorable fatalité, l'effet saisissant d'*Œdipe Roi*. [...] La légende grecque a saisi une compulsion que tous reconnaissent parce que tous l'ont ressentie. Chaque auditeur fut un jour en germe, en imagination, un Œdipe et s'épouvante devant la réalisation de son rêve transposé dans la réalité, il frémit suivant toute la mesure du refoulement qui sépare son état infantile de son état actuel. Mais une idée m'a traversé l'esprit : ne trouverait-on pas dans l'histoire d'*Hamlet* des faits analogues ? [...]

La lettre à Fliess du 20 juin 1898 (n° 91) préfigure l'application de l'analyse à des œuvres littéraires. Freud commente une nouvelle de Conrad Ferdinand Meyer, *La Femme-juge;* il formule en passant quelques réticences sur les qualités strictement poétiques de l'œuvre (comme il le fera en

1907 à propos du Hutten de C. F. Meyer, dans sa réponse à l'éditeur Hugo Heller) : « Dans *La Femme-juge*, la même histoire est répétée deux fois sans modification (la première fois en tant que fantasme relatif à la mère, la seconde, en tant que souvenir réel se rapportant à la bonne) ce qui, au point de vue littéraire, n'est guère recommandable. »

Mais si Freud lit beaucoup et parle volontiers de littérature en privé, il n'y a qu'une demi-douzaine de références littéraires dans toute son œuvre publiée avant 1895, et une dizaine seulement dans les *Études sur l'hystérie.* A l'automne 1895, il achève l'essai intitulé *Esquisse d'une psychologie scientifique*, plus proche de la neurophysiologie et de la science expérimentale que de la future psychanalyse et de l'interprétation. A cette époque, les aspirations et les goûts littéraires de Freud paraissent inconciliables avec l'idéal d'un savoir positif. C'est l'auto-analyse qui lui permet la synthèse de ses exigences scientifiques et de ses intérêts littéraires. *L'Interprétation des rêves* (1900) contient plus d'une centaine de références à des écrivains classiques et contemporains.

Les cloisonnements qui séparent aujourd'hui, dans l'Université et à ses alentours, littérature, sciences humaines et médecine, ont rendu surprenante l'aisance pluridisciplinaire de Freud. Mais cette audace et cette universelle curiosité caractérisent plusieurs grands psychologues de ses contemporains. Jean-Martin Charcot, par exemple, qui écrivait abondamment sur l'art et la littérature, s'intéressait aussi à l'histoire, particulièrement à celle de la sorcellerie. L'application des méthodes et des concepts de la psychologie et de la psychiatrie à la théorie de l'art et de la littérature était monnaie courante au XIXᵉ et au début du XXᵉ siècle, comme en témoignent les innombrables pathographies de grands écrivains, philosophes ou artistes, et les études (pseudo-) scientifiques sur le génie. Mais ces travaux-là ont sombré dans un oubli bien mérité...

Inversement, les psychologues se plaisaient à orner leurs traités de références à la littérature. Walter Muschg, dans son article sur *Freud écrivain,* plaisantait en 1930 sur « ces coryphées de la clinique qui se pourvoient volontiers de quelques citations bel esprit pour avoir l'air capables de littérature ». Parmi ces coryphées, quelques-uns pourtant ne manquaient pas de génie, tel Krafft-Ebing qui s'inspira du marquis de Sade et de Leopold von Sacher-Masoch pour créer les termes de « sadisme » et de « masochisme » dont la fortune au XXe siècle est égale à celle du « complexe d'Œdipe ».

Mais bien peu ont vécu en aussi intense et aussi intime relation avec la littérature que Sigmund Freud. Marthe Robert souligne qu' « à la différence de ses élèves les plus brillants, Freud ne s'est attaché qu'aux œuvres et aux écrivains qui par quelque côté lui révélaient à un moment donné une part de lui-même ». On ne peut pas dire que Freud « applique » de façon tout extérieure sa théorie à des œuvres littéraires. Ses commentaires semblent au contraire jaillis au fil d'une conversation ininterrompue avec des auteurs qui l'accompagnent toute sa vie. Les trois grandes sources auxquelles constamment il revient puiser : la Bible, la mythologie et la tragédie grecque, Shakespeare, lui sont familières depuis l'enfance. Il raconte qu'il fit à huit ans ses premiers pas dans Shakespeare. Et au baccalauréat qu'il passa en 1873, Freud eut à traduire trente vers d'*Œdipe Roi*...

Les plus importants commentaires de littérature dans *L'Interprétation des rêves* figurent au chapitre intitulé « Les rêves typiques », ainsi définis : « Il y a un certain nombre de rêves que nous avons presque tous eus de la même manière et dont on peut dire qu'ils ont pour tous la même signification [...] et probablement les mêmes sources. » A propos du rêve où l'on est nu ou mal vêtu en présence d'étrangers, Freud cite un conte d'Andersen, *Les Habits neufs de l'empereur* : on a tissé pour l'empereur du Danemark un vêtement précieux, mais tel que seuls les bons et loyaux sujets peuvent le voir. L'empereur se promène vêtu de sa robe invisible et tout le monde feint de ne pas remarquer qu'il est nu. La « morale » du conte (les grands sont entourés de flatteurs dont la loyauté est mensongère) masque un contenu latent : le désir non permis et refoulé de se promener nu.

Puis Freud cite un passage du roman *Henri le Vert* où Gottfried Keller propose une interprétation pénétrante de l'épisode de l'*Odyssée* où Ulysse apparaît nu et couvert de fange devant Nausicaa et ses compagnes. Cette convergence avec l'écrivain Gottfried Keller prend pour Freud la valeur d'une confirmation, d'un renfort qui le sauve de son isolement et le rassure au moment où il commence l'exploration d'une contrée nouvelle.

Dans le paragraphe suivant, « Le rêve de la mort de personnes chères », Freud évoque à propos du conflit entre père et fils les mythes de Cronos qui dévore ses enfants et de Zeus qui châtre son père avant de prendre sa place. Puis il cite les drames d'Ibsen, pour illustrer le conflit entre la fille qui réclame sa liberté sexuelle et la mère.

Puis Freud présente sa fameuse interprétation de l'*Œdipe Roi*, déjà formulée dans la lettre à Fliess de 1897. La volonté des dieux qui punit chez Sophocle « l'hybris » d'Œdipe et le conduit à tuer son père et à coucher avec sa mère, Freud l'identifie à la force de l'inconscient. L'helléniste (par exemple Jean-Pierre Vernant dans *Œdipe sans complexe*) a des raisons sérieuses de juger que cette lecture fausse le sens que la pièce pouvait avoir pour les Anciens. De même que l'helléniste Ulrich von Wilamowitz pouvait très justement dénoncer les infractions à l'exactitude historique commises par son collègue Friedrich Nietzsche dans *La Naissance de la tragédie*... Voilà encore un point de rencontre entre Freud et Nietzsche : tous deux ont réinterprété la pensée et la mythologie grecques avec une spontanéité perdue depuis Schlegel et Hölderlin.

Comme dans la lettre à Fliess de 1897, et comme plus tard dans *Ma vie et la psychanalyse,* Freud rapproche *Hamlet d'Œdipe Roi :* « Dans *Œdipe,* les fantasmes-désirs sous-jacents de l'enfant sont mis au jour et réalisés comme dans le rêve; dans *Hamlet,* ils restent refoulés et nous n'apprenons leur existence – tout comme chez les névrosés – que par l'effet d'inhibition qu'ils déclenchent. » C'est l'hésitation d'Hamlet à tuer son oncle qui nous révèle le désir inconscient qu'il a eu de tuer son père.

La méthode de Freud se précise donc dans *L'Interprétation des rêves :* une très large intertextualité permet de rapprocher et d'éclairer mutuellement des œuvres d'époques et d'auteurs différents, des contes, des mythes; ces œuvres confirment l'interprétation des rêves (plus généralement des symptômes) proposée par la psychanalyse; inversement, la parenté entre le rêve et les grandes créations littéraires explique l'universalité des chefs-d'œuvre classiques : le spectateur est captivé par *Œdipe Roi* et par *Hamlet* parce qu'il reconnaît en lui-même la puissance redoutable qui conduit la destinée de ces héros.

Les développements possibles de ces réflexions sur la littérature se révèlent très riches. Freud indique l'un d'eux dans sa préface à la troisième édition de 1911 : « Je pourrais prédire en quoi les prochaines éditions de cet ouvrage, s'il y en a, différeront du présent texte. Il leur faudra [...] chercher un contact plus étroit avec le matériel copieux que représentent la poésie, le mythe, l'usage linguistique et le folklore. »

En élucidant l'effet produit par deux grandes pièces du répertoire théâtral, Freud ouvre la voie à une théorie de la « réception » de la littérature, du plaisir esthétique. Les idées ébauchées à propos d'*Œdipe Roi* se trouvent précisées dans l'essai de 1907-1908 *Caractères psychopathologiques sur scène.* Freud part d'un paradoxe : le drame et la tragédie montrent les souffrances de héros auxquels nous nous identifions et qui nous inspirent de la pitié. Pourtant nous en éprouvons du plaisir : celui-ci se fonde sur nos tendances masochistes, mais aussi sur l'illusion de participer de la grandeur des personnages représentés. Surtout, nous voyons se réaliser sur la scène nos désirs infantiles refoulés. Un tel spectacle provoque notre malaise, mais aussi notre plaisir : nous osons libérer momentanément nos pulsions refoulées.

Enfin *L'Interprétation des rêves* suggère un rapprochement entre la création artistique et le travail inconscient du rêve. « Le travail du rêve ne pense ni ne calcule, dit Freud, d'une façon générale, il ne juge pas; il se contente de transformer. » Certains mécanismes de cette transformation : condensation (plusieurs personnages ou plusieurs choses se confondent en une seule image) ou symbolisation, par exemple, sont analogues aux procédés utilisés par l'art.

Mais Freud maintient une différence essentielle entre le travail de l'inconscient et celui de l'artiste : le travail du rêve n'est pas créatif, il se réduit à des opérations mécaniques, non délibérées, de transformation. Et surtout, comme Freud le dit nettement dans la quinzième de ses conférences de l'*Introduction à la psychanalyse* de 1916-1917 : « Le rêve ne veut rien dire à personne, il n'est le véhicule d'aucune communication, il est fait au contraire pour rester incompris. »

Avant l'étude sur *Gradiva* de Jensen, Freud a parlé de littérature « en passant » : il a ouvert des perspectives nouvelles, mais sans les développer. *Délires et rêves dans la Gradiva de Jensen* (1906) est son plus long commentaire d'un texte littéraire : cet essai marque la naissance d'un nouveau genre promis à une immense fortune au XXe siècle, la critique analytique.

Freud voulait-il faire œuvre de critique littéraire lorsqu'il commença l'essai sur *Gradiva?* Son intention était sans doute plus modeste. Dans *Ma vie et la psychanalyse,* il qualifie le texte de Jensen de « petite nouvelle, en soi sans grande valeur ». C'est Jung, l'ami et le disciple récemment conquis par Freud, qui a remarqué dans ce livre paru en 1903 d'intéressantes descriptions de rêves, et qui a suggéré de leur appliquer la méthode mise au point dans *L'Interprétation des rêves.* La correspondance de Freud avec Jung commence en avril 1906. Dès l'été 1906, pendant les vacances qu'il passe en Italie, Freud rédige son essai sur *Gradiva,* comme un hommage à son nouvel ami.

« Les poètes et les romanciers sont de précieux alliés de l'homme de science et leur témoignage doit être estimé très haut, car ils connaissent entre ciel et terre bien des choses que notre sagesse scolaire ne saurait encore rêver »; cet éloge presque exagéré de l'écrivain, en l'occurrence de Wilhelm Jensen, révèle la stratégie de Freud : le romancier sert de caution et de vérification à la psychanalyse. Dans le champ de la science, la psychanalyse proclame fermement sa radicale nouveauté : elle ne veut point trop devoir à ses devanciers. Au contraire, Freud affiche une humilité déconcertante face à la littérature [1]. Il grandit démesurément Jensen et diminue sa propre importance : « Il faut en vérité renverser les rôles : c'est

1. Voir note p. 63.

la science qui ne tient pas devant l'œuvre du romancier. »

La nouvelle de Jensen, qui nous entraîne avec un archéologue à la recherche de la mystérieuse jeune fille représentée sur un bas-relief romain et nous promène à travers les ruines de Pompéi, satisfaisait le goût de Freud pour l'Antiquité. N'écrivait-il pas à Stefan Zweig : « J'ai lu à vrai dire plus d'ouvrages d'archéologie que de psychologie et jusqu'à la guerre, et après une fois encore, il me fallait chaque année passer quelques jours ou quelques semaines à Rome. » Il ajoutait que les antiques grecs, romains ou égyptiens qu'il collectionnait avec passion et dont il ornait son cabinet de travail symbolisaient pour lui des êtres chers, vivants ou disparus. Il éprouvait donc quelque sympathie pour Norbert Hanold, le héros de Jensen, qui tombe amoureux d'une figure de bas-relief.

La métaphore archéologique traverse toute l'œuvre de Freud. Déjà dans les *Études sur l'hystérie,* il écrit : « J'élaborai un procédé de déblaiement par couches du matériau psychique pathogène que nous comparions volontiers à la technique des fouilles sur le site d'une ville ensevelie. » En 1897, il confie à Fliess qu'il a rêvé de Pompéi (lettre n° 60); il en connaît tous les détails par les livres et ne visitera le site qu'en septembre 1902. Et dans l'analyse du cas Dora, publiée en 1905, il dit : « Vu le caractère incomplet des résultats de mon analyse, il ne me restait qu'à suivre l'exemple des chercheurs qui s'estiment très heureux lorsqu'ils mettent au jour les vestiges inestimables, quoique très dégradés, de l'Antiquité longtemps ensevelie. »

Wilhelm Jensen s'intéressait aussi beaucoup à l'archéologie. Il écrit à Freud qu'il possédait de longue date un moulage du bas-relief de la Gradiva et qu'il en a cherché l'original dans plusieurs musées d'Italie. Voilà bien le seul trait de caractère qui rapproche les deux auteurs... Se souviendrait-on aujourd'hui de Wilhelm Jensen s'il n'avait eu la chance d'entrer dans l'histoire de la psychanalyse? On a bien oublié les quelque cent soixante romans et nouvelles de cet auteur fécond (né à Heiligenhafen sur la Baltique, 1837-1911) qui collaborait en outre à divers journaux.

La nouvelle de Wilhelm Jensen captivait Freud et son cercle non seulement par la très précise description des rêves et hallucinations de Norbert Hanold, mais aussi par l'intervention de Zoé, la jeune fille qu'inconsciemment il recherche. Celle-ci, à la fin du récit, joue le rôle du psychanalyste. Elle soumet Norbert à une cure par la parole, elle entre habilement dans le jeu de son patient, elle reconstitue le passé oublié qui est à l'origine des troubles de Norbert. « Le procédé que l'écrivain prête à Zoé, commente Freud, pour la guérison des hallucinations de son ami d'enfance ressemble beaucoup, plus même, s'identifie entièrement à la méthode thérapeutique que le Dr Josef Breuer et moi-même nous avons introduite en 1895 dans la médecine. »

Tant de convergences entre Jensen et Freud ont de quoi étonner. Ce dernier les justifie en ces termes :

« Nous puisons à la même source, pétrissons la même pâte, chacun avec nos méthodes propres, et la conformité des résultats semble témoigner que nous avons tous deux bien travaillé. Notre démarche consiste en l'observation consciente des processus psychiques anormaux chez autrui, afin de pouvoir en deviner et en énoncer les lois. Le romancier s'y prend certes autrement; il concentre son attention sur l'inconscient de sa propre âme, prête l'oreille à toutes ses virtualités, au lieu de les refouler par la critique consciente. Il apprend par le dedans de lui-même ce que nous apprenons par les autres : quelles sont les lois qui régissent la vie de l'inconscient; mais point n'est besoin pour lui de les exprimer, ni même de les percevoir clairement; grâce à la tolérance de son intelligence, elles sont incorporées à ses créations. »

Ces explications peuvent-elles nous convaincre entièrement? Freud montre dans d'autres écrits que c'est au contraire en relâchant le contrôle de son intelligence rationnelle que le créateur laisse parler son inconscient – et que l'artiste n'apprend pas par introspection « les lois qui régissent la vie de l'inconscient », mais les subit, les laisse agir, comme le rêveur ou le névrosé.

Questionné par Freud, Jensen répond : « Il faut sans doute mettre cette description des processus psychiques sur le compte de l'intuition poétique, même si les études de médecine que j'avais commencées jadis y sont pour quelque chose. » Quelques semestres à la faculté de Médecine de Iéna vers 1860 auraient-ils suffi à mettre Jensen au fait des résultats de la psychanalyse? On ne peut que sourire de cette hypothèse.

Sarah Kofman, dans *Quatre romans analytiques*, éclaire un peu ce mystère : si Freud retrouve ses idées chez Jensen, c'est qu'il a sans le dire profondément remanié le récit sous couleur de le résumer au seuil de son essai. « Préparation au travail analytique, le résumé fait éclater le texte primitif. Il rapproche ou isole certains éléments, effectue une série de déplacements toujours significatifs. L'interprétation de Freud est une réécriture du texte de Jensen, un nouveau jeu, un nouveau roman. » En somme, Freud ne découvre dans *Gradiva* que ce qu'il veut y voir.

Mais la convergence de Freud et de Jensen révèle aussi que les deux auteurs ont derrière eux une commune tradition littéraire, dont l'épigone Jensen a transmis l'un des derniers échos, et que Freud est en train de renouveler. On peut citer par exemple une œuvre de Goethe, *Lila*, qui décrit la guérison d'une folie par une « cure analytique ». Comme Norbert Hanold, Lila est prisonnière de ses délires et hallucinations. Pour la guérir, le médecin, comme Zoé, entre dans le jeu de ses fantasmes et la ramène progressivement à la réalité. « Finalement l'imagination et la réalité se retrouveront », écrit Goethe. Lila guérie s'exclame : « Je sens mes instincts *(Triebe)* exaucés. L'amour dissipe les maléfices. »

L'essai de Freud sur *Gradiva* pose un autre problème important : l'histoire fictive de Norbert Hanold s'y trouve traitée comme un cas réel. Cette application des notions psychanalytiques à la fiction est-elle bien légitime? Freud esquive la question à la fin de son commentaire par une boutade qui lui sert de conclusion : « Mais nous devons nous arrêter ici, sans quoi nous pourrions bien oublier tout de bon que Hanold et la Gradiva ne sont que les créatures du poète. »

Pour transformer la fiction en « cas » susceptible d'analyse, Freud a besoin de passer par un résumé qui est « la mise en conditions de laboratoire du texte de Jensen qui, sans lui, serait inaccessible à la science » (Sarah Kofman). Que reste-t-il de littérature dans le document clinique ainsi constitué? La psychanalyse ne méconnaît-elle pas la singularité du phénomène littéraire?

La même question se pose par exemple à propos de l'article de 1919 sur *L'Inquiétante étrangeté (Das Unheimliche)*, qui déçoit ceux qui en attendent une théorie du fantastique spécifiquement littéraire. Freud met sur le même plan des situations empruntées à la fiction et des scènes de la vie quotidienne. Et lorsqu'il aborde *L'Homme au sable* d'E.T.A. Hoffmann, il explique les angoisses de Nathanaël par le complexe de castration, ce qui l'oblige à négliger dans son analyse le thème de l'automate, c'est-à-dire toute la question de l'art. L'effet de réduction du sens, déjà sensible dans le commentaire de *Gradiva,* éclate ici d'autant plus que le conte d'Hoffmann est extrêmement polysémique.

D'autres essais de Freud, par exemple *Le Mot d'esprit et ses rapports avec l'inconscient* (1905), contiennent des réflexions beaucoup plus précises sur le phénomène littéraire, en particulier une distinction entre l'esprit, l'humour et le comique. Mais le plus souvent les questions de technique d'écriture ne retiennent pas directement l'attention de Freud. Il reconnaît volontiers cette limite de la critique psychanalytique et renvoie constamment le lecteur aux « spécialistes d'esthétique », comme dans ce commentaire de *L'Homme au sable* qu'il termine par une dérobade : « Les privilèges de la fiction pour évoquer et inhiber le sentiment d'inquiétante étrangeté ne sauraient évidemment être épuisés par les précédentes remarques [...]. Tout cela est connu depuis longtemps et a probablement été jugé à sa valeur par les esthéticiens de profession. »

Comment définir « l'intérêt de la psychanalyse » pour la critique littéraire? On a vu comment la théorie des rêves typiques, dans *L'Interprétation des rêves,* conduisait à une méthode structurale qui permet de rapprocher des œuvres de différents écrivains pour y découvrir les variations d'un fantasme universel. Cette méthode, Freud l'applique encore une fois au « thème des trois coffrets » du *Roi Lear* (1913). Il interroge les mythes, le folklore et les fantasmes explorés par l'analyse pour aboutir à des rapprochements inattendus qui changent notre compréhension du texte de Shakespeare.

On a montré les limites de l'interprétation de *Gradiva*, qui impose à la nouvelle de Jensen un sens univoque et néglige la différence entre réalité et textualité. Mais cet essai n'en bouleverse pas moins les définitions traditionnelles de l' « œuvre » et de l' « auteur ». « Ai-je manqué aux règles de l'interprétation en décelant dans cette œuvre innocente des tendances que l'auteur ne soupçonnait pas ? » se demande Freud dans sa conclusion. Et il répond : « L'écrivain n'a pas besoin de connaître ces règles ni ces intentions. » L'interprète peut donc cesser de se préoccuper au premier chef de « ce que l'auteur a voulu dire ». Le texte devient un symptôme à déchiffrer comme on scrute un rêve ou un délire. Les détails qui paraissaient à première vue insignifiants, marginaux, ornementaux, acquièrent une nécessité nouvelle. Par exemple le passage où Norbert Hanold rêve d'une chasse au lézard pourrait passer pour un intermède anodin du récit, tandis que Freud en montre les relations avec l'ensemble.

L'essai sur *Gradiva* porte donc un coup fatal à la méthode qui cherche par l'histoire et la biographie à reconstituer « les intentions » de l'auteur pour y trouver le seul sens de son texte. Dans l'article sur *Dostoïevski et le parricide* (1928), Freud raconte qu'il avait proposé à son ami le romancier Stefan Zweig une interprétation de sa nouvelle *Vingt-quatre heures dans la vie d'une femme.* « Il est caractéristique de la nature de la création artistique que l'écrivain qui était mon ami ait répondu à mes questions en m'assurant que l'interprétation que je lui communiquais était complètement étrangère à sa connaissance et à son intention. »

Dans son *Appendice à la deuxième édition* de l'essai sur *Gradiva* (1912), Freud écrit : « Durant les cinq années qui se sont écoulées depuis la rédaction de cette étude, la recherche psychanalytique s'est enhardie et a abordé les créations des écrivains avec d'autres intentions. Elle n'y cherche plus seulement la confirmation de ce qu'elle a trouvé en étudiant l'individu névrosé non créateur, mais elle veut aussi savoir de quel fonds d'impressions et de souvenirs le poète s'est servi pour composer son œuvre et selon quels processus ce fonds a été introduit dans l'œuvre. »

Dans le prolongement de son travail sur *Gradiva*, Freud avait écrit à Jensen pour lui poser des questions sur la genèse du texte. Le vieux romancier, très flatté de l'intérêt suscité par sa nouvelle, avait donné des précisions intéressantes : « Cette petite histoire a jailli sous l'effet d'une impulsion subite [...]. Je l'ai achevée en quelques jours. » Entre-temps, C.G. Jung avait examiné d'autres nouvelles de Jensen et formulé l'hypothèse que l'auteur « devait dans son enfance s'être attaché très fortement à une petite fille, probablement à sa sœur, et avoir souffert ensuite d'une grande déception, peut-être à cause de la mort de cette petite fille ». A nouveau interrogé, Jensen répondit qu'il n'avait pas eu de sœur, mais qu'effectivement son premier amour s'était porté sur une amie d'enfance morte de tuberculose à dix-huit ans. Les autres questions de Freud paraissaient incongrues à Jensen et il s'abstenait d'y répondre.

Telle était la nouvelle voie de la recherche psychanalytique que Freud allait suivre dans ses articles suivants sur l'art (*Un souvenir d'enfance de Léonard de Vinci*, 1910) et sur la littérature (*Un souvenir d'enfance de Goethe dans « Poésie et vérité »*, 1917) : reconstituer la genèse des œuvres en repérant dans la biographie du créateur les souvenirs-fantasmes archaïques qui se sont manifestés inconsciemment et indirectement, de manière déformée, dans un texte, un tableau ou une sculpture. Il s'agissait donc bien d'appliquer à la littérature la méthode analytique éprouvée dans les domaines de la psychopathologie et du rêve.

Notons que Freud n'est pas à cette époque seul à renouveler la réflexion sur la littérature en dépassant l'esprit positiviste (représenté par Wilhelm Scherer, un disciple allemand de Taine). En 1906 paraît le recueil *Das Erlebnis und die Dichtung (Poésie et expérience vécue)* de Wilhelm Dilthey qui propose d'interpréter comme un tout la vie et l'œuvre des écrivains pour saisir, dans une intuition globale, leur manière unique d'appréhender le monde.

Mais l'application de l'interprétation analytique a suscité certains malentendus. Entre un texte et son interprète ne peut évidemment pas s'établir une relation analytique vivante; et l'auteur n'est pas là pour révéler son inconscient par la méthode des associations libres (même quand il est vivant, comme Wilhelm Jensen, il rejette les constructions que l'analyste lui soumet). La biographie est une source d'informations bien insuffisante pour l'analyste.

« On ne comprend donc pas les œuvres et leurs rapports à partir de la vie d'un auteur, mais l'étude des œuvres permet de déduire hypothétiquement un certain nombre d'éléments sur la vie. Inversement, lorsque celle-ci est connue, elle peut confirmer l'étude du texte » (Sarah Kofman). Dans le dernier chapitre de son essai sur Léonard de Vinci, Freud convient non sans ironie de la relative fragilité de sa reconstruction biographique : « Si cet exposé devait même auprès d'amis et de connaisseurs de la psychanalyse susciter le jugement que je n'ai fait qu'écrire un roman psychanalytique, je répondrais que je ne veux certainement pas qualifier mes conclusions d'infaillibles. »

Les textes se trouvent assimilés à des symptômes et c'est l'auteur qui constitue le véritable objet d'étude, même si l'étude psychogénétique permet de comprendre certains détails du texte apparemment peu significatifs et de mettre en rapport dans les différentes œuvres d'un même auteur certains thèmes obsédants. Mais la psychanalyse connaît les limites de son application à la littérature : elle ne permet pas d'expliquer pourquoi les pulsions d'un individu ont connu le destin particulier qui conduit à la création.

Freud le dit clairement dans sa conclusion de l'essai sur Léonard de Vinci : « Un autre individu ne serait sans doute pas arrivé à soustraire au refoulement la meilleure part de sa libido par la sublimation qui conduit au désir de savoir scientifique. Cette particularité de Léonard reste inexplicable par les moyens de la psychanalyse. » Dans les mêmes conditions, un autre serait resté stérile. Or Vinci n'a pas été seulement un savant, mais aussi un artiste. Voilà encore une « marge de liberté » que l'analyse ne peut réduire.

A chaque fois qu'il parle de littérature ou d'art, Freud le répète avec netteté : ce qu'il appelle « le génie créateur » ne peut pas s'expliquer par les moyens de la psychanalyse. Par exemple dans l'étude sur Dostoïevski de 1928 : « La psychanalyse doit malheureusement mettre bas les armes devant le problème que constitue la création littéraire. »

Il reste dans la création artistique en général et littéraire en particulier un élément irréductible dont la psychanalyse ne rend pas compte, que d'autres appellent « génie » en postulant une créativité irrationnelle, mais qu'on pourrait aussi appeler hasard. N'oublions pas, dit Freud en conclusion de l'article sur Léonard de Vinci, qu' « à vrai dire tout dans notre vie est hasard ». Pour en dire plus sur le « génie », la psychanalyse devrait se faire spéculation métaphysique et Freud ne s'y risque pas.

Il se contente de montrer les « forces motivantes » du créateur et, à défaut d'expliquer ce qu'est la littérature, il décrit ce qui s'accomplit en elle. L'essai le plus complet de Freud sur ce sujet reste *Der Dichter und das Phantasieren* (1908) qu'on est convenu de traduire sous le titre : *La Création littéraire et le rêve éveillé.* Freud commence par comparer ce que l'écrivain appelle son travail au jeu de l'enfant : tout enfant se crée avec le plus grand sérieux un monde à sa convenance. Chez l'adulte le jeu fait place à la rêverie, au rêve éveillé.

Mais la plupart des hommes se veulent en prise sur la réalité et ne laissent rien paraître de leurs rêveries : ils craindraient de passer pour des « poètes »... Pour analyser les processus du rêve éveillé, il faut donc observer les malades nerveux, les névrotiques et les psychotiques qui vivent sous l'empire de leurs rêveries-fantasmes et qui en souffrent. On peut en déduire le mécanisme de l'imagination créatrice :

« Partant des connaissances acquises au sujet des fantasmes, nous pourrions nous attendre que les choses se présentent ainsi : une expérience actuelle intensément vécue éveille chez l'écrivain le souvenir d'une expérience antérieure, le plus souvent vécue dans l'enfance, qui provoque le désir qui parvient à s'accomplir dans l'œuvre littéraire; dans celle-ci on peut reconnaître des éléments de l'événement actuel aussi bien que de l'ancien souvenir. »

L'œuvre permet au créateur la réalisation d'un désir inconscient selon les mécanismes mêmes du rêve et de la rêverie. Or Freud montre que le « plaisir du texte » a pour le lecteur la même source que pour le créateur. Plaisir d'écrire et plaisir de lire viennent à se confondre.

Dans la lecture, on peut jouir de ses fantasmes sans scrupule ni honte, car les rêveries de l'écrivain raniment les désirs refoulés du lecteur et les satisfont par une sorte de ruse : tandis que l'exhibition des fantasmes du névrotique ou du psychotique provoque gêne et déplaisir, l'écrivain donne à ses rêves éveillés une belle forme qui dissimule leur origine suspecte et qui permet la levée de l'inhibition.

La littérature apporte une compensation : dans la fiction, on trouve le substitut de ce qui a été perdu dans la réalité. Freud est plus indulgent pour l'art que pour la religion. Il déclare dans les *Nouvelles conférences sur la psychanalyse* de 1932 :

« Des trois puissances (art, philosophie, religion) qui disputent le terrain à la science, la religion est le seul ennemi sérieux. L'art est presque toujours innocent et bienfaisant, il nc veut être rien d'autre qu'illusion. Sauf chez quelques individus qui sont, comme on dit, « possédés par l'art », il ne tente pas d'intervenir dans le domaine de la réalité. »

La littérature est un jeu. Le créateur joue comme un enfant et son lecteur se prend au même jeu. Mais tous les joueurs (l'écrivain et son public) sont en réalité joués par le jeu du désir. C'est lui qui les tient sous le charme.

1. (note de la p. 54). Cette humilité passablement ironique cache en réalité une relation de maîtrise. Les écrivains savent sans savoir et Freud les élève à la clarté. Quand l'écrivain prétend après coup « je l'ai toujours su », il parle comme le patient de l'analyste (cf. *La fausse reconnaissance*, *G.W.*, X, p. 123). Le poète livre un noyau de vérité, mais pas lucidement, sans pouvoir en rendre raison. On songe à Platon qui, sur le même ton que Freud, analyse le discours irresponsable du poète inspiré. Dans cette perspective, l'écrivain peut se comparer à un délirant psychotique, et pas seulement à un névrosé (remarques suggérées par Sarah Kofman).

BIBLIOGRAPHIE

BELLEMIN-NOËL (Jean) : *Psychanalyse et littérature*, Paris, P.U.F., « Que sais-je ? », 1978.

BRANDELL (Gunnar) : *Freud, enfant de son siècle*, Paris, Minard, 1967.

CLANCIER (Anne) : *Psychanalyse et critique littéraire*, Toulouse, Privat, 1973.

DERRIDA (Jacques) : *Freud et la scène de l'écriture*, in *L'Écriture et la différence*, Paris, Le Seuil, 1967.

KOFMAN (Sarah) : *L'Enfance de l'art. Une interprétation de l'esthétique freudienne*, Paris, Payot, 1970.

Quatre romans analytiques, Paris, Galilée, 1973.

MILNER (Max) : *Freud et l'interprétation de la littérature*, Paris, C.D.U.-S.E.D.E.S., 1980.

MUSCHG (Walter) : *Freud écrivain*, in *Freud, jugements et témoignages*, édité par Roland Jaccard, Paris, P.U.F., 1976.

PINGAUD (Bernard) : « L'Écriture et la cure », *Nouvelle Revue Française*, Paris, 1970, n° 214.

ROUSTANG (François) : *... Elle ne le lâche plus*, Paris, Minuit, 1980.

STAROBINSKI (Jean) : *La Relation critique*, Paris, Gallimard, 1971.

Les fondements philosophiques de la psychanalyse

Paul-Laurent Assoun

« J'ai un talent particulier pour le consentement fragmentaire. »

S. Freud, lettre à Groddeck du 17 avril 1921.

INTRODUCTION

Fondements philosophiques et fondation psychanalytique

Parler de fondements philosophiques de la psychanalyse ne saurait s'entendre au sens d'une fondation externe au savoir psychanalytique lui-même. Freud lui-même en a formulé l'exigence contraire : « La psychanalyse *fara da sè* [1] » : la psychanalyse se définit en effet par la prétention de se « fonder » sur le savoir que révèle sa « pratique », et nulle part ailleurs. Par là-même, elle pourrait bien récuser, pour sa part, l'exigence de fondation constitutive de la rationalité philosophique – rabattant l'exigence de fondation sur le désir du philosophe [2].

Il convient de prendre en compte cette présomption de la psychanalyse pour éviter de légaliser trop vite en quelque sorte son statut du point de vue de la norme philosophique : ce serait à coup sûr le meilleur moyen de dénier son apport propre au plan du savoir, et finalement son inédit même. Mais ce n'est pas à dire que ce savoir, en rupture d'objet, se constitue miraculeusement sur une tout autre scène [3]. On ne peut en réalité

1. Lettre à Jung du 30 novembre 1911, in Sigmund Freud/C. G. Jung, *Correspondance*, Paris, Gallimard, 1975, t. II, p. 230.
2. Nous renvoyons sur ce point à la deuxième partie de notre étude sur *Freud, la philosophie et les philosophes*, Paris, P.U.F., 1976, p. 81 sq.
3. Du moins historiquement – et non oniriquement – parlant...

mesurer son inédit qu'à partir de la perspective de fondation qu'il subvertit.

La philosophie n'est pas en effet qu'une « discipline » : c'est le lieu où se pose le problème de la rationalité même, et où il s'éprouve comme tel, à travers la diversité de ses modalités. En conséquence, tout discours, considéré en soi ou comme réglant une pratique, doit s'y référer comme par une nécessité même de la rationalité. Nul logos donc ne lui est étranger, pas plus le logos que promeut la psychanalyse que nul autre.

C'est donc en ces termes que doit se formuler la question des fondements philosophiques de la psychanalyse : soit, déterminer l'événement que constitue la « chose freudienne » par son avènement dans le champ du savoir. La question est d'autant plus délicate que jamais Freud n'objective comme telle la relation. C'est qu'il appartient à sa nature d'être *discrète.* Entendons que Freud ne part pas d'un édifice philosophique pour s'en inspirer, ni même pour le critiquer spécifiquement : mais l'effet n'en est que plus flagrant. D'une part, les acquis analytiques sont autant de projections sur le champ des problèmes philosophiques, dans la mesure où Freud, pour articuler les énoncés de sa « science » propre, est bien obligé de se donner des principes. D'autre part, la production des concepts analytiques modifie, de façon en quelque sorte déterminée, la mise en équation d'une certaine classe de problèmes philosophiques, parmi les plus importants.

On comprend en conséquence que la prise en compte de ces effets philosophiques, en amont et en aval de la production analytique, est non seulement légitime, mais indispensable pour mesurer la révolution psychanalytique elle-même. L'intelligibilité de la psychanalyse ne s'appréhende pleinement qu'en discernant la plage sur laquelle vient s'inscrire son effet, condition pour saisir les effets de cette inscription même.

Il s'agit donc pour nous de mettre en place le décor philosophique sur lequel va se détacher l'événement analytique – au lieu de mesurer celui-ci à l'aune philosophique. C'est rendre à la philosophie sa vocation irréductible de miroir réflexif où s'inscrit et s'atteste tout événement de savoir, et à la psychanalyse sa revendication d'autarcie. Il nous suffira donc de formuler les principes nécessaires et suffisants qui servent d'étai à la psychanalyse, et qui constituent le petit « nécessaire à penser », pour que son mouvement de découverte puisse prendre son essor.

Principes formels et principes matériels

Mais par là même, notre enquête exige de se dérouler sur deux plans, qui correspondent respectivement à la *forme* de savoir promue par la psychanalyse et à son *objet*. La psychanalyse repère en effet un objet spécifique, qui n'appartient qu'à elle, et dont elle définit le « mode de production » par sa pratique. Mais elle se définit autant par la forme de discursivité qu'elle promeut que par son objectivité. Autrement dit, il faut *à la fois* penser la psychanalyse comme *logos* – s'il est vrai qu'elle doit bien s'articuler en discours et « rationalité » – et comme nommant un « objet » inédit qui subvertit ce qui était déjà connu.

1) Du premier point de vue, le logos psychanalytique doit bien s'appuyer sur des présupposés : ne venant pas d'une « autre planète », elle doit se situer par rapport aux principes en cours du savoir : philosophiques, et, corrélativement, psychologiques. Freud doit souscrire à certains « modèles » explicatifs ou conceptuels. On comprend que l'arrière-plan de la psychanalyse, et même son identité ne peuvent être appréhendés correctement qu'en situant ces principes. S'ils n'ont pas valeur de « fondation » – au sens cerné plus haut –, ils sont donc le point de départ et la « superstructure spéculative ».

Il nous faudra donc repérer et recenser ces principes et problématiques, ne serait-ce que pour rendre à la psychanalyse son humus d'origine. Cela n'est assurément pas sans effets sur l'objet de la psychanalyse, puisque celui-ci n'est compréhensible que référé à la « forme positionnelle » de l'objet lui-même. Détaillant les grandes découvertes de la psychanalyse [4], nous cernerons donc ici, parallèlement à cet abondant matériel, les

4. Voir dans le présent volume p. 137 sq.

principes formels qui les encadrent, et servent à caractériser, au-delà des objets de la psychanalyse, sa conception globale de l'*objectivité.*

2) Mais cette mise au point serait incomplète et abstraite si elle n'était suivie d'un examen des *effets* que le *contenu* du savoir psychanalytique détermine, par rétroaction et implicitement, sur les principes philosophiques eux-mêmes. Car la psychanalyse ne fait pas que s'appuyer sur des principes, elle déstabilise en quelque sorte, à travers la problématique qu'elle promeut, un certain nombre de problématiques philosophiques, en en faisant évoluer les termes et le fonctionnement.

Ce sont aussi, en un sens, les « principes philosophiques » de la psychanalyse : mais au lieu de se situer en amont de la production, ils apparaissent en aval, dans l'après-coup de l'effet que produit la psychanalyse dans la problématique du savoir [5]. C'est à repérer les lignes de force de ce séisme qu'on se mettra en état de mesurer l'inédit freudien.

On voit que cette explicitation des principes ne se présente pas seulement comme une information ou comme un luxe un peu superflu, mais comme ce qui permet de mesurer l'étendue de la découverte analytique, dans ses effets visibles ou discrets.

I. LES FONDEMENTS ÉPISTÉMOLOGIQUES DE LA PSYCHANALYSE

1. La théorie de la connaissance analytique

Nous avons décrit ailleurs l'attitude de Freud face à la philosophie en tant que telle [6]. Il y voit à la fois un obstacle à la connaissance scientifique et une prétention globalisante *(Weltanschauung)* qui débouche sur une présomption de savoir absolu [7]. C'est pourquoi il ne perd pas une occasion de

5. A rapprocher de l'effet d'après-coup observable aussi bien dans le processus de la découverte (voir *infra*).
6. *Freud, la philosophie et les philosophes, op. cit.*
7. Voir sur ces deux points : *ibid.*, liv. I, chap. I et II, p. 23 sq. et p. 45 sq.

démarquer le savoir analytique du savoir philosophique [8]. Il faut bien tenir compte, au seuil d'une enquête sur les fondements philosophiques de la psychanalyse, des déclarations catégoriques de son fondateur : « Les problèmes philosophiques et leurs formulations me sont si étrangers que je ne sais qu'en dire [9] », au point qu'il aurait « évité soigneusement de [s']approcher de la philosophie proprement dite [10]. »

Ce qui permet d'en appeler à ce verdict expéditif et de retisser le lien que Freud lui-même veut rompre, c'est que :

– d'une part, Freud ne peut se passer d'une *théorie de la connaissance*, au moins implicite, dans la mesure où il cherche à identifier un objet au moyen d'un savoir : s'il est vrai que, selon sa revendication, la psychanalyse est une « science », elle ne peut éviter de se confronter à la question des *principes* de son fonctionnement. La preuve en est la constitution d'un corps théorique spécifique, baptisée « métapsychologie », qui supervise la pratique et tire du « matériel » une conceptualisation *(Grundbegriffe)* [11]. Freud doit bien affronter ici la question de la spéculation dans son rapport au « donné », ce qui revient à poser la question de ses principes.

– D'autre part, Freud éprouve, de fait, le besoin de se référer périodiquement à des systèmes philosophiques, déterminés il est vrai : c'est la galaxie Platon-Kant-Schopenhauer-Nietzsche [12]. Il ne s'agit pas là seulement de « citations » culturelles car, en se « légitimant » par la référence à des anticipations, par ces philosophes, de ses propres concepts, Freud désigne, comme en passant et de façon anodine, les problèmes que la psychanalyse va reprendre, quitte à les transformer.

Dans cette galaxie, un lien privilégié semble relier la psychanalyse avec la tradition des philosophies de l'instinct, de

8. *Ibid.*, introduction, pp. 15-18.

9. *Ibid.*, pp. 17-18. Il s'agit de la réponse à la demande de Juliette Favez-Boutonier sur ses relations avec Spinoza, le 11 avril 1930 (*ibid.*, p. 24).

10. *Selbstdarstellung, Ma vie et la psychanalyse, G.W.*, XIV, p. 86.

11. Cf. chapitre sur « Les grandes découvertes de la psychanalyse », pp. 147-151.

12. Voir l'étude de cette galaxie dans *Freud, la philosophie et les philosophes*, 2e partie, p. 125 sq. et dans notre étude sur *Freud et Nietzsche*, Paris, P.U.F., 1980, *passim*.

Schopenhauer à Nietzsche. De fait Freud reconnaît des « anticipations » du concept de refoulement dans Le *Monde comme volonté et représentation*, il retrouve dans la « métaphysique de l'amour et de la mort » la double intuition du pouvoir d'Éros et de Thanatos; enfin, il n'est pas sans accointances avec le pessimisme du « maître de Francfort ». Schopenhauer apparaît comme le philosophe précurseur *(Vorschieber)* par excellence de l'évangile psychanalytique [13].

De même, Freud trouve chez Nietzsche une anticipation du principe pulsionnel fondamental – il est symbolique qu'il y trouve nommé le « ça ». Il lui emprunte corrélativement des aperçus sur le rêve, la mémoire, la culpabilité [14]. Et assurément il est loisible de systématiser les connexions conceptuelles entre les deux thématiques : on y retrouve un remarquable croisement des « motifs » sur ces deux tapisseries [15].

Par cette filiation, on touche l'ascendance culturelle de la psychanalyse – symétriquement à l'ascendance scientifique évoquée plus loin. De fait la psychanalyse se trouve, du propre vœu de Freud, au croisement de ces deux registres. Mais la division du travail se fait de façon précise : à ces référents philosophiques, fussent-ils privilégiés, Freud emprunte des intuitions qui permettent d'anticiper, de légitimer et d' « imaginer » ce à quoi le savoir psychanalytique va donner statut; ce savoir, par contre, est situé explicitement sur le versant des modèles épistémologiques.

Mais précisément la confrontation avec Schopenhauer et Nietzsche permet de mesurer le pas décisif de l'approche philosophique à l'approche analytique. Dans ces philosophies instinctualistes, on trouve une valorisation de l'instinct comme principe authentifiant, ce qui débouche sur une théorie du sens : du vouloir-vivre schopenhauerien à la Volonté de Puissance nietzschéenne, c'est cette axiologie instinctuelle qui

13. Voir sur ce point le fameux texte, « Une difficulté de la psychanalyse » (1917), où Freud situe son apport par rapport à Copernic et Darwin, mais « met en avant », dans ce rôle d'anticipateur, Schopenhauer lui-même.

14. Cf. sur le détail de ces points notre *Freud, la philosophie et les philosophes*, 2e partie, chap. IV, p. 177 sq.

15. Cf. sur ce point *Freud et Nietzsche*, 1re partie, p. 60 sq. et 2e partie, p. 77 sq.

se promeut. Cela ne l'empêche pas au reste, de produire des « intuitions et aperçus » *(Ahnungen und Einsichten)* remarquables. Cela procède du fait que, dans ces philosophies, se trouvent mises en relation une théorie de l'instinct et une « psychologie » des motifs moraux [16], de façon à ce que se trouvent indiqués les effets de sens représentatifs des motions instinctuelles. Par là se trouve anticipé le principe d'une « psychologie des profondeurs » ou « psychologie abyssale » – ainsi que Freud définit la psychanalyse.

On voit finalement que, à défaut de trouver chez Schopenhauer et Nietzsche les « fondements philosophiques » de la psychanalyse – ce qui reviendrait à croire que la psychanalyse se fonde sur une philosophie, fût-elle de l'instinct –, on y décèle bel et bien une ascendance, comme si Freud se reconnaissait dans une « famille d'esprits » de penseurs indépendants *(Selbstdenker)*, pour qui le genre de problèmes que va reprendre la psychanalyse a compté.

Face à cette filiation Freud adopte donc une attitude significative : d'une part, s'abstenir de systématiser les rapprochements pour ne pas accréditer l'idée de « fondation » au sens cerné; d'autre part, les relever et en dresser procès-verbal chaque fois qu'elles se présentent comme éclairantes pour les enjeux psychanalytiques. L'essentiel est de ne pas confondre, comme le recommande Freud, le *Sollen* et le *Sein*, le Devoir-être et l'Être. C'est le sens symbolique de la petite formule émise par Freud à propos de Nietzsche : « Ce qui nous gêne, c'est que Nietzsche a transformé " être " *(ist)* en " devoir " *(soll)* [17]... » Le privilège est justement, pour Schopenhauer et Nietzsche, d'avoir repéré, à travers les enjeux des « valeurs », des éléments déterminants de la compréhension de ce qui est : mais on comprend que la psychanalyse se plaçant intraitablement, selon le vœu de Freud, sur le terrain du « ce qui est », c'est bien du côté des procédures du savoir qu'il va falloir chercher les fondements.

16. Cf. le moment déterminant de la « psychologie » chez Nietzsche, in *Freud et Nietzsche*, p. 113 sq. et notre préface à *L'Origine des sentiments moraux* de Paul RÉE, Paris, P.U.F., 1982.

17. Cf. *Minutes de la Société psychanalytique de Vienne*, Paris, Gallimard, t. II, p. 36 (séance du 28 octobre 1908).

Pour poser dans leurs termes exacts les principes philosophiques de la psychanalyse, il nous faut donc, d'une part, donner acte à Freud de son dissentiment envers la rationalité philosophique, qui doit nous dissuader d'harmoniser un « système philosophique » réputé de la psychanalyse [18]; d'autre part, prendre en compte ces ponts qui relient la psychanalyse – fût-ce à son corps défendant – à des enjeux philosophiques : soit de l'intérieur, pour les besoins de sa théorisation propre, soit de l'extérieur, dans la « reprise » – au sens actif du terme – des questions articulées dans des problématiques philosophiques.

Ces deux exigences sont d'autant plus compatibles que c'est Freud lui-même qui indique, dans son propre texte, les lignes de force à suivre pour interroger cette relation.

Dès lors que la psychanalyse se présente comme un savoir *(épistémé)*, il lui faut se confronter, fût-ce implicitement, à la question des conditions du savoir, soit à la question *épistémologique :*

Celle-ci se spécifie par deux questions corrélatives :

a) d'une part, ce savoir se revendique chez Freud comme étant une science *(Wissenschaft)*, et plus précisément comme une science de la nature *(Naturwissenschaft)*, c'est-à-dire qui se réfère à une méthodologie rigoureuse qui a fait ses preuves sur le terrain des phénomènes naturels;

b) d'autre part, ce savoir porte sur un type de phénomènes – psychiques-inconscients – spécifiques : sans même aborder encore la question de la spécificité de l'objet inconscient, la psychanalyse doit bien se confronter à la question générique d'un savoir psycho-logique.

Il se trouve que toute une littérature, dans le dernier quart du XIXe siècle, pose cette question de la méthode *(Methodenstreit) :* il s'agissait de déterminer si les « sciences de l'esprit » ou de l'homme doivent se référer à une méthode propre (« compréhensive »), par opposition à la méthode « explicative » des

18. Voir le refus explicite à propos de l'épisode Putnam où Freud présente le système philosophique comme « un surtout spéculatif », dans *Freud et Nietzsche*, pp. 47-48.

« sciences de la nature [19] ». En fait, cette question de méthode avait un enjeu métaphysique patent : savoir comment se représenter, dans la connaissance, la distinction « Nature/Esprit ». La distinction épistémologique supposerait une discontinuité entre phénomènes « naturels » et « spirituels », alors qu'une unification postulerait une continuité, voire une réduction. On comprend enfin que la psychologie soit particulièrement impliquée dans les enjeux de ce débat philosophique et méthodologique, par son objet même.

Enfin se trouve légué à Freud un enjeu épistémologique plus général : la possibilité de la connaissance scientifique elle-même, en tant qu'elle se heurte à la limite du réel. Les courants néo-kantiens et positivistes insistent sur cette limite de la connaissance : le physicien Dubois-Reymond donne à cette position – désignée comme « agnosticisme » – son slogan : *« Ignoramus. Ignorabimus* [20]*. »*

2. Les principes épistémologiques de la psychanalyse

Ce rappel suffit pour constater que le fondateur de la psychanalyse reconduit deux principes généraux qui servent de support à son édifice :

1) Principe *moniste :* Freud refuse de présenter la psychanalyse en rupture avec les « sciences de la nature ». Il l'aligne même explicitement sur un modèle d'inspiration physicochimique, en ce sens que l'idéal serait de pouvoir rendre compte des processus psychiques-inconscients selon l'idéal d'intelligibilité inspiré des sciences physico-chimiques [21].

2) Principe *agnosticiste :* Freud s'aligne sur le mouvement que Lange désignait significativement comme « psychologie sans âme ». Cela signifie qu'elle n'a pas à connaître de « chose en soi » – Ame ou Inconscient – : c'est une certaine « classe

19. Voir dans notre *Introduction à l'épistémologie freudienne*, Paris, Payot, 1981, pp. 40-41.
20. *Ibid.*, pp. 68-71.
21. *Ibid.*, chap. I et II, p. 39 sq. et 51 sq.

de phénomènes » qui doit constituer l'*objectivité* de la « science psychanalytique [22] ».

Muni de ce bagage de principes élémentaires, le savoir psychanalytique va néanmoins requérir une procédure spéciale, adaptée à son objet – justement ces processus inconscients. Freud la baptise très tôt (1895) « métapsychologie », avant d'en tenter la conceptualisation (1915), de façon il est vrai toujours disruptive [23]. Il faut entendre par ce terme un savoir qui s'adapte à une objectivité particulière – les phénomènes inconscients, qui dépassent le donné immédiat : une sorte de « trans-objectivité », puisqu'ils mènent « au-delà *(meta)* du conscient ».

Cela implique une rationalité particulière, qui requiert une « imagination théorique » *(Phantasieren)* [24], qui nécessite une « transposition » active des éléments. Freud n'hésite pas à comparer la métapsychologie à une « sorcière » [25], ce qui montre qu'il subvertit de façon féconde les principes somme toute positivistes qu'il emprunte par ailleurs à la conception de la science de « l'école viennoise » d'Ernst Mach notamment [26]. C'est au reste dans ce mouvement de fidélité aux principes scientistes de son temps et de transgression souveraine, sous la pression de son objet propre, que réside l'un des secrets de la force du dispositif de savoir analytique.

3. Les principes de l'explication analytique : la métapsychologie

Mais il reste un dernier plan à examiner dans cette superstructure épistémologique; c'est l'organisation même de la construction métapsychologique. Freud « propose de parler

22. *Ibid.*, chap. III, p. 67 sq.
23. Sur la genèse de la notion de métapsychologie, dans sa forme, voir *Freud, la philosophie et les philosophes*, p. 68 sq. et l'*Introduction à l'épistémologie freudienne*, pp. 122-124; dans son contenu, la généalogie de la découverte dans le chapitre sur « Les grandes découvertes de la psychanalyse » *infra*, p. 137 sq.
24. *Introduction à l'épistémologie freudienne*, pp. 90-94.
25. Cf. « Analyse terminée et analyse interminable », *G.W.*, XVI, p. 69.
26. Sur l'influence de Mach sur Freud, cf. *Introduction à l'épistémologie freudienne*, p. 73 sq.

de présentation *métapsychologique* lorsque nous réussissons à décrire un processus psychique sous les rapports *dynamique*, *topique* et *économique* [27]. Cette répartition des « matières métapsychologiques » n'est pas fortuite : elle s'appuie là encore sur un idéal d'intelligibilité, d'origine physique, selon lequel on ne rend compte d'un phénomène qu'en le réduisant au champ de *forces* qui le sous-tend, aux *lieux* qui permettent d'en lire la translation, enfin à la circulation d'*énergie* qu'il représente.

Cet « idéal d'intelligibilité » implique une triple assise philosophique que l'on peut saisir le mieux en la caractérisant par rapport à la rationalité dialectique [28], d'inspiration hégelienne par exemple.

1) La référence à la topique suppose une référence spatiale, requérant de penser les processus en termes de translation ou passage d'un lieu à un autre – comme si la pratique anatomique originaire de Freud s'était transformée en impératif gnoséologique. Cette homogénéité s'oppose notamment au principe dialectique d'un devenir qualitatif de l'*hétérogène* que la pensée surmonte par la contradiction, dans le temps. C'est ce que nous pourrions appeler le *fondement spatio-structurel.*

2) La référence à l'économique confirme la recherche d'un homogène quantitatif par opposition à une rationalité de la qualité. Quantifier revient en effet à ramener au « même ». Corrélativement le « travail » psychique est conçu comme non créateur, seulement transformateur, n'étant que la conséquence d'une exigence économique de surplus d'énergie. C'est ce qu'on peut appeler le *fondement psychométrique* de la métapsychologie.

3) La référence à la *dynamique*, en revanche, introduit les notions d'opposition de forces – conflit, refoulement, etc. – : mais cela ne doit pas être conçu comme une opposition contradictoire au sens d'une temporalité dialectique : il s'agit d'alternative de satisfaction entre des forces incompatibles, aboutissant à des compromis et des formations intermédiaires.

27. In *Métapsychologie*, « L'Inconscient »; *G.W.*, X, p. 281.
28. Voir sur cette confrontation notre contribution « Dialectique et métapsychologie », in *Actualité de la dialectique*, Paris, Anthropos 1980.

Ainsi l'inconscient ignore la négation, comme le temps : il ne saurait y avoir de production de négation, encore que le psychisme s'articule en une structure conflictuelle d'incompatibilité d'exigences contraires. C'est là *le fondement cinématique* de la psychanalyse exigeant de décrire les systèmes d'opposition à l'intérieur d'un appareil psychique décrit comme ensemble de mouvements d'un système matériel.

C'est en fonction de ce creuset qu'il est loisible de montrer, comme nous l'avons fait ailleurs [29] la filiation des dimensions métapsychologiques, à partir des principes véhiculés par la pratique scientifique : Brücke, Herbart, Fechner, Helmhotz, Mayer, Ostwald. Cela montre à quel point la conception scientifique surdétermine le découpage de l'objectivité maniée par la psychanalyse.

Mais parvenu à ce point on touche en quelque sorte la limite de la forme d'objectivité à l'objet lui-même.

4. *Du savoir à l'objet*

Il faut considérer qu'en produisant son objet, à l'aide des principes épistémologiques précédents, Freud va créer des effets inattendus sur les principes acquis, au sein des problématiques philosophiques. En construisant son objet propre, il est en effet obligé de se donner des principes implicites qui font retour, par une sorte de rebond, sur un certain nombre de thèmes fondamentaux de la philosophie repérables dans les références explicites ou implicitement mobilisés *ad hoc,* pour les besoins de l'explication psychanalytique. Il se peut qu'on touche là aux principes philosophiques les plus précis et les plus vivants de la psychanalyse. Mais pour les repérer il nous faudra, au lieu de partir des principes dont procède la psychanalyse, *induire* des thèmes fondamentaux les principes qui s'y manifestent. Dans la mesure où c'est par la psychologie que les enjeux philosophiques sont mobilisés, il va s'agir d'interroger les effets de la psychanalyse sur la conception de l'âme et de la représentation,

29. *Introduction à l'épistémologie freudienne,* 2ᵉ partie, p. 95 sq.

la conception des relations de l'âme avec le corps, la conception de la relation du penser au donné, enfin la conception du rapport de la subjectivité à la réalité.

II. LES ENJEUX PHILOSOPHIQUES DE LA PSYCHANALYSE

1. Inconscient et représentation

L'enjeu central de la psychanalyse est la théorie de l'*inconscient :* soit à penser le statut d'un savoir spécifique, présent dans le sujet à son insu. On conçoit que par là se pose la question du statut de la représentation et du sujet lui-même, en tant qu'il peut ne pas être présent, comme le voulait la tradition philosophique cartésienne, dans sa représentation.

Freud reconnaît que « la philosophie s'est sans doute occupée de façon répétée du problème de l'inconscient [30] ». Par là, le discours analytique sur l'inconscient est obligé de se situer par rapport à cette tradition. C'est justement en comprenant en quoi consiste l'impasse du discours philosophique préfreudien sur l'inconscient qu'on sera en mesure de cerner la révision des fondements originaires qu'implique la théorie analytique de l'inconscient.

Or cette impasse consiste en une tendance alternante à dénier l'existence de l'inconscient ou à hypostasier l'inconscient en principe mystique : « Ou leur inconscient était quelque chose de mystique, insaisissable et intangible, dont la relation au psychique était dans l'obscurité, ou bien ils ont identifié le psychique avec le conscient et ont ensuite tiré de cette définition que l'inconscient n'était rien de psychique [31]... » Soit donc à penser les causes du blocage philosophique que va dénouer l'intervention psychanalytique.

D'une part, l'inconscient psychanalytique ne saurait désigner qu'une classe de phénomènes psychiques d'un certain type

30. *L'Intérêt de la psychanalyse*, 1913, 2e partie : « L'intérêt pour la philosophie », trad. fr., Retz, p. 75.
31. *Ibid.*

(et non quelque Inconscient majuscule); d'autre part, cette classe de phénomènes oblige à distinguer le conscient du psychique, en le réduisant au rang de prédicat non nécessaire : par là même, la conscience se réduit à « une qualité qui peut entrer dans un acte de conscience individuel, comme ne pas y entrer, et qui, éventuellement, ne modifie en rien celui-ci, s'il reste en l'état [32] ».

Mais par là, la psychanalyse déstabilise en quelque sorte un vaste continent de la métaphysique, celui qui concerne la définition de l'*âme*, et, corrélativement, la conception de ses rapports avec le *corps*.

C'est en effet en fonction d'un enjeu métaphysique qu'a été produit le « conscientialisme » – parité du conscient et du psychique ou primat de la conscience – qui fera obstacle à l'admission de l'inconscient comme objet psychologique. L'âme est simultanément clivée du corps – ce que consacre le *dualisme* cartésien – et identifiée à la pensée, elle-même constituante de ce rapport à soi-même que constitue la conscience.

Il importe de bien saisir ce cercle âme-pensée-conscience que la psychanalyse va dénouer. Descartes appelle « pensée » : « tout ce qui se fait en nous de telle sorte que nous l'apercevons immédiatement par nous-mêmes *(quatenus eorum in nobis conscientia est)* ». C'est ce qui impose corrélativement de caractériser la pensée comme essentielle, voire identique à l'âme : « *res cogitans, id est mens, sive animus, sive intellectus, sive ratio* » (Chose pensante, c'est-à-dire esprit, c'est-à-dire âme, c'est-à-dire entendement, c'est-à-dire raison [33].) L'essence de l'âme consiste donc en la pensée. Corrélativement, la connaissance de l'âme, fondée sur l'autoréflexion ou conscience, précède nécessairement celle du corps. L'esprit humain est « plus aisé à connaître » que le corps, dans la mesure où il est « réellement distingué du corps ».

On voit, à ce simple rappel, que le primat de la conscience, comme science aperceptive de soi, est étroitement lié à la thèse

32. « Résistances à la psychanalyse », 1925; *G. W.*, XIV, p. 103. Voir sur ce point de l'attitude des philosophes face à l'inconscient *Freud, la philosophie et les philosophes*, pp. 23-44.
33. *Les Principes de la philosophie*, I, p. 9.

métaphysique du primat de l'âme sur le corps. En conséquence, tout ce qui ne pense pas tombe en quelque sorte dans le corps, ou à la *frontière* de l'âme et du corps – qui a la fonction ambiguë de marquer en quelque sorte les bords de la dualité âme-corps. On comprend que ce qui ne renvoie pas à la classe des perceptions claires et distinctes, ou conscientes au sens propre du terme, ne peut être considéré que comme « perceptions confuses ». L'inconscient ne saurait donc avoir de statut propre : il ne serait que le déchet de la conscience, soit un degré inférieur de conscience. Tout au plus peut-on, comme Leibniz, reprocher à Descartes d'avoir « compté pour rien les perceptions dont on ne s'aperçoit pas », « petites perceptions » ou « perceptions insensibles [34] ».

L'inconscient, en bref, ne saurait avoir de statut reconnu dans ce schéma : ce n'est pas en effet simplement ce dont on ne s'aperçoit pas, alors qu'on *devrait* s'en apercevoir avec plus d'attention ou « contention d'esprit »; ce n'est pas non plus la *confusion* que le corps met dans l'esprit, à cause de la liaison de fait qu'il entretient avec lui. C'est quelque chose comme *le principe de l'insu ou de la méconnaissance, présent dans le sujet même et divisant sa conscience*, troublant le vis-à-vis de sa pensée avec elle-même.

On comprend la tentation, pour échapper au conscientialisme dualiste, de se rabattre sur un *monisme de l'Inconscient :* c'est ainsi qu'on se représentera, à la manière des philosophies de la vie, un principe absolu se réfractant dans l'âme et le corps comme à travers le monde ou l'être. On en trouve un exemple frappant, à l'époque de Freud, dans la philosophie d'Eduard von Hartmann, émule de Schopenhauer [35]. Cela suppose donc une récusation du dualisme, auquel s'oppose le principe moniste de l'unité anthropologique et ontologique; et, corrélativement, du rationalisme, auquel s'oppose un principe hétérogène (irrationalisme).

La psychanalyse ne se reconnaît pas plus dans cette stratégie philosophique : elle a pour effet paradoxal d'expulser l'inconscient de la psyché en le transformant en « quelque chose

34. *Nouveaux essais sur l'entendement humain livre II, chap. IX.*
35. Voir sa *Philosophie de l'inconscient*, 1869. Sur les rapports de Hartmann avec Freud, voir *Freud, la philosophie et les philosophes.*

de mystique, insaisissable, intangible ». Dès lors devient « incompréhensible » sa « relation au psychique ». En affirmant que l'inconscient « doit demeurer objet de la psychologie [36] », Freud s'assigne la tâche d'interroger l'insu au plan immanent de la psychè et de la représentation.

La position propre de la psychanalyse révèle du même coup que le mysticisme de l'Inconscient peut se servir du conscientialisme opposé comme alibi. C'est le destin d'une philosophie dualiste de susciter des réactions désespérées, faisant échapper l'inconscient à un savoir de la psychè. Or Freud affirme « le caractère psychique » de l'inconscient : il n'y a pas moyen de l'approcher ailleurs que « du côté de sa relation avec le conscient », par exemple, « l'approcher du côté du processus physique apparaît [...] encore à présent inaccessible ».

On aperçoit la révision profonde des fondements philosophiques à laquelle oblige la conception analytique de l'inconscient.

1) Ce n'est nulle part ailleurs qu'au plan du sujet que la révolution de l'inconscient s'inscrira : il faudra donc penser jusqu'au bout la division du « sujet » par rapport à sa représentation;

2) Mais il faudra inscrire, au cœur du sujet lui-même, cette *subversion* qui « internalise » en quelque sorte le dualisme dans la représentation.

2. La pulsion, frontière de l'âme et du corps

Mais la psychanalyse affecte également le postulat dualiste en un autre sens. On ne saurait en effet méconnaître l'indication de Freud : « L'exposé de l'activité psychique inconsciente doit obliger la philosophie à prendre parti, et, dans le cas d'un assentiment, à modifier ses hypothèses sur le rapport du psychique au somatique, jusqu'à ce qu'elles soient conformes à la nouvelle connaissance [37] ».

On ne saurait non plus négliger que le support de l'activité

36. *L'Intérêt de la psychanalyse, op. cit.*
37. *Ibid.*

psychique inconsciente est pour Freud de nature *pulsionnelle.* Or, dans l'élaboration métapsychologique de ce concept fondamental Freud déclare que « le concept de " pulsion " nous apparaît comme un concept-limite entre le psychique et le somatique » ; issue de l'intérieur du corps et parvenant au psychisme, comme « une mesure de l'exigence de travail qui est imposée au psychique en conséquence de sa liaison au corporel[38] ».

La pulsion *(Trieb)* est en effet une poussée psychique, qui a sa *source* dans le corps – « processus psychique localisé dans un organe » –, et dont le *but* est la satisfaction ou suppression de l'état d'excitation au moyen d'un *objet.* Elle définit bien en ce sens le carrefour de deux types de processus, la pulsion inscrivant un certain événement somatique dans le registre de la représentation où il prend sens.

Freud a donc ici à résoudre une question délicate, de façon à conjurer le dualisme : il le fait par l'introduction de la notion de « représentant-représentation » *(Vorstellungsrepräsentanz)* : ce serait grâce à celui-ci que la pulsion, qui en soi reste en dehors du processus de refoulement, se délègue en quelque sorte dans le psychisme. C'est par la médiation de la représentation que la pulsion peut accéder à un destin psychique. Par ailleurs, la pulsion se représente par un facteur non représentatif, « le quantum d'affect ». C'est à la fois sur le mode de l'investissement représentatif et de la décharge de l'affect que la pulsion s'exprime dans la psychè.

On voit comment Freud, en s'expliquant avec ce problème, affronte, par le biais de sa pratique propre, une question de fond de la problématique psycho-philosophique : l'inconscient oblige à penser un rapport de *délégation signifiante* de la pulsion, réalité somatique, dans la sphère de la psychè. Par là se trouvent récusés :

a) une dualité pure et simple de la psychè et du soma;

b) un pur et simple parallélisme des deux ordres, psychique et somatique – solution qui tendait à s'accréditer dans certains courants de la psychologie;

38. « Pulsions et destins des pulsions. »

c) un causalisme, tendant à faire de la psychè l'effet d'une « cause » située dans le corps.

Mais on remarque aussi une hésitation significative quant à l'assignation, au sein de cette relation, du « signifié » et du « signifiant ». La pulsion se trouve jouer le rôle de signifié, dans la mesure où elle se délègue par l'affect et la représentation [39]; mais, dans *Pulsions et destins des pulsions,* comme dans d'autres textes [40], la pulsion semble jouer le rôle... du « représentant psychique » : le signifié, dans ce cas, est constitué par les « excitations qui proviennent de l'intérieur du corps et atteignent l'âme [41] » – formule qui renchérit de façon nette sur le langage métaphysique. Cette incohérence sémantique apparente nous semble s'expliquer par la fonction de la pulsion comme *Grenzbegriff.* Comme elle sert autrement dit à déchiffrer le point d'articulation, elle fonctionne tantôt du côté du corps (où elle fait fonction de « signifié »), tantôt du côté de l'âme (ce qui la fait se confondre, pratiquement, avec le représentant). Comme si elle était apte à se représenter elle-même...

Il est clair en tout cas que la pulsion est tout autre chose que « l'instinct » – à la fois par sa variabilité de but et d'objet et sa représentativité.

3. L'inscription et la représentation : théorie de la mémoire

On peut suivre les effets de ce dérangement que produit la psychanalyse sur la conception de la dualité de l'affectivité et de la représentativité sur un point essentiel : la conception de la *mémoire.*

On constate tout d'abord que la mémoire ne désigne plus chez Freud une faculté spécifique, mais, si l'on veut, un terme générique pour désigner le fonctionnement d'unités disconti-

39. « Le Refoulement », 1915.
40. Cf. l'essai sur le cas Schreber, 1911; *G. W.*, VIII, p. 311, et les *Trois essais sur la théorie de la sexualité. G. W.*, V, p. 67; et l'*Abrégé de psychanalyse, G. W.*, XVII, p. 70.
41. « Pulsions et destins des pulsions », *G. W.*, X, p. 244.

nues, les « traces mnésiques » (*Erinnerungsspuren* ou *Erinnerungsreste*). *Traces* qui désignent le mode d'inscription des événements, en référence à la conceptualisation neurophysiologique de l'époque.

Mais Freud ne s'en tient pas à cette comptabilisation des traces mnésiques : il ne cesse de s'interroger sur les modalités de ces inscriptions. La théorie psychanalytique de la mémoire se définirait assez bien comme la réflexion sur les conditions de possibilité de la trace mnésique, c'est-à-dire de l'inscription dans la psychè d'un événement.

Tout d'abord, il réfère ces inscriptions à des « archives », – selon la métaphore utilisée pour décrire l'organisation de la psychè hystérique [42]. C'est même grâce à cet ordonnancement que les archives peuvent être « dépouillées » de façon méthodique. Cette métaphore renvoie à une explication en termes de *stratification (Schichtung)* et de *noyau.* Il faut donc se représenter un « centre » – refoulé originaire pathogène – autour duquel s'organisent des strates. Or, plus on s'approche de la périphérie, plus les réminiscences « peuvent [...] facilement accéder à la mémoire », c'est-à-dire à la remémoration [43].

Dans l'élaboration métapsychologique, cela donnera naissance à la représentation *topique* en termes de « systèmes ». A l'origine, ces « lieux » désignent des systèmes réglés d'inscription. Le premier embryon topique postule l'existence de systèmes mnésiques repérables par un certain groupement des représentations : ces « systèmes » drainent en quelque sorte un ordre de succession et de circulation « progrédient » ou « régrédient » [44]. Freud résume bien l'originalité qu'il ressent, à l'origine, dans sa conception de la mémoire : « Dans mes travaux, je pars de l'hypothèse que notre mécanisme psychique s'est établi par un processus de stratification : les matériaux présents sous forme de traces mnémoniques se trouvent de temps en temps *remaniés* suivant les circonstances nouvelles. Ce qu'il y a d'essentiellement neuf dans ma théorie, c'est l'idée que

42. *Études sur l'hystérie, IV, « Psychothérapie de l'hystérie », § 3; G.W.*, I, p. 292.
43. *Ibid*, p 293.
44. *Traumdeutung, G. W.*, II-III.

la mémoire est présente non pas une seule mais plusieurs fois et qu'elle se compose de diverses sortes de " signes "[45]. »

C'est donc, à partir de cette multiplication « des mémoires », la question qui doit se poser en deux volets :

a) comment l'inscription est-elle possible? – donc : comment fonctionnent ces « systèmes »?

b) comment est-il possible de faire évoluer les systèmes, en sorte que la conscience advienne au lieu de la trace mnésique?

On peut dire que toute l'élaboration topique de Freud tente de répondre à cette question. La tripartition des systèmes inconscient/préconscient/conscient dans la première version et, dans une certaine mesure, celle du moi/ça/surmoi ont pour enjeu de répondre à cette question de l'inscription et de sa circulation. C'est ce qui pousse Freud à comparer régulièrement l'appareil psychique à un microscope, d'une complexité spéciale, ou à un télescope – à points « idéaux » ou « virtuels »[46]. En ce sens, la topique transpose la vieille question philosophique de la mémoire dans une « systémique » particulière. La question centrale du conscient et de l'insconcient apparaît même comme un aspect de cette question générale : ou plutôt elle en est l'enjeu privilégié. La question du refoulement, « pierre d'angle de la théorie psychanalytique[47] » est conditionnée par cette question de la *rétention* et de la réactualisation de la trace, qui ne cesse de susciter l'étonnement de Freud. Dans *Malaise dans la civilisation* il l'exprime de la façon la plus directe : il qualifie de « séduisant » le problème de la « conservation dans le psychisme des impressions ».

Autrement dit : « rien dans la vie psychique ne peut se perdre, rien ne disparaît de ce qui s'est formé, tout est conservé d'une façon quelconque et peut reparaître dans certaines circonstances favorables[48] ». Ici c'est la métaphore archéologi-

45. Lettre à Fliess n° 52 du 6 décembre 1896, in *La Naissance de la psychanalyse*, pp. 153-154.
46. *Traumdeutung*.
47. *Pour une histoire du mouvement psychanalytique*, 1914, *G. W.*, X, p. 54.
48. *G.W.*, XIV, pp. 426-429.

que qui s'impose : la psychè serait stratifiée comme Rome, « ville éternelle » (le terme prend ici tout son sens), composée de sédiments architecturaux successifs et empilés. Ou, en termes évolutionnistes, il faut penser « la persistance de tous les stades passés au sein du stade terminal ».

Mais alors, comment est-ce possible? Comment le passé peut-il se perpétuer? Ne touche-t-on pas à un effet littéralement magique? Soit la possibilité de se conserver et de resurgir à tout moment. Il faut bien comprendre qu'ici Freud se trouve dans une situation nouvelle par rapport au problème classique de la mémoire. Celui-ci naviguait entre une conception associationniste et empiriste, définissant la mémoire par la répétition d'un élément, d'après une réitération mécanique, et une conception postulant un principe actif de mémorisation, émanant de l'esprit et donnant sens, par sa spontanéité propre, à des traces en elles-mêmes insignifiantes. Le plus remarquable est que Freud refuse de choisir. En apparence, il se trouve, par sa conception des traces mnésiques, pris dans une inspiration associationniste. Mais justement, s'il restait à l'intérieur de ce cadre, il n'aurait guère de raison de s'étonner de cette aptitude de la mémoire à la réactualisation. Au fond, une théorie associationniste empiriste subordonne la réactualisation à l'impression et à la réception; alors qu'une théorie « spiritualiste » subordonne la réception à un principe actif d'actualisation. Freud veut trouver un système où les deux soient pensables simultanément.

Ce n'est pas là simple exigence psychologique ou philosophique : c'est de l'effet clinique des traces mnésiques qu'il s'agit de rendre compte. Ce n'est rien moins que le *désir*, en effet, qui est déchiffrable en ces termes. Par opposition aux théories créativistes et romantiques, le désir désigne chez Freud un principe bien mécanique. Dans la *Traumdeutung*, il relie le désir à « l'expérience de satisfaction », d'après laquelle « l'image mnésique d'une certaine perception reste associée avec la trace mnésique de l'excitation résultant du besoin [49] ». En effet : « dès que ce besoin survient à nouveau, il se produira, grâce à la

49. *G.W.*, II-III, p. 571.

liaison qui a été établie, une motion psychique qui cherchera à réinvestir l'image mnésique de cette perception et même à évoquer cette perception, c'est-à-dire à rétablir la situation de la première satisfaction : une telle motion est ce que nous nommerons désir; la réapparition de la perception est l'accomplissement du désir. »

Point donc de principe désirant créateur : tout part du besoin, produisant une excitation, convertie en trace mnésique, elle-même associée à « l'image mnésique » d'une certaine perception : le désir n'est rien de plus ni de moins que la motion de réinvestissement de l'image liée à la trace du besoin primitif. Ainsi tend-il à retouver une image identique à l'objet primitif (ce que Freud désigne comme « identité de perception »).

On comprend l'enjeu de la théorie de la mémorisation. D'elle dépend toute la mécanique désirante. C'est pourquoi Freud s'efforce de produire un modèle qui puisse rendre compte de deux caractères en apparence incompatibles : le caractère durable de la trace et son aptitude à être renouvelée. Ce qui suppose, on le voit, de ne pas tomber dans une théorie mécanique des traces, pas plus que dans une théorie des facultés actives. Soit donc à penser un principe de réactualisation immanent aux « traces » elles-mêmes.

C'est dans sa *Note sur le « Bloc magique »* (1925) [50] que Freud en arrive, après quelque trente ans de réflexion sur la mémoire, à produire une représentation du système en cause. Le « Bloc magique » *(Wunderblock)* offre en effet l'image de cette double condition du processus de mémorisation jusqu'alors séparée, soit « la réception illimitée et la conservation de traces durables [51] ». En cela il symbolise à merveille l'appareil psychique : « Indéfiniment récepteur pour des perceptions toujours nouvelles, [il] fabrique cependant des traces mnésiques durables de ces perceptions. » Celui-ci est stratifié en deux parties : « Un système P-Cs (perception-conscience) qui réceptionnerait les perceptions mais n'en conserverait aucune trace

50. *G.W.*, XIV, pp. 3-8. Nous citerons d'après la traduction française de la *Revue française de psychanalyse*, 1981, n° 5.
51. *Ibid.*, p. 1107.

durable, se comportant vis-à-vis de toute nouvelle perception comme une feuille vierge », tandis que « les traces durables des excitations s'emmagasineraient dans des « systèmes mnésiques sous-jacents [52] ». Le *Wunderblock* « accomplit (...] deux tâches en les répartissant sur deux parties – systèmes – distinctes mais reliées entre elles [53] ».

Freud en arrive à une image narcissique qui rend compte de cet effet « magique » : « Tout se passe comme si par l'intermédiaire du système P-Cs l'inconscient développait des tentacules vers le monde extérieur [54]. » Cette conception tentaculaire montre l'articulation de la théorie de la mémoire avec la conception du *temps.* Celui-ci procéderait selon la « façon d'œuvrer discontinue du système P-Cs ». Comprenons que « les investissements de l'innervation sont envoyés, par à-coups rapides et périodiques, depuis l'intérieur jusque dans le système P-Cs parfaitement perméable puis à nouveau retirés ». Cela implique la possibilité d'une « inexcitabilité périodique du système perceptif », par suite de « la discontinuité du flux d'innervation ». Le temps jaillirait donc dans ces brèches, dans le système perception-conscience – ce pourquoi la conscience est liée au temps, alors que l'inconscient est « délié du temps » *(zeitlos)* [55].

Cette argumentation rappelle curieusement l'une de ces controverses philosophiques que Freud estime vaines par ailleurs, celle qui oppose Leibniz à la conception lockienne de la « table rase », au tournant des XVIIe et XVIIIe siècles. Il est vrai que l'objet du débat est la nature de l'âme elle-même : mais précisément ces discussions métaphysiques saisissent désormais la question de la nature de l'âme par le biais du problème de l'inscription. On peut saisir par là dans quelle mesure Freud est tributaire de ces débats philosophiques dont il hérite les termes, tout en les déplaçant pour son usage.

52. *Ibid.*, p. 1108.
53. *Ibid.*, p. 1109.
54. *Ibid.*, p. 1110.
55. On sait que Freud argue explicitement de cette atemporalité pour récuser l'esthétique transcendantale kantienne, d'après laquelle « le temps et l'espace seraient les formes nécessaires de notre pensée » (*Au-delà du principe de plaisir, G.W.*, XIII, p. 27). Voir sur ce point *Freud, la philosophie et les philosophes,* pp. 160-170.

John Locke représentait l'âme, dans son *Essai concernant l'entendement humain* : « Supposons donc qu'au commencement l'âme est une table rase *(tabula rasa)*, vide de tous caractères, sans aucune idée quelle qu'elle soit; comment vient-elle à recevoir des idées? [...] A cela je réponds en un mot, de l'expérience [...]. Et premièrement nos sens, étant frappés par certains objets extérieurs, font entrer dans notre âme plusieurs perceptions distinctes des choses, selon les diverses manières dont ces objets agissent sur nos sens [56]. » C'est à cette image lockienne de la table rase que s'alimentent encore les images freudiennes de la cire dont est enduit le Bloc magique! Par là Locke récuse l'idée innée comme génératrice de connaissances, ce qui l'amène à mettre l'accent sur l'inscription, de l'extérieur, sur une plage vierge.

Leibniz, lui, dans ses *Nouveaux essais sur l'entendement humain,* qualifie « cette table rase, dont on parle tant » de « fiction »[57]. Par là il veut, en rationaliste, réhabiliter la spontanéité de l'entendement, contre une conception empiriste de l'inscription. Mais il ne revient pas à l'innéisme pur et simple d'un Descartes : il développe une théorie subtile qui récuse la table rase comme n'étant qu' « une puissance nue » fictive; il reconnaît au contraire que « l'expérience est nécessaire afin que l'âme soit déterminée à telle ou telles pensées », mais elle ne peut qu'actualiser une « puissance » qui, elle, ne vient pas de l'inscription, mais de l'entendement. L'image est celle de la figure d'Hercule, que l'on voit se dessiner sur le sable comme en suivant certaines « nervures ». Habile position qui permet de penser la nécessité de l'inscription, tout en la réduisant à l'actualisation de quelque chose qui vient du dedans : « Rien n'est dans l'entendement qui n'ait été d'abord dans les sens [...] si ce n'est l'entendement lui-même. »

Le Bloc magique cher à Freud remplit cette fonction de penser justement la puissance inépuisable de renouvellement en même temps que la nécessité de l'inscription. On voit que la théorie de la mémoire engage et prolonge une psycho-logie (entendue au sens de théorie de l'âme).

56. Livre II, chap. I, 2-3 (rééd. Vrin, 1972, p. 61).
57. Livre II, chap. I, 2.

Mais comment situer Freud par rapport à cette question? S'il y a « traces », ne sommes-nous pas nécessairement dans la conception d'inspiration empiriste? Oui, en ce sens qu'il n'y a pas traces ou images sans corrélats objectifs, sans « choses ». Mais on peut relever la tendance de Freud, dès le *Projet de psychologie scientifique*, à décrire le fonctionnement de la mémoire plus comme un système de « frayages » : autrement dit, l'essentiel est le passage de l'énergie (neuronique), ce qui suppose de vaincre une certaine résistance, et de suivre la voie de moindre résistance, ainsi « frayée ». Le rapport à l'objet passe à l'arrière-plan derrière ce problème de circulation.

Ainsi, c'est ce « systémisme » fonctionnel qui singularise la conception freudienne de la mémoire. Comme Leibniz, il veut rendre compte de cette aptitude à actualiser indéfiniment – ce dont un empirisme de l'inscription immédiate ne saurait rendre compte. Mais naturellement ce n'est pas du côté d'un entendement actif qu'il ira la chercher, ni dans quelque autre *principe* actif. Il le prendra dans un certain caractère fonctionnel, bref dans un « système » du genre « Bloc magique ». Celui-ci fournit un modèle de « mémoire » au sens quasi cybernétique.

On peut comprendre à présent comment va se poser la question du devenir-conscient. Cela suppose de revenir en problème du rapport de la représentation à la « chose ». Lorsque la trace mnésique est réinvestie, on parle de représentation, et même de « représentation de chose » : « La représentation de chose consiste en un investissement, sinon d'images mnésiques directes de la chose, du moins en celui de traces mnésiques plus éloignées, dérivées de celles-ci [58]. » Freud en vient à définir la « représentation de chose » comme la « représentation inconsciente » : pour qu'elle devienne « consciente », il faut qu'elle « englobe la représentation de chose plus la représentation de mot correspondante [59] ». C'est autrement dit en se verbalisant que la « chose » peut trouver son image.

Freud n'hésite pas à utiliser une expression qui se réfère à un réalisme de la « chose », mais c'est pour désigner le contenu

58. « L'Inconscient », *G.W.*, X, p. 300.
59. *Ibid.*

objectif et « chosal » de la représentation inconsciente. Cela permet de situer le devenir-conscient au plan d'une verbalisation de la représentation. La fonction représentative s'inverse ainsi en passant de la « chose » au « mot », du visuel à l'acoustique. « Chose » et « Mot » ne désignent donc que des index de la représentation. Dans l'article de 1925, Freud reprend l'idée avancée dans *Au-delà du principe de plaisir* que « le phénomène inexplicable de la conscience se produirait en lieu et place des traces durables [60] ». Le devenir-conscient *(Bewusstwerden)* se fait au moyen de l'association de la « chose » avec les « restes verbaux » réactivés.

4. La question du réel : sujet et objet

La théorie psychanalytique de l'inconscient ne peut être sans effet sur une question fondamentale de la philosophie, soit le statut de la *réalité*. Cette question pourrait être également énoncée comme celle des relations entre subjectivité et réalité. Mais on verra que, justement, la position du problème par la psychanalyse va avoir pour effet, non de postuler une dualité de termes, mais de subvertir cette dualité. Là encore, Freud ne procède pas par une critique en règle de principes : il faut donc saisir comment il résoud la question de façon originale, pour les besoins de son objet propre.

On doit constater d'abord un certain malaise dans le maniement freudien de la notion de « réalité » : celle-ci, dans la mesure où elle désigne une extériorité qui s'opposerait à l'intériorité psychique, rend difficile une conception de ce qui est en jeu dans le désir. L'exposé des découvertes freudiennes (cf. *infra*) nous révélera le tournant décisif introduit par l'autocritique de la théorie de la « scène primitive » : dans quelle mesure le contenu de cette scène désigne-t-il une « réalité » ? Si l'on s'en tient à un événement extérieur, la réalité en est douteuse, et l'on est contraint de choisir : ou bien le sujet qui raconte la scène traumatique « dit vrai » (au sens d'une adéquation au

60. Sur le « Bloc magique », *Revue française de psychanalyse, op. cit.*, p. 1108.

réel), ou il ment, et il faut parler de « fabulation ». On sait que Freud lui-même est resté un moment prisonnier de cette alternative, imposée par une conception dualiste du réel et de la psychè. Le moment décisif est celui où il comprend, dans l'après-coup, que le noyau de vérité procède du désir – œdipien, en dernière instance – qui s'investit dans cette réalité et lui « donne réalité ». C'est le cas de dire ici que le désir se prend pour la réalité!

Mais alors il y a, pour le moins, lieu de distinguer deux acceptions du terme « réalité », si l'on ne veut pas renoncer au terme, ni qualifier le désir d'« irréel ». C'est au fond le statut du « fantasme » qui est à penser. Dans ses *Leçons d'introduction à la psychanalyse*, Freud en arrivera à cette mise au point : « Les fantasmes possèdent une réalité *psychique (psychische Realität)* opposée à la réalité *matérielle* [61]. » Ce n'est rien moins que le « réel névrotique » qui est donné à penser, s'il est vrai que « dans le monde des névroses c'est la réalité psychique qui joue le rôle dominant ». L'argument est au reste pragmatique : c'est à l'*effet* qu'on juge la « réalité » : or, confie Freud, « il ne nous a pas encore été donné de constater une différence *quant aux effets* (souligné par nous), selon que les événements de la vie infantile sont un produit du fantasme ou de la réalité [62] ».

Mais justement on constatera que tantôt Freud continue d'opposer « fantasme » et « réalité », tantôt il tente de surmonter cette opposition, en qualifiant cette *réalité* fantasmatique de « psychique ». On doit souligner le paradoxe de cette expression, d'un point de vue dualiste, puisque ce qui est réel n'est justement pas « psychique », le « dehors » s'opposant intangiblement au « dedans ». Mais justement Freud cherche à penser cette réalité endogène, dont l'enjeu n'est autre que la clinique, par laquelle se signifie un réel pour le névrosé : celui-ci doit donc « avoir, en quelque façon, raison [63] ». C'est cette modalité de réel (cerné par le « en quelque façon ») qui doit donc recevoir un statut.

Mais il faut convenir que Freud ne parvient pas à se

61. *G.W.*, XI, p. 383.
62. *Ibid.*, p. 385.
63. *Deuil et mélancolie, G.W.* X, p. 432.

dépêtrer de cette représentation dualiste, dont il ressent toutes les insuffisances. C'est que le mot « réalité » fait bloc en quelque sorte – car l'expression « réalité matérielle » résonne comme un pléonasme, tandis que l'expression « réalité psychique » semble un peu artificielle, si du moins l'on ne s'avise qu'elle ne fait que nommer un besoin. Le plus remarquable est que Freud ne choisit pas délibérément une solution de nature « réaliste » ou au contraire « idéaliste ». Que faire alors, sinon aménager cette dualité en en définissant le « mode d'emploi »?

A l'autre bout de son trajet, c'est encore avec cette question qu'il s'explique quand il affronte le redoutable problème de la fonction différentielle du réel dans la névrose et dans la psychose. Ce n'est au reste pas un hasard si c'est cette question princeps de la clinique et de la nosographie qui va permettre de faire évoluer le problème en en dramatisant pour ainsi dire l'enjeu.

Rien de plus révélateur de ce point de vue que l'évolution de la position de Freud en quelques semaines, puisqu'il publie successivement, en 1924, un court article intitulé « Névrose et psychose » et un autre, « La perte du sentiment de réalité dans la névrose et dans la psychose [64] », qui en est le complément et le rectificatif. Dans la première version, en application de la nouvelle topique introduite dans *Le Moi et le ça*, Freud propose une différence claire, en apparence : « La névrose serait le résultat d'un conflit entre le moi et son ça, la psychose, elle, l'issue analogue d'un trouble équivalent entre le moi et le monde extérieur [65]. » Au moins cela rend-t-il compte de cet effet que, dans la névrose, le contact avec la réalité semble maintenu, alors qu'il est perdu dans la psychose. Mais le paradoxe de cette solution est que la névrose est décrite en termes d'intériorité – comme conflit intra-psychique – alors que la psychose est caractérisée comme un rapport impossible au réel. Serait-ce à dire que la réalité ne fait nullement problème dans la névrose, et que la psychose ne connaît pas un moment intrapsychique? On voit reparaître le spectre du dualisme.

64. *G.W.*, XIII. Nous citons les deux textes d'après la traduction française, in *Névrose, psychose et perversion.*
65. *Ibid.*, p. 283.

C'est pourquoi Freud rectifie aussitôt : dans sa seconde version, il repose la question, mais en la formulant en termes de maintien ou de « perte de la réalité » *(Realitätsverlust)*. Ainsi ouvre-t-il la perspective du *processus*, et non plus de l'effet statique obtenu. Ce détour est nécessaire, non pour des raisons philosophiques de principe, mais sur le fondement d'un constat. Si, dans la névrose, c'est « la surpuissance du réel » qui fait que le sujet « réprime un fragment du ça », d'où vient que, comme l'indique l'expérience, « toute névrose trouble d'une façon ou d'une autre le rapport du malade à la réalité » – alors que la perte de la réalité devrait être « évitée »?

C'est qu'il faut introduire une représentation biphasique, au lieu du processus monolithique qui était donné à penser dans le premier cas de figure. Il faudrait donc dire que dans un premier temps, le névrosé refoule une motion pulsionnelle au nom de la réalité, mais que, dans un second temps, il procède à « un dédommagement » envers « la part lésée du ça » – justement parce que le refoulement n'est pas pleinement réussi (ce pourquoi, d'ailleurs, il est sans cesse à réeffectuer) : « Le relâchement du rapport à la réalité » serait donc la conséquence de ce deuxième temps « de la formation de la névrose [66] ».

Par opposition, le processus psychotique suppose un premier temps « coupant le moi, cette fois, de la réalité » et un second « essayant de réparer les dégâts et reconstituant aux frais du ça la relation à la réalité ». On remarquera que les hallucinations et délires sont dès lors identifiés comme tout autre chose qu'une perte de réalité, mais bien comme la tentative de reconstruction de la réalité perdue (dans le premier temps). Le psychotique s'efforcerait ainsi de récupérer désespérément le réel.

Il apparaît donc finalement que la logique de la perte et de la reconstruction est à la fois parallèle et inversée. On ne saurait opposer purement et simplement ici la perte du réel (psychose) et là sa conservation (névrose) : le réel revient dans la psychose, il est « ébréché » dans la névrose (fantasmes). Par ce réajustement ingénieux Freud a trouvé le moyen de s'immuniser contre

66. *Ibid.*, p. 299.

les effets fâcheux du dualisme. Il a donc réparti sur la longueur du processus – à travers sa scansion biphasique – ce que le dualisme présentait comme un vis-à-vis et une alternative.

Mais pour trouver la conception la plus spécifique de la réalité, c'est à un autre axe de recherche qu'il faut recourir : celui qui est justement introduit par ces notions de « jouissance » ou de « méjouissance » de la réalité. Là où la philosophie et la psychologie classiques posent la question du réel du côté de la connaissance, Freud va l'articuler en termes de plaisir/déplaisir. Ce n'est pas à dire que, ce faisant, il la tire du côté d'une théorie de l'affectivité – nous avons assez souligné que justement c'est encore ce genre de distinctions qu'il tend à surmonter. Précisément, il va falloir comprendre dans quelle mesure le réel est « connu » à travers l'expérience de « plaisir-déplaisir » (qui serait dans une théorie traditionnelle attribuée à l'affectivité et opposée à la connaissance).

Cela nous renvoie une fois de plus à « l'expérience de satisfaction » : ordonné primitivement « au principe de plaisir », lié au « processus primaire » (inconscient), le « principe de réalité » intervient comme une spécification. A partir du « défaut persistant de la satisfaction attendue », « l'appareil psychique dut se résoudre à représenter l'état réel du monde extérieur et à rechercher une modification réelle [67] ». On remarquera ici que « réalité » ne prend son sens que pour qualifier un « principe du fonctionnement psychique » – et non quelque *donnée* en soi –; que, d'autre part, il n'est qu'une spécification du principe de plaisir : en effet, il n'y a pas à proprement parler de « principe de réalité » en soi, mais une transformation, par renoncement, du principe de plaisir, qui devient « réalisant ». Cette distinction donne pourtant lieu à la distinction d'un « Moi plaisir » et d'un « Moi réalité » – terme qui accole l'instance subjective à la désignation de la réalité (nouvelle subversion du dualisme).

Le point décisif va être finalement celui de la *genèse* : car au fond la dualité n'est un obstacle qu'en ce qu'elle tend à cristalliser un processus de constitution. C'est le pas que

67. « Formulations concernant les deux principes du fonctionnement mental », *G.W.*, VIII, pp. 231-232.

franchit Freud dans *Pulsions et destins des pulsions* (1915). Il faut en effet revenir en deçà de l'apparition du principe de réalité, pour interroger la genèse de l'opposition sujet/objet, moi/monde extérieur. Là intervient une première surprise : Freud place au départ le « Moi-réalité ». Mais ce qu'il entend par là, c'est un état d'indifférenciation entre subjectivité et objectivité : le « Moi-sujet coïncide avec ce qui est plaisant, le monde extérieur avec ce qui est indifférent [68] ». C'est ce qui permet au « Moi-réalité » de distinguer intérieur et extérieur « à l'aide d'un bon principe objectif ». Bref, le dualisme n'est pas *encore* intervenu : le Moi *est* toute la réalité...

On va justement assister à la naissance de cette dualité à partir du moment où le moi va introjecter certains objets comme source de plaisir, expulsant les autres comme provoquant du déplaisir. C'est cette nouvelle instance qu'on peut appeler « Moi-plaisir » purifié. A ce niveau, règne encore en souverain le principe de plaisir, alors que la dualité se dessine. Ce n'est que dans un troisième et ultime temps que va devenir possible « l'épreuve de réalité », qui va permettre au sujet de chercher à l'extérieur un objet. Autrement dit, la dualité s'engendre dynamiquement à partir d'un « point aveugle » et d'après une espèce de dialectique plaisir/déplaisir. Finalement, le réel apparaît comme une sorte de « fonction » qui signalise le rapport du sujet envers son objet : le « dedans » et le « dehors » se redéfinissent le long de cette séquence en *trois* temps – ce qui permet au mot réalité de se définir d'après la situation de l'opposition à chaque moment. On voit comment la construction métapsychologique reformule les termes de la problématique philosophique. Par là elle incite à énoncer une topique du problème qui s'en émancipe de façon originale.

CONCLUSION : LE PRINCIPE DE L'ANALYSE

A présent que se trouvent mis en place les principes par lesquels s'articule la psychanalyse, dans sa formalité et sa théma-

68. *G.W.*, X, p. 227.

tique, il reste à examiner pour conclure ce que l'on peut tenir pour le principe le plus général – et en ce sens le plus « principiel », en ce qu'il ne se situe pas dans la « plate-forme épistémologique », ni seulement dans la thématique, mais dans une « logique fondamentale » qui se relie à l'appréhension freudienne de l'objectivité.

Il nous semble que Freud le livre déjà dans l'intitulé de sa discipline, « Psycho-*analyse* » : l'analyse peut en effet être tenue pour le principe suprême de la rationalité analytique. Le tout est de comprendre comment il faut l'entendre. Freud l'exprime sans doute le mieux dans une confession à Lou Andréas Salomé : il s'y revendique – avec le ton d'excuse qui signe si souvent chez lui la revendication intraitable – comme « analyste » en un sens précis : « Je ressens rarement un tel besoin de synthèse [69]. L'unité de ce monde m'apparaît comme allant de soi, ne méritant pas d'être mentionnée. Ce qui m'intéresse, c'est la séparation *(Scheidung)* et l'organisation *(Gliederung)* de ce qui, autrement, se perdrait dans une bouillie originaire [70]... »

Par là Freud prend nettement position par rapport à l'antagonisme des rationalités analytique et synthétique qui traverse et divise l'histoire du Logos philosophique. C'est ce qui, paradoxalement, lui permet de ne pas rechercher de Principe selon lequel s'organiserait le Monde ou l'Être : la synthèse étant dans le monde – et ne méritant pas même la mention tant elle *est* –, s'ouvre l'ère de la différence, à réduire il est vrai de façon à passer de la *Scheidung* à la *Gliederung* [71]. C'est pourquoi la synthèse ne saurait être principe de découverte, alors que l'analyse, dénouant sans cesse les faux principes, se pose comme seul principe authentique, celui du « consentement fragmentaire »...

69. Par opposition à celui de Lou Salomé elle-même.

70. Lettre du 30 juillet 1915, in ANDRÉAS SALOMÉ (Lou), *Correspondance avec Sigmund Freud*, pp. 43-44.

71. Voir sur ce point notre étude sur « Trouble de penser et pensée du trouble selon Freud », in *Nouvelle revue de psychanalyse*, n° 25, pp. 104-106.

Freud et l'économie politique

Gérard RAULET

Traiter des conceptions économiques de Freud, parler non du point de vue économique qui constitue, avec la topique et la dynamique, un des moyens de connaître l'inconscient mais d'une économie politique implicite et pourtant bien présente dans sa pensée, tient du paradoxe. Si l'on en croit notamment Marcuse *(Éros et civilisation)*, c'est *contre Freud* qu'il faut montrer que son œuvre véhicule des conceptions économiques liées à un moment socio-historique déterminé. Freud, pour sa part, considère plutôt les lois de l'évolution phylogénétique et ontogénétique – l'évolution de l'espèce et celle de l'individu – comme des constantes sur lesquelles un milieu socio-historique particulier n'exerce qu'une influence surdéterminante, ne modifiant en rien le caractère inévitable et irréversible du processus global de la civilisation dont la phylo- et l'ontogenèse sont a la fois l'illustration et l'accomplissement. Sa thèse fondamentale est bien celle que lit chez lui Marcuse : un assujettissement permanent des instincts humains : « La renonciation et le report de satisfaction sont les conditions mêmes du progrès [...], la libre satisfaction des besoins humains instinctuels est incompatible avec la société civilisée [1]. »

C'est du reste sans présupposer d'aucune manière cette thèse, mais plutôt au débouché de sa démarche, que Freud s'autorise dans ses dernières œuvres à tirer de l'onto- et de la phylogenèse des considérations généralisantes qui font de l'assujettissement permanent des instincts une donnée pratiquement métaphysique. C'est ainsi que *Malaise dans la civilisation* érige la *Lebensnot*, l'*Anankê*, en une donnée économique fondamentale, et c'est à ce moment que Freud, en vertu de sa propre logique, rejoint des conceptions de l'économie

1. *Éros et civilisation*, trad. fr., Paris, Éd. de Minuit, 1968, p. 15.

politique. D'où la démarche suivie ici et qui s'attache à ne pas faire à Freud de procès d'intention : au lieu de procéder à un repérage sauvage d'analogies et de similitudes entre certaines thèses de Freud et certaines conceptions économiques, elle se propose de prendre au sérieux l'accusation globale portée par Marcuse et les parentés dénoncées par Fromm [2] en dégageant d'abord les catégories essentielles du processus civilisateur selon Freud pour identifier ensuite, mais seulement ensuite, les idéologies auxquelles elles souscrivent. C'est lorsqu'elle atteint elle-même à une dimension métaphysique que la théorie freudienne se retrouve en accord avec la métaphysique qui sous-tend par ailleurs l'économie politique classique. Le débat entre Marcuse et les néo-révisionnistes montre bien, du reste, que tout se joue à ce niveau métaphysique : s'il souligne l'enjeu et la portée socio-historique de la théorie freudienne, c'est en réhabilitant la dimension métaphysique de la « sociologie » freudienne et en la discutant *à ce niveau* que Marcuse entend rompre avec une utilisation de la psychanalyse au service de la société telle qu'elle est. Sous couvert de pragmatisme et de culturalisme, toute pensée qui fait l'économie de ce moment métaphysique ou plutôt qui prétend s'en passer est plus métaphysique que Freud lui-même et laisse intouché l'ordre auquel Freud – à tort ou à bon droit – a donné son aval.

Ontogenèse et phylogenèse.
Nature et catégories du processus civilisateur

Le 12 décembre 1929 Wilhelm Reich prononça dans le cercle de Freud une conférence sur la prophylaxie des névroses qui pose avec acuité la question de leur origine culturelle et requiert de la psychanalyse qu'elle s'interroge sur l'influence de conditions sociales déterminées, notamment la misère. La discussion qui s'ensuivit avec Freud fut très certainement une des incitations immédiates qui engendrèrent *Malaise dans la civilisation.*

2. FROMM (E.), *La Crise de la psychanalyse,* Paris, Anthropos, 1971, chap. II : « Le modèle de l'homme chez Freud et ses déterminantes sociologiques ».

Freud, à vrai dire, n'était pas fermé à une telle approche : dès les *Études sur l'hystérie* de 1895 il évoque à côté de l'histoire individuelle du sujet et du milieu familial le rôle qu'a pu jouer l'environnement social et culturel. Toutefois, si l'on recense dans son œuvre ces considérations, on se trouve conduit à faire trois remarques : d'abord elles ne constituent jamais l'essentiel du raisonnement, mais interviennent plutôt comme des *facteurs surdéterminants* s'ajoutant aux deux dimensions essentielles de la phylogénétique et de l'ontogénétique; ensuite, l'image de la société qu'on peut tirer de ces notations ne renvoie à aucune théorie sociologique ou économique précise mais correspond plutôt au constat empirique de l'existence de couches sociales; enfin, quant à ces dernières, Freud utilise des catégories plus traditionnelles que modernes, confirmant ainsi qu'il se contente de constater et ne vise ni un but critique, ni même une théorie sociologique de la psychanalyse : il distingue seulement les pauvres et les riches, les travailleurs et les classes moyennes, les nobles et les paysans [3].

En dépit de ces limites, il est vrai aussi que Freud n'a jamais éludé, mais à un niveau plus général, les rapprochements qui s'imposaient entre l'expérience clinique et des phénomènes sociaux ou culturels : il ne se fait pas faute de relever l'analogie entre les névroses et les productions sociales de l'art, de la religion et de la philosophie, dont elles sont dans une certaine mesure des caricatures. On voit ainsi se dessiner une parenté entre l'hystérie et la création artistique, la névrose obsessionnelle et la religion, le délire paranoïaque et les systèmes philosophiques. Dans tous les cas, les névroses sont des phénomènes asociaux traduisant et aussi aggravant dans la pathologie individuelle des tendances névrotiques collectives. Tout se passe comme si la société était dans son essence névrogène – certains individus transgressant les limites des névroses sociales admises. S'il n'écrit que tardivement *Malaise dans la civilisation,* Freud saisit d'ailleurs très tôt la névrose

3. Travailleurs (ouvriers) : *G.W.*, I, pp. 443-447; V. p. 203. – Noblesse : *G.W.*, IV, p. 93 sq.; V, p. 131; XVI, p. 229. – Paysans (conservatisme) : *G.W.*, XIV, p. 99. – Classes moyennes : *G.W.*, I, p. 77; I, pp. 506-514; IV, p. 175; VIII, p. 466 sq. – « Pauvres » : *G.W.*, VIII, p. 466; X, p. 439; XI, p. 448 sq.; XII, p. 192 sq.

comme un conflit avec les valeurs instituées de la civilisation; dès 1897 une lettre à Fliess (31 mai) note que « l'inceste est un fait antisocial *auquel, pour exister, la civilisation a dû peu à peu renoncer* ».

C'est là, déjà, le noyau de *Malaise* : l'équation civilisation-renoncement. En 1908, le texte sur « La Morale sexuelle civilisée et la nervosité des temps modernes » précise cette thèse en examinant les dommages *(Schäden)* que l'exigence culturelle fait subir à la pulsion sexuelle des individus et en s'interrogeant sur le « gain culturel » susceptible de tenir lieu de « dédommagement »[4]. Ces notions situent dès 1908 la culture dans la perspective d'un *calcul économique* : *c'est l'idéologie de ce calcul que le présent texte voudrait identifier.* La civilisation, le processus de socialisation des hommes, est l'apprentissage d'un équilibre qui se nomme *Kultur* et qui engendre un malaise lorsque les calculs ne tombent pas justes (*Malaise dans la civilisation* : en allemand, « Das Unbehagen in der *Kultur* »), lorsque gains et pertes (« gain culturel » et renoncement) ne s'équilibrent pas; *ce n'est là rien d'autre que l'économie dans la double acception,* historique et moderne du terme : d'abord l'Oikonomia grecque – l'équilibre des gains et des dépenses dans une bonne gestion domestique : sens qui domine les théories économiques jusqu'au XVIIIe siècle (caméralisme, mercantilisme) –, ensuite le sens figuré d'ensemble harmonieux et équilibré, reposant sur le poids relatif de ses différentes composantes (acception qui s'impose ensuite dans la théorie économique).

C'est donc au niveau général du processus civilisateur, de sa nature et de ses catégories, et non au niveau premier d'une inscription de la psychanalyse dans la société de son époque, que se laisse repérer chez Freud un raisonnement économique – pour l'instant au sens large du terme, qu'il conviendra justement ici de spécifier. Reich, au contraire, se demande dans sa conférence de 1929 pourquoi 60 à 80 % des jeunes souffrent de troubles névrotiques, pourquoi 30 % seulement des malades peuvent recourir à la psychanalyse, il s'interroge sur le rôle de

4. *G.W.*, VII, p. 149.

l'éducation, de la morale et du système capitaliste dans la genèse de la misère psychique et établit enfin un rapport direct entre misère matérielle et misère psychique : est-il étonnant en effet que 80 % des ouvriers de Vienne, vivant avec leur famille dans une seule pièce, souffrent de conflits et d'inhibitions sexuelles ? En posant ces questions sur l'étiologie sociale des névroses et sur les restrictions sociales de l'accès à la thérapeutique, il inverse en fait le rapport entre le socio-économique et le psychique qui se dégage de l'œuvre de Freud. Tandis que Freud envisage la genèse de la culture (la civilisation) et non la réalité synchronique d'un ordre socio-économique déterminé, tandis qu'il n'accorde aux différents types de société et aux structures sociales particulières qu'une importance secondaire, ou à tout le moins seconde (comme surdétermination de constantes qui ignorent les différences de classes), Reich, lui, rompt avec l'idée du socio-économique comme simple surdétermination et localise les formes les plus typiques des névroses en un lieu social précis : c'est dans les classes laborieuses qu'elles se présentent à l'état brut. Non seulement Freud considère les différents types de société comme des cas particuliers, mais il conteste (voir le passage sur le communisme dans *Malaise*) qu'un cas particulier puisse avoir une influence spécifique et décisive sur les grandes lois de l'histoire de l'espèce et qu'on puisse donc changer la civilisation en changeant la forme de la société [5].

Cette position freudienne tient à sa conception de l'histoire de l'espèce – la phylogenèse – et aux liens qu'elle entretient avec l'histoire individuelle ou ontogenèse. La phylogenèse s'attache à montrer la part de l'inconscient dans le processus civilisateur, et, inversement, l'influence du processus civilisateur sur la formation des structures inconscientes. Or, la phylogenèse redouble en quelque sorte l'ontogenèse et la généralise en insérant les structures du psychisme individuel dans le cadre plus global de l'espèce [6]. Ainsi, la théorie de la maladie (ou

5. La discussion du communisme n'intervient d'ailleurs qu'après l'exposition de la loi générale du processus civilisateur et après l'introduction de l'agressivité comme constante anthropologique.

6. C'est notamment l'objet du chap. IV de *Malaise dans la civilisation* (fondation de la famille et interdiction de l'inceste) et, pour la question de l'intériorisation, du

du malaise) de la civilisation « prolonge naturellement et nécessairement la théorie de la maladie individuelle [7] ». Mais, à l'inverse, la phylogenèse se reflète dans l'ontogenèse, selon le vieux principe néo-darwiniste qui voit avec Haeckel dans le développement individuel la récapitulation du développement de l'espèce. En un mot, ces deux niveaux « s'interpénètrent continuellement [8] ». Ceci conduit à considérer comme irrémédiables (parce que intrinsèquement liés au processus civilisateur) certains aspects de la pathologie individuelle, ou encore à considérer que le remède ne peut guère consister que dans une atténuation ou une modulation (par exemple une sublimation) de la contrainte que le processus civilisateur fait peser sur l'économie psychique individuelle. Dès lors que la phylogenèse généralise et confirme l'ontogenèse en étendant à l'espèce le champ de sa validité, elle ne constitue pas une dimension spécifique mais une extension de la genèse historique du psychisme et *elle n'inaugure pas un champ épistémologique nouveau qui recourrait à d'autres catégories que celles de la psychanalyse individuelle – par exemple des catégories socio-économiques.* Elle rend au contraire ces dernières secondaires par rapport à l'ordre universel au sein duquel se rejoignent et se confirment ontogenèse et phylogenèse.

D'une part la découverte de la phylogenèse s'accomplit dans le prolongement de l'ontogenèse, d'autre part elle garantit en retour l'ontogenèse contre toute ingérence d'une méthodologie extra-psychanalytique. Il y a là dans la démarche de Freud comme une tautologie qui empêche toute prise en compte d'une dimension nouvelle. Et pourtant *Malaise dans la civilisation* ne cessera de souligner l'antagonisme irréductible entre les deux processus du développement individuel et du développement de la civilisation : on peut même dire que l'entreprise de Freud est

chap. VII : le conflit œdipien avec le père de la horde primitive se reproduit en chaque individu et « le remords attaché au meurtre du père » n'est autre que le sentiment de culpabilité communiqué par le surmoi qui retourne l'agressivité contre l'individu. Sur le rôle de ce mécanisme dans le processus civilisateur, *cf. infra.*

7. ASSOUN (P.-L.) *Freud et Nietzsche*, Paris, P.U.F., 1980, p. 241.

8. MARCUSE, *Éros et civilisation*, *op. cit.*, p. 30.

un effort désespéré pour les rendre *commensurables* [9]. La pétition de principe de l'identité postulée par les rapports entre l'ontogenèse et la phylogenèse a pour seul résultat – négatif – de rendre irrémédiables les dégâts pathologiques de la civilisation : l'identité se paye d'une différence irréductible, rendant impossible l'identification parfaite de l'individu et de la civilisation. L'arithmétique des gains et des renoncements par laquelle est censée se concrétiser l'identité structurelle de la phylogenèse et de l'ontogenèse pervertit intérieurement cette dernière et ressemble à une addition qui ne tomberait jamais juste, au sens où quelqu'un « ne s'y retrouve pas ». En même temps l'équation ontogenèse-phylogenèse bloque toute autre approche [10].

9. Au fondement de cet antagonisme irréductible, on découvre chez Freud une philosophie politique et une philosophie de l'homme très semblables à celles de Hobbes; sur cette parenté : M. & D. WEINSTEIN, « Freud et le problème de l'ordre social ou le retour à Hobbes », in *Diogène*, 1979, n° 108. Comme Hobbes, Freud voit dans les êtres humains des organismes soumis aux pulsions du plaisir et de la douleur; le rapprochement entre l'instinct de prudence – qui est pour Hobbes un aspect essentiel de l'instinct de conservation – et l'instinct de conservation freudien est en revanche moins probant. La prudence (cf. *infra*) n'est pas chez Freud instinctuelle; elle résulte de l'apprentissage du principe de réalité, c'est-à-dire de la modération imposée aux pulsions, notamment à l'instinct de conservation (pulsions du moi). Comme chez Hobbes, l'homme apparaît chez Freud d'autant plus comme un loup pour l'homme *(« status hominum naturalis est bellum omnium in omnes »); cf. Malaise*, chap. V, « Psychologie collective et analyse du moi » (1921), *C.W.*, XIII. En rapport avec ce qui sera dit plus loin du principe d'utilité chez Freud, on signalera ici le rôle important qu'il joue chez Hobbes (qui fut avec Locke l'initiateur de l'utilitarisme anglais).

10. La question de la religion, sur laquelle s'ouvre *Malaise*, illustre parfaitement les liens entre ontogenèse et phylogenèse à partir de la notion de narcissisme. Le Père Céleste est la projection fantasmatique du père réel qui calme l'angoisse de l'enfant devant les dangers. Quant au « sentiment océanique » qui fonderait le désir d'infini et d'éternité et serait, à la place de cette projection phylogénétique d'une donnée ontogénétique, la véritable source de la religiosité, Freud le ramène à l'illumination du moi avant l'apprentissage du principe de réalité. La religiosité persistant au niveau de l'espèce doit être conçue comme une illusion analogue au narcissisme par lequel certains individus tentent de nier un monde cruel et étranger. On voit dans ce raisonnement comment des phénomènes phylogénétiques sont compris à partir de données ontogénétiques (père, narcissisme) et comment, à l'inverse, elles nourrissent et entretiennent certaines déviations ontogénétiques (narcissisme). Les considérations sur la religion au début de *Malaise* ont en ce sens une *portée méthodologique :* a) Les phénomènes culturels sont interprétés comme une généralisation de phénomènes ontogénétiques; phylogenèse et ontogenèse sont de même nature; b) Elles entretiennent des liens de réciprocité et s'interpénètrent continuellement; c) En établissant ces liens – comme le fera *Malaise* (cf. *supra* note 6) – il faut toutefois user de prudence : on nomme précisément *illusion*

Il reste que toute l'entreprise de Freud est guidée par la recherche de l'*équilibre :* « Un bon nombre de luttes au sein de l'humanité se livrent et se concentrent autour d'une tâche unique : trouver un équilibre approprié, donc de nature à assurer le bonheur de tous, entre les revendications de l'individu et les exigences culturelles de la collectivité. Et c'est l'un des problèmes dont dépend le destin de l'humanité que de savoir si cet équilibre est réalisable au moyen d'une certaine forme de civilisation, ou bien si au contraire ce conflit est insoluble [11] ». Ce principe d'équilibre est une donnée économique à la fois au sens psychanalytique (topique, dynamique, économique) et aux deux sens du mot économie que nous avons rappelés précédemment. Dans son acception psychanalytique, il est présent dès les premiers travaux sous le nom de *principe de constance,* au fondement de l'approche économique du psychisme. Sans doute n'est-il pas inutile de signaler au passage qu'il procède, sous l'influence de Fechner, de l'extension à la psychologie de principes physiques et relève à ce titre – on verra plus loin le sens de cette remarque – d'une méthodologie de l'entendement (mathématique, physique...) dont l'application à l'objet de la psychanalyse, le psychisme, ne saurait être qu'heuristique, voire métaphorique [12]... Dans le chapitre II de *Malaise dans la civilisation* l'économie psychique individuelle repose sur le principe d'équilibre : le bonheur, qui est selon Freud un problème d'économie psychique individuelle [13], consiste dans l'équilibre qui s'instaure entre le monde extérieur et le principe de plaisir; cet équilibre coïncide avec le principe de réalité [14].

Le choc de l'homme avec le monde, voilà donc au premier chef l'objet du calcul économique freudien. La conquête technique et scientifique est par excellence une des méthodes

l'universalisation abusive d'un palliatif ontogénétique en constante anthropoculturelle, sa généralisation non critique. Les réflexions sur l'illusion ont une valeur de mise en garde pour la démarche de l'ouvrage.

11. *Malaise dans la civilisation,* trad. fr., Paris, P.U.F., 1971, p. 45, *G.W.*, XIV, p. 456.

12. Cf. RAULET, « Tentative de situation de la conceptualité freudienne », in *L'Homme et la société,* 1976, n°s 41/42.

13. *Malaise dans la civilisation,* p. 30; *G.W.*, XIV, p. 442.

14. *Ibid.*, p. 21; *G.W.*, XIV, p. 435.

actives de cette confrontation [15]. Autres méthodes : l'isolement volontaire, l'intoxication, le yoga, la sublimation (notamment artistique, réservée cependant à de « rares élus »). Pour Freud, la seule méthode active et qui n'évite pas le monde mais transforme le principe de plaisir en principe de réalité et assure l'accord de l'individu avec le monde, est *l'activité économique*. La sublimation, par contraste, déplace la libido afin de l'investir dans un objet soustrait au « déni » que le monde extérieur peut opposer aux instincts. Il se trouve donc que la méthode par laquelle passe l'établissement de l'équilibre économique du psychisme relève de l'ordre économique au sens courant du terme et qu'elle repose sur le *travail*, notion essentielle de l'idéologie économique freudienne. Le principe de réalité est actif, formateur *(bildend)*, il réforme en l'adaptant le principe de plaisir. Toutes les autres solutions, en dehors des méthodes passives précédemment évoquées, sont maniaques et paranoïaques : Freud récuse aussi bien le messianisme et le millénarisme que la révolution.

On aurait tort pourtant de passer sous silence sans un regret (sensible dans le ton de Freud) cette tentative de bonheur par laquelle l'homme, comme il le tente dans le principe de réalité, essaie d'accomplir une synthèse de soi et de l'autre : *l'amour*. Mais l'amour, en vérité, n'est autre que la forme plurielle du principe de plaisir et de sa « tendance passionnée et primitive à réaliser un bonheur positif [16] » : il doit donc lui aussi devenir principe de réalité. Sous la forme d'une transition en apparence anodine (un regret) s'opère ici dans *Malaise* le passage du singulier au pluriel, de l'individu à la communauté, accompli à partir du chapitre III et culminant dans l'idée qu'Éros – la tendance à créer des unités vitales toujours plus vastes – et Anankê sont les parents de la civilisation humaine (chap. IV). Dès lors est expressément identifiée, sous le nom d'Anankê, la limite permanente avec laquelle le principe de plaisir doit constamment composer et dont résulte le principe de réalité.

Qu'est-ce donc qu'Anankê ? Freud retrouve le sens double

15. *Ibid.*, p. 22; *G.W.*, XIV, p. 435.
16. *Ibid.*, p. 28; *G.W.*, XIV, p. 440.

du terme grec : l'anankê n'est pas seulement le destin *(Schicksal)* et la nécessité *(Notwendigkeit, Not)*, elle est avant tout et surtout, chez Platon comme chez Parménide et les présocratiques, *Bindung*, concaténation et cohérence structurée du monde. De là découle son sens de pénurie *(Not)*, soit l'idée qu'il ne peut y avoir plus que le Tout et, chez Freud, que les velléités du principe de plaisir se heurtent à des bornes imposées par l'ordonnancement cosmique. *L'économie de Freud, avec sa notion fondamentale d'équilibre, est avant tout le Tout cosmique :* c'est dans ce cadre métaphysique général que vont s'insérer, comme on va le voir, diverses variantes idéologiques dont il assure au plus haut niveau l'unité.

Ce cadre est expressément *stoïcien* et c'est bien pourquoi Fromm, avec bien d'autres, n'a pas tort de parler du stoïcisme de Freud. L'idée qui est chez Freud la plus manifestement empruntée au stoïcisme, ou qui du moins retrouve l'enseignement des stoïciens à travers celui de la psychanalyse, est la définition négative du bonheur : « Ne nous étonnons point, dit le chapitre II de *Malaise*, si sous la pression des possibilités de souffrance, l'homme s'applique d'ordinaire à réduire ses prétentions au bonheur... et s'il s'estime heureux déjà d'avoir échappé au malheur et surmonté la souffrance. » Le bonheur, c'est la satisfaction modeste que procure l'accord avec le principe de réalité, c'est l'*aurea mediocritas* d'une vie conforme à la Nature, au Tout, à Anankê; c'est la *prudence* de Cicéron, qu'on retrouve dans cette phrase : « La satisfaction illimitée de tous les besoins se propose à nous avec insistance comme le mode de vie le plus séduisant, mais l'adopter serait faire passer le plaisir avant la prudence. » Ce qu'on pourrait appeler ici le coup de force métaphysique de Freud consiste à identifier l'ordre social comme *Bindung* à un ordre cosmique structuré et cohérent, organisé de telle sorte que ses composantes se tiennent dans un certain équilibre qui les proportionne les unes par rapport aux autres – idée d'une « sympathie universelle » que Marc Aurèle formulait ainsi : « Tous les êtres sont coordonnés ensemble, tous concourent à l'harmonie du même monde. » Aucune force particulière ne peut ni ne doit outrepasser le poids économique relatif qui lui revient dans la cohérence de l'ensemble : la civilisation est la réalisation et la recherche constante de cet équilibre. La vertu et le bonheur coïncideront pour autant que l'économie psychique individuelle sache retrouver en elle-même l'harmonie de l'économie universelle : l'homme, partie du cosmos, ne peut échapper au Tout, il possède seulement différentes façons de s'y insérer. Son choc avec le monde ressemble au heurt des atomes chez les stoïciens : leur course en est modifiée, sans que jamais ils puissent sortir du monde.

Si le monde est Un, il s'ensuit du reste qu'Éros et Anankê, les « parents de la civilisation », ne sont pas à proprement parler deux forces absolument opposées et antagoniques; elles ne s'opposent et ne se distinguent qu'au cours du *processus* d'adaptation de l'individu au principe de réalité. *Avant* (dans le narcissisme du sentiment océanique) l'Éros de l'individu ne se distingue pas du monde; c'est la naissance du moi quand l'individu cesse d'être un nourrisson qui met fin à cette absence de délimitation. *Après, si la civilisation réussissait,* Éros et Anankê devraient s'identifier à nouveau; mais en tout état de cause le principe de réalité est une modification du principe de plaisir : c'est Éros, contenu dans ses velléités anarchiques et mis au service de la civilisation. « Tu as subsisté comme partie d'un Tout. Tu t'absorberas dans l'être qui t'a produit, ou plutôt tu seras repris par sa puissance génératrice, en vertu d'un changement » (Marc Aurèle, IV, 14) : de même, chez Freud, l'individu est censé retrouver l'union avec le Tout à travers le principe de réalité.

A vrai dire, cet équilibre parfait est loin d'être réalisé et l'objet de *Malaise* est précisément de tenter d'éclairer les raisons de son échec. L'adaptation névrose l'individu et retourne contre lui l'agressivité qu'elle lui interdit de tourner contre le dehors. Plus une civilisation se consolide et moins elle a besoin de s'affirmer contre les obstacles extérieurs, plus l'agressivité qu'elle mettait en œuvre contre ces obstacles se retourne contre l'individu. Pour fonder la civilisation, il faut en effet dans un premier temps inhiber l'instinct sexuel quant au but qui est le sien (génital et individuel) et détourner l'énergie d'Éros vers les tâches utiles à la communauté. Toutefois (chap. VI de *Malaise*) cette inhibition et ce détournement ne suffisent pas ; l'agressivité, ce « trait indestructible de la nature humaine [17] », doit elle aussi être inhibée et la civilisation a su trouver le moyen de l'utiliser elle aussi à ses fins : en l'intériorisant pour imposer à l'individu, par le sur-moi et la morale, de consacrer son Éros inhibé quant au but sexuel à l'amour sublimé de la communauté. Concourant apparemment à l'équilibre, cette introjection de l'agressivité se révèle cependant être un remède aussi dangereux que le mal : son dosage fait problème.

En ce point l'équilibre d'Anankê se dépasse dans l'affrontement sans fin de deux grandes catégories de pulsions : les pulsions de vie et les pulsions de mort, sous une double forme qui imprègne tout le phénomène de la civilisation. D'une part en effet l'Éros canalisé et adapté, devenu ciment social, est en butte aux résurgences constantes de l'agressivité qui menace l'équilibre du principe de réalité (de la civilisation établie) ; d'autre part, en chaque individu, se livre une lutte incertaine entre Éros (qu'il soit génital ou sublimé) et la pression destructrice de l'agressivité introjectée. Ces luttes n'ont pas de fin car elles sont intrinsèquement liées au mécanisme même de la civilisation. On peut seulement espérer – telle est la conclusion de *Malaise* – que l'individu saura trouver un équilibre de son économie libidinale individuelle et que la société, de son côté, saura *doser* l'ampleur du refoulement qu'elle impose.

Malaise dans la civilisation repense à sa façon le vieux débat de l'eudémonisme [18] et de la moralité. Dès que le moi hédonique primitif *(Lust-Ich)* se sent confronté à un « dehors » étranger et menaçant, il « assimile le principe de réalité qui doit dominer son évolution ultérieure [19] ». A l'élan spontané vers le plaisir la civilisation impose la nécessité d'un renoncement ou, à tout le moins, d'un report de la satisfaction qui fait dépendre la réalisation du bonheur d'un détour par la réalité civilisée. Ce détour fait non seulement surgir la nécessité d'une harmonie entre l'aspiration individuelle et le principe de réalité mais aussi la fonction du sur-moi – d'une instance morale qui réprime l'Éros individuel et assure son adaptation à la moralité

17. *Ibid.*, chap. v, p. 68 ; *G. W.*, XIV, p. 473.
18. Au sens kantien et négatif, non au sens antique.
19. *Malaise dans la civilisation*, chap. I, p. 9 ; *G. W.*, XIV, p. 425.

sociale. Si Freud dénonce la pure morale du devoir comme un *masochisme moral* [20], il ne lui reconnaît pas moins une fonction essentielle dans le processus civilisateur. Que la moralité soit *toujours* névrotique, c'est là l'origine de l'*inévitable* « malaise » d'une civilisation qui rend les hommes névrosés au fur et à mesure qu'elle les civilise – qui les névrose *pour* les civiliser. La moralité *(Moralität)*, le sur-moi, est l'opérateur de la cohésion sociale; celle-ci, *Sittlichkeit* ou *Bindung*, n'est autre, on l'a dit plus haut, que l'Anankê au sens grec du terme.

Cette *Bindung* se voudrait Tout organique. Mais la suppression-conservation, l'*Aufhebung* de l'individu dans la transformation de son principe de plaisir en principe de réalité, achoppe sur les effets pathologiques de la contention et d'un trop grand renoncement, elle ne parvient pas à assurer l'identité de l'identité et de la différence. Le vocabulaire hégélien auquel nous recourons pour saisir cet étrange destin de la civilisation, échec et réussite tout à la fois, totalité qui ne cesse d'être menacée par un irréconcilié, signale – et l'on y reviendra – l'horizon épistémologique sur lequel il faut comprendre *Malaise* et les parentés entre Freud et l'idéologie économique : cet horizon est celui des pensées prédialectiques critiquées par Hegel sous le nom de « philosophies de l'entendement ». L'utilisation du modèle physique ou mathématique, le recours au vocabulaire mathématique du dosage et au vocabulaire physique de l'équilibre traduisent *la décomposition d'une identité substantielle* ou plutôt le fait que la méthodologie mise en œuvre ne parvient pas à l'envisager. Les idéologies économiques dont nous trouverons l'écho chez Freud se situent pour une large part précisément en ce lieu : là où le calcul économique se transforme en une métaphysique et en une théorie de l'équilibre général tentant d'unir l'utilité individuelle et l'utilité collective.

Elles s'infiltrent par ailleurs à la faveur du naturalisme et du biologisme qui englobent en dernier recours chez Freud la théorie de la civilisation. A la fin de *Malaise dans la civilisation*, Freud présente le sentiment de culpabilité qui résulte de

20. « Le problème économique du masochisme », 1924, *G. W.*, XIII, p. 371 sq; *cf.* le chapitre VII de *Malaise*.

l'intériorisation de l'agressivité par le sur-moi comme l'expression « de la lutte éternelle entre l'Éros et l'instinct de destruction ou de mort » (chap. VII). Or, dans le cadre de la dernière théorie des pulsions, ce « combat de Titans » qui se déroule « au-dessus de l'humanité » caractérise non seulement « le processus culturel » et « le développement de l'individu », mais *le mystère de la vie organique en général.* L'antagonisme d'Éros et de la pulsion de mort est *l'économie même des phénomènes de la vie,* la tension sans laquelle la vie ne s'expliquerait pas. De la sorte, le « coup de force métaphysique » que semblait représenter l'affirmation d'un ordre cosmique (Anankê) trouve un fondement moins arbitraire dans l'ordre biologique sous l'égide duquel se déroule la réalisation de l'équilibre civilisé. L'économie freudienne renvoie en dernier recours à l'équilibre entre deux grands principes – Éros et les pulsions de mort –, dont dépend la vie de tout organisme vivant : « La vie des organismes présente une sorte de rythme alternant : un groupe d'instincts avance avec précipitation afin d'atteindre aussi rapidement que possible le but final de la vie; l'autre, après avoir atteint une certaine étape de ce chemin, revient en arrière pour recommencer la même course, en suivant le même trajet, ce qui a pour effet de prolonger la durée du voyage. » Au-delà du principe de plaisir, la compulsion de répétition, elle-même manifestation de la pulsion de mort, apparaît paradoxalement comme la force qui accomplit l'équilibre économique des deux grandes catégories d'instincts. La pensée économique de Freud trouve ainsi sa justification ultime dans une loi de la vie. C'est là ce qui fait dire à Marcuse que « le biologisme freudien est en profondeur une théorie sociale [21] ». Freud souligne dans la conclusion de *Malaise* que l'opposition de l'individu et de la société, la tension et la recherche d'un équilibre entre Éros et Anankê, *ne dérive pas* du conflit éternel entre Éros et la pulsion de mort. D'où l'espoir ambigu que le

21. *Éros et civilisation, op. cit.*, p. 17. La citation de Freud est tirée de « Au-delà du principe de plaisir », chap. V, in *Essais de psychanalyse*, Paris, Payot, 1968, p. 52; *G. W.*, XIII, p. 43. Noter qu'au chapitre VI de ce même texte Anankê est liée à la mort et définie comme « loi implacable de la nature » et « nécessité interne de la mort » (*op. cit.*, p. 56).

premier conflit peut être adouci, même si le second est irrémédiable. Hypothèse peu convaincante : il semble en effet que la civilisation ne puisse exister sans cette répression des tendances destructrices que constitue l'intériorisation de l'agressivité; en ce sens Éros et Anankê ne sauraient s'équilibrer que si Éros et la pulsion de mort se maintiennent pour leur part dans un rapport qui n'écourte pas la durée du voyage vers la mort [22]. Tout se passe donc comme si, sous l'égide des Titans en lutte, il existait néanmoins une sphère du destin maîtrisable par un dosage économique. Freud retrouve au passage la distinction entre Anankê et Moira, entre le destin qui dépend de nous et celui qui nous échappe absolument.

L'économie mathématique des besoins et des plaisirs

Dans la sphère qui dépend de nous l'harmonie peut être trouvée par une organisation économique des énergies individuelles. Anankê est l'ordre même de la nature, la nécessité *(Notwendigkeit)* qu'il convient de reconnaître. Cette notion de nécessité implique celle de *Not*, c'est-à-dire de pénurie. Il ne s'agit pas, on l'a vu, d'un manque qui pourrait être comblé *ad libitum* mais de l'idée que l'économie cosmique repose sur un équilibrc quantitatif dont on ne peut changer les proportions : personne ne peut ni ne doit revendiquer plus pour soi-même. L'ordre universel impose, pour qu'il y ait pour tous, que tous se limitent. Conçue comme pénurie, *Lebensnot*, Anankê est *une économie des besoins* [23], qui renvoie en tant que telle à toute une tradition de l'économie politique implicitement présente chez Freud, même s'il ne cite nommément aucun économiste. Selon Eric Fromm (« Le modèle de l'homme chez Freud et ses

22. Dans *Au-delà du principe de plaisir* la pulsion de mort n'apparaît jamais à l'état pur : « Ce à quoi nous avons affaire [ce sont] des alliages des deux pulsions en proportions variées. » Les instincts de vie (instincts de conservation et pulsions sexuelles) forment avec les instincts de mort des alliages qui fondent eux-mêmes les « phénomènes de la vie »; *Malaise...*, chap. VI, p. 74. Ou bien ces alliages se font au profit des instincts de vie, ou bien ils se font à leur détriment.

23. *Introduction à la psychanalyse*, Paris, Payot, 1965, p. 291; *G. W.*, XI, p. 322.

déterminantes sociologiques ») « ce principe de pénurie est caractéristique de la pensée des classes moyennes et rappelle Malthus, Benjamin Franklin ou un quelconque homme d'affaires du XIXe siècle ». La formulation plutôt vague de ces rapprochements signale la nature du phénomène : l'idéologie économique ne préside nullement à la construction freudienne mais se coule tout naturellement en elle au moment de son élargissement de théorie clinique en métaphysique. Faute de pouvoir montrer que Freud connaissait plus intensément que n'importe quel homme cultivé de son temps ces conceptions économiques, on est conduit à penser qu'il s'agit là d'une illustration flagrante du phénomène dit de « philosophie spontanée des savants ».

On peut toutefois repérer avec plus de précision les parentés, et il semble bien qu'elles relèvent essentiellement de *l'utilitarisme*. Dans la dernière théorie des pulsions les instincts du moi (qui visent l'autoconservation) et les instincts sexuels, que Freud avait opposés jusqu'en 1915, deviennent deux aspects des pulsions de vie. La faim et l'amour (cf. *Malaise*, chap. VI), le besoin matériel (auquel Freud réserve le terme *Bedürfnis* [24]) » et le besoin sexuel sont deux orientations prises par une même énergie libidinale. Dirigée dans l'un et l'autre cas vers la possession d'un objet (moyen de l'autoconservation ou de la jouissance sexuelle), l'aspiration de l'individu au bonheur rejoint chez Freud une perspective utilitariste. Anankê détermine alors la mesure dans laquelle ce *principe d'utilité* peut s'affirmer.

A vrai dire, si le rapprochement se limitait à ce principe, à la fois très ancien et très général, des économies politiques bourgeoises, la piste ne nous mènerait guère plus loin que la citation de Fromm. Mais on trouve chez Freud des analogies manifestes avec des théories précises de l'utilitarisme et, notamment avec l'œuvre de John Stuart Mill. Nulle part Freud ne cite les moralistes utilitaristes [25]; pourtant, il est frappant

24. *Cf.* « Psychanalyse » et « Théorie de la libido », 1923, *G. W.*, XIII.

25. A ma connaissance et selon le *Gesamtregister* de l'édition Imago. Fromm dit dans *La Crise de la psychanalyse* (*op. cit.*, p. 75) que Freud admirait profondément Mill.

que les premiers chapitres de *Malaise* paraphrasent Stuart Mill, non seulement en affirmant que la tendance fondamentale de la nature humaine est la recherche du bonheur, mais surtout en énumérant les *moyens* d'y parvenir et en retenant comme critère de ces moyens *l'exemption de douleur*. Pour Stuart Mill *(L'Utilitarisme)* l'expérience montre que la seule chose que les hommes désirent est le bonheur, toutes les autres n'étant désirées que pour atteindre cette fin. Le fondement de la morale est donc « l'utilité ou principe du plus grand bonheur ». De même pour Freud « on n'a guère de chance de se tromper (en disant que les hommes) tendent au bonheur; les hommes veulent être heureux et le rester. Cette aspiration a deux faces, un but négatif et un but positif : d'un côté éviter douleur et privation de joie, de l'autre rechercher de fortes jouissances ».

Fromm n'hésite pas à franchir un pas de plus : chez Freud la sexualité « est conçue comme l'utilisation de la femme par l'homme afin qu'il puisse satisfaire sa faim sexuelle, qui est produite chimiquement. Si Marx avait connu la théorie freudienne, il l'aurait critiquée comme le type même de théorie bourgeoise fondée sur l'utilisation et l'exploitation ». De fait, les pulsions sexuelles étant par définition dirigées vers un *objet*, l'amour vise nécessairement à utiliser l'objet extérieur pour satisfaire la pulsion [26]. Comme dans l'économie politique *la valeur de l'objet est déterminée par son utilité*. Freud moraliste utilise cette conception pour critiquer les morales de l'amour désintéressé : « Tu aimeras ton prochain comme toi-même... En y regardant de plus près [...] non seulement cet étranger n'est en général pas digne d'amour, mais, pour être sincère, je dois reconnaître qu'il a plus souvent droit à mon hostilité et même à ma haine... Quand cela lui est *utile*, il n'hésite pas à me nuire; il

26. On retrouve évidemment la même idée au niveau des pulsions d'autoconservation. Dans le cadre de son premier dualisme (pulsions sexuelles/pulsions du moi) Freud utilisait pour désigner l'énergie des pulsions d'autoconservation le terme d'*intérêt* ou d'intérêt du moi. Ce terme se maintiendra et dans l'*Introduction du narcissisme* (1914), Freud distinguera l'égoïsme du narcissisme (prépondérance de la libido du moi ou investissement du moi par les pulsions sexuelles qui se concentrent sur lui, tandis que l'égoïsme est seulement la prépondérance des pulsions du moi). Ces réflexions sont autant de précisions esquissant une *morale de l'intérêt*.

ne se demande même pas si l'importance de son *profit* correspond à la grandeur du tort qu'il me cause. Pis encore : même sans *profit*, pourvu qu'il y trouve un plaisir quelconque, il ne se fait aucun scrupule de me railler, de me calomnier, de m'offenser [27]... » Le plaisir devient en somme une forme du profit, quoique non matérielle. Du reste, la conclusion de Freud suggère une morale reposant sur un *échange équitable :* « Certes, si le sublime commandement était ainsi formulé : " Aime ton prochain comme il t'aime lui-même ", je n'aurais rien à redire [28]. »

Il *semble* oublier que les utilitaristes et Stuart Mill le premier ont cherché à établir inductivement l'identité de l'utilité individuelle et de l'utilité sociale : le vrai bonheur n'est pas celui de l'intéressé mais celui de tous. Stuart Mill se réclame même de... Jésus – que Freud traite ici de façon plutôt désinvolte dans sa critique de l'amour du prochain : « Dans la règle d'or de Jésus de Nazareth se trouve l'esprit complet de la morale utilitaire. » Le vrai critère utilitariste du Bien est donc « ce qui est important pour le bonheur général », ou, si l'on veut, ce qui est *socialement utile.* A ce titre la vertu désintéressée elle-même a un intérêt : rien ne rend l'individu plus bienfaisant et rien n'est donc plus utile. Freud, cependant, n'a certes pas retenu uniquement l'aspect le plus populaire et le plus vulgaire de l'utilitarisme; le contexte du chapitre V de *Malaise* suffit à le prouver. Car ce qui est en jeu dans cette critique de l'amour du prochain, c'est en réalité la mobilisation de la libido inhibée quant au but sexuel « afin de renforcer le lien social par des relations amicales ». Pour lui aussi l'utilité de l'individu n'est que le premier niveau du raisonnement : celui du principe de plaisir qui ne peut en fait échapper à la pression du monde extérieur et doit se transformer « en ce principe plus modeste qu'est celui de la réalité » (chap. II). C'est au sein d'Anankê que l'utilité trouve sa véritable mesure : l'exemption de douleur et la modération à laquelle est contrainte l'exigence de bonheur coïncident totalement avec l'utilité sociale.

27. *Malaise dans la civilisation*, chap. V, p. 62 sq; *G. W.*, XIV, p. 469. C'est nous qui soulignons.
28. *Ibid.*, chap. V, p. 63; *G. W.*, XIV, p. 469.

L'enrôlement d'Éros au service de la civilisation est la voie royale de cette unité sociale. Comme la vertu désintéressée chez Stuart Mill, les différents *moyens* utilisés par l'homme pour supporter le principe de réalité, c'est-à-dire les différentes modifications du principe de plaisir, seront récupérés dans le sens de l'utilité sociale – mises à part l'attitude de l'ascète et l'intoxication (chap. II). Les sublimations font partie des piliers essentiels de la civilisation. Dans ce chapitre II de *Malaise*, Freud situe même la religion sur un pied d'égalité avec l'art : la sublimation qu'elle représente tant qu'elle apporte une consolation et assigne à la vie un but dans l'au-delà est socialement utile; il est vrai qu'elle occupe une place à part dans la série des « satisfactions substitutives » puisqu'elle peut aussi, en tant que délire collectif, déboucher sur la volonté paranoïaque de corriger le monde. Enfin, l'instance même qui impose à l'homme de refréner son désir irraisonné de bonheur, le sur-moi, se révèle, par exemple dans les morales du type de la morale kantienne du devoir, comme un mécanisme *socialement utile*. La valeur des sublimations et du sur-moi se mesure non point à leur désintéressement et à la pureté de leurs intentions mais à leur qualité de *moyens* visant une *fin*, à leur fonction de domestication de l'individu.

Il ne pouvait échapper à Freud que le sur-moi, reproduisant les commandements et les défenses du père (ou du sur-moi du père), est *socialement conditionné*. « Le sur-moi, dit Fromm, n'est que le mode personnalisé des normes sociales » – ce qui conduit, en principe, à une « relativisation de toutes les normes sociales »; mais, en fait, le sur-moi apparaît, dès lors que la civilisation est tenue pour nécessaire et inéluctable, comme un gigantesque mécanisme de reproduction des normes morales établies [29]. Bien qu'il éclaire dans *Malaise* la véritable nature du sur-moi, l'attitude de Freud à son égard est logiquement conservatrice. Que l'on parvienne en revanche à montrer que la reproduction des valeurs morales établies par le sur-moi s'affaiblit et l'on ouvrira une brèche dans la nature inévitablement répressive et névrosante de la civilisation : c'est ce que

29. FROMM (E.), *op. cit.*, p. 73.

suggèrent dès les années 30 les études sur l'autorité et la famille issues de l'Institut de Recherches sociales de Francfort, dont Marcuse reprend le fil dans « Le Vieillissement de la psychanalyse » (1963) à la lumière des transformations de la société du capitalisme avancé et de son évolution vers la « société sans pères ». Toute la question n'en est pas moins de savoir jusqu'où les forces d'intégration peuvent aller dans leur affaiblissement sans que la civilisation retombe dans la barbarie : tel était l'enjeu de *Malaise* et tel est, pour une large part, l'objet de la polémique entre Fromm et Marcuse.

On peut montrer, plus radicalement, que la recherche même du bonheur dans l'utilité individuelle est, paradoxalement, le mode selon lequel s'accomplit le passage au principe de réalité. Les pulsions du moi, en tant qu'elles ne peuvent se satisfaire que d'un objet réel, effectuent très vite ce passage – plus rapidement en tout cas que les pulsions sexuelles, qui peuvent, elles, se satisfaire sur un mode fantasmatique et errer du même coup plus longtemps dans l'ordre d'un principe de plaisir opposé au principe de réalité. Pour les pulsions d'autoconservation (du moi), les voies sont préformées et l'objet satisfaisant est d'emblée déterminé (la faim requiert la nourriture). Comme le montre bien la conception freudienne du choix d'objet par étayage (qui fonde dans les *Trois essais* de 1905 l'opposition entre pulsions sexuelles et pulsions du moi), ce sont même les pulsions du moi qui, d'abord, indiquent à la sexualité la voie de l'objet : les pulsions sexuelles s'étayent sur les fonctions vitales, qui leur fournissent une source organique, une direction et un objet. Le fait que cette opposition, propre à la « première topique », entre pulsions sexuelles et pulsions du moi disparaisse dans la dernière théorie des pulsions ne changera rien à l'idée que les pulsions visent un objet et qu'elles accomplissent par là même leur rencontre avec le monde [30]. Et c'est précisément ainsi que la poursuite de l'utilité tend de soi-même à la reconnaissance d'Anankê. L'utilité est un *lien* entre l'homme et le monde qui débouche non seulement sur l'exploitation du monde mais sur l'adaptation à l'ordre écono-

30. Cf. *supra*.

mique d'Anankê. Par l'économie – l'activité qui s'empare du monde afin de satisfaire des besoins – l'homme accède à l'économie cosmique.

Il y a là chez Freud une thèse anthropologique capitale : le « vrai » besoin coïncide avec la *Lebensnot*; il s'insère juste à sa place dans l'ordre de la pénurie. Tout ce qui prétend aller au-delà apparaît comme un *faux besoin.* Ce qui est utile est ce qui est bon dans l'optique du tout économique de l'univers : idée stoïcienne qui vient auréoler d'une garantie métaphysique le principe bourgeois de l'utilité [31]. Non seulement Freud retrouve et admet l'idéologie de son époque, mais les voies par lesquelles il la retrouve la transfigurent en métaphysique et la rendent apparemment indépassable.

La thèse générale des rapports entre l'individu et la civilisation, l'économie psychique individuelle et la socialisation par la répression, n'est pas enfin sans évoquer l'un des premiers représentants de l'utilitarisme : Bentham. Les perspectives sceptiques par lesquelles se termine *Malaise,* l'idée d'une juste mesure entre le renoncement et la satisfaction, rappellent incontestablement l'idée de Bentham selon laquelle la société doit calculer les plaisirs et les peines : afin de maintenir l'ordre, elle peut certes infliger des peines, mais doit aussi les calculer scientifiquement de façon que la somme des plaisirs et du bonheur soit portée à son maximum et la somme des peines limitée à un minimum. La civilisation selon Freud, cette réussite doublée d'un échec, ce Bien inévitablement accompagné d'un Mal, suggère un tel « calcul des plaisirs », un dosage économique assurant qu'il ne sera pas exigé plus de renoncement qu'il n'est utile. Le principe d'utilité de Bentham (*Principes de morale et de législation,* 1789) réapparaît chez Freud avec son sens précis d'équilibre et de *rapport* – et nous allons voir en conclusion qu'il faut prendre ce terme au sens du mauvais rapport que les philosophies de l'enten-

31. « Les stoïciens, à partir des notions qu'ils appellent communes, définissent ainsi le Bien : " Le Bien est l'utile (ωφέλεια) ou ce qui n'est pas différent de l'utile " » dit Sextus Empiricus (*Adv. math.*, XI, *Contre les moralistes,* III, pp. 22-28). Sextus Empiricus parle ici des vertus et des actions bonnes, c'est-à-dire de l'utilité collective.

dement établissent, selon Hegel, pour surmonter les dualismes.

Il reste donc que Freud souscrit globalement aux thèses de l'économie politique utilitariste et qu'il en partage, du reste, la méthodologie : celle de la science mathématique et de la physique. La notion de *dosage*, qui sous-tend la reconstruction du processus civilisateur et sert de conclusion pratique au *Malaise dans la civilisation*, en est le signe le plus flagrant. Le bonheur, « problème d'économie psychique individuelle » (chap. II), est un calcul des quotas de jouissance et de renoncement. Certes, on ne saurait ignorer la transformation *qualitative* que subit Éros en se civilisant et en se sublimant. Mais cette *énergie psychique* (soit, à côté de la topique et de la dynamique elle aussi régie par le modèle de la science physique, le point de vue économique) est une donnée quantitative dont la réalisation, pour l'intérêt du moi et la libido d'objet, donne lieu à une *mathématique des plaisirs*.

Le raisonnement qui porte tout le *Malaise* et selon lequel les choses sont ainsi parce qu'il faut qu'elles soient ainsi relève d'une pensée opérant en fonction de deux dimensions : l'apparence et l'essence. Freud transgresse l'apparence (chap. I : « On ne peut se défendre de l'impression que les hommes se trompent généralement dans leurs évaluations... »), mais vers l'essence : « Le moment est venu de considérer l'essence de cette civilisation » (chap. III, avec lequel commence en effet l'exposé du processus civilisateur).

On pense à la critique que fit Marx des économistes classiques expliquant *le travail* par l'essence du travail et à la critique que Hegel fit avant lui des « philosophies de l'entendement ». Il est à peine nécessaire de développer ici l'importance de la notion de travail dans l'économie freudienne : elle est, à côté de l'utilité et d'Anankê, le troisième concept de l'économie politique freudienne. D'abord au titre d'instrument de l'utilité : le travail, on l'a souligné au passage, conquiert la nature et semble apporter « un gain positif de plaisir, un accroissement sans équivoque de mon sentiment de bonheur » (chap. III). Mais il n'est qu'un outil ou, si l'on veut, un préalable : « La domination de la nature n'est pas la seule condition du bonheur », même si les progrès techniques ne sont pas « dénués de valeur pour l' " économie " de notre bonheur » (les guillemets sont de Freud et justifient au fond toute notre démarche). Le travail porte l'homme vers le monde et c'est alors, précisément, qu'il fait l'expérience des limites de cette conquête. L'Hybris technique se heurte, en tant qu'outil du principe de plaisir, à Anankê. Le travail ne fait donc que provoquer la rencontre avec la pénurie. Par ailleurs « aucune autre technique de conduite vitale n'attache l'individu plus solidement à la réalité que l'accentuation du travail, qui l'incorpore au moins à une partie de la réalité, à la communauté humaine » (chap. II), et Freud est bien l'un de ces « apologistes du travail » dont parle Nietzsche dans *Aurore* (chap. III, §, 173). Mais on aurait tort de voir dans le travail le moteur décisif de la civilisation. Celle-ci, et son « essence », ne se dévoile qu'après la rencontre avec le principe de réalité qu'il provoque : il n'est que l'instrument du passage de l'utilité individuelle à l'utilité collective; cette dernière une fois reconnue, au sein du principe de réalité, le travail se présente sous deux aspects : d'une part « moteur sublimant de la *Kultur* » liant l'individu au destin collectif et mettant son énergie au service du bien de tous, d'autre part et pour cette raison même comme une répartition des valeurs produites – des objets de satisfaction – selon la pénurie générale, économie cosmique qui se substitue chez Freud à l'idée d'une organisation sociale de la production et d'une répartition correspondante des valeurs d'usage. Soumis à l'ordre métaphysique d'Anankê, ce double aspect du travail est lui-même considéré comme inévitable : fait second, il passe néanmoins pour essentiel. Derrière lui, nous découvrons l'économie cosmique d'Anankê qui *conditionne* notre existence : l'idée d'un monde où toutes les choses, se conditionnant les unes les autres, forment une totalité. Raisonnement caractéristique des « philosophies de l'entendement » dont Hegel démonte le mécanisme dans sa *Logique de l'essence.*

Certes, au niveau du psychisme individuel, Freud conçoit que les choses puissent changer; mais à l'échelle de la civilisation tout entière règnent des lois éternelles et immuables. Le rapport entre le principe de plaisir et Anankê d'une part, la répression de l'agressivité de la pulsion de mort d'autre part sont affaire de dosage, mais il n'est possible ni de transgresser Anankê, ni de mettre fin au combat éternel d'Éros et de la pulsion de mort, parce que cette lutte n'est autre que le phénomène même de la vie. Le futur de la réconciliation est étranger à cette philosophie de la vie. Dans ce contexte, si les deux conflits ne dérivent pas l'un de l'autre, ils se rejoignent pourtant dans l'idée de dosage, et l'équilibre de l'individu, l'équilibre de la civilisation et l'équilibre de la vie sont autant de paramètres du calcul. Enfin, parce que la civilisation *utilise la pulsion de mort* pour établir son propre équilibre, la vie des civilisations se comprend elle-même, tout comme la vie des organismes individuels (ontogenèse), comme une résultante de l'affrontement d'Éros et de la pulsion de mort : Anankê, cette formulation métaphysique du principe de réalité, est fonction de la loi générale de la vie; c'est dans un naturalisme et un biologisme qui en sont le principe épistémologique que les théories économiques et sociales de Freud trouvent leur fondement ultime.

Freud et la société viennoise

Roland Jaccard

Comme il semble loin le temps où les philosophes qualifiaient la psychanalyse d'« obscénité scientifique », voire d'obscénité tout court, et où les historiens expliquaient la théorie de la libido par la sensualité bien connue des Viennois et le prétendu pansexualisme de Freud par la licence de sa vie privée.

Aujourd'hui, au contraire, tout ce qui touche à la vie et à l'œuvre du maître fait l'objet d'un culte discret et de gloses savantes. Mais rares sont les travaux qui s'interrogent sur ce que Freud doit à son temps, à sa culture et surtout à sa ville, Vienne, où il passa la plus grande partie de sa vie (soixante-dix-huit ans exactement). Plus encore, il semble que le génie de Freud – et l'accent exclusif mis sur celui-ci – ait progressivement éclipsé le génie de Vienne. Or, il convient de faire justice d'un stéréotype fort répandu, celui d'une Vienne fin de siècle, bourgeoise provinciale et hypocritement puritaine d'une part, valseuse et engloutissant des *Sachertorte* et des *Strudel,* de l'autre. La Vienne du temps de Freud, même s'il en méconnut l'aspect profondément novateur qui en faisait le berceau culturel de l'Europe, était celle de Gustav Mahler, de Schönberg et des dodécaphonistes, de Wittgenstein, de Trotski qui, durant les sept années précédant la Grande Guerre, y édita la *Pravda,* des austro-marxistes, de Schnitzler, de Hofmannsthal et plus tard, de Werfel ou de Rilke qui y habitèrent ou y firent de fréquents séjours...

Curieusement, Freud fut aveugle et sourd face à cette « révolution culturelle » viennoise; ainsi, Ernest Jones rapporte qu'un jour, ayant observé qu'il devait être passionnant de vivre dans une ville pleine d'idées nouvelles, Freud se leva d'un bond et répondit avec colère : « Voilà cinquante ans que je vis ici, mais quant aux idées nouvelles, je n'en ai jamais rencontré une seule! »

Freud ne manquait jamais une occasion de proclamer sa haine à l'égard de Vienne, haine d'une nature assez étrange, puisqu'il se montra toujours envers elle d'une rare, et presque excessive, fidélité.

Mais, quelle ville était Vienne, lorsque naquit Freud le 6 mai 1856, à Freiberg, en Moravie?

En 1856, l'Empire autrichien était encore sous le choc de la révolution de 1848 réprimée par l'armée. L'empereur François-Joseph, alors âgé de vingt-six ans, s'efforçait de contenir les militaires et d'asseoir son pouvoir personnel. C'est lui qui décida en 1857 de faire de Vienne la capitale moderne d'un grand empire – et la plus belle ville du monde. Sous son règne qui se prolongera jusqu'en 1916, date de sa mort, l'Autriche-Hongrie connaîtra un véritable âge d'or. En outre, à l'égard des juifs, la politique de François-Joseph est extrêmement libérale. En 1867, ils se voient reconnaître officiellement l'égalité des droits politiques, dont ils bénéficiaient en fait depuis une dizaine d'années. Les juifs affluent alors à Vienne, venant des diverses parties de la monarchie, ils affluent également en Autriche-Hongrie venant des régions voisines qui appartiennent à l'Empire russe. Les statistiques, à cet égard, sont éloquentes : la population juive viennoise passe de quelques centaines au début du XIXe siècle à 72 000 en 1880, 118 000 en 1890 et 147 000 en 1900. La ville, avec sa banlieue, compte alors à peu près un million d'habitants. L'antisémitisme qui se développera à partir de 1880 est encore à peu près inexistant. Précisons par ailleurs que l'antisémitisme, d'inspiration catholique et populaire, heurtait de front la politique du gouvernement et les sentiments personnels de l'empereur, choquait au plus haut point par son contenu bassement démagogique.

La famille Freud s'installe donc à Vienne en février 1860 dans le quartier à prédominance juive de Léopoldstadt. Sigmund Freud y acquerra toute sa formation intellectuelle, scientifique et morale. Pourtant, dès la période pré-analytique, il songe sérieusement à s'expatrier. Avec Martha Bernays, sa fiancée, il est tenté de se fixer en Angleterre. Il lui écrit : « Faut-il rester ici, Martha? Si la chose est possible, installons-nous là où la dignité humaine est plus respectée. Aucune idée ne me paraît plus déprimante que celle d'avoir un jour ma tombe au Centralfriedhof » (de fait, il ne l'a pas : c'est à Londres qu'il est enterré).

A Wilhelm Fliess, qui fut pendant des années son confident le plus intime, c'est de haine qu'il parle sans hésiter : « J'ai voué à Vienne une haine personnelle et, à l'inverse du géant Antée, je prends des forces nouvelles dès que je pose le pied hors de ma ville natale. » Freud dit ici *vaterstädtisch*, de la ville paternelle, or, n'étant pas né à Vienne, mais à Freiberg, on peut se demander avec Marthe Robert si Vienne ne pâtissait pas du reproche qu'il faisait à son père de s'y être installé et d'y avoir raté sa vie, alors qu'il garda toute sa vie pour Freiberg, associé à l'image de sa mère, le plus tendre des attachements. Derrière Vienne, *que* ou *qui* visait Freud ?

En outre, comme l'observe encore Marthe Robert, il y avait entre la ville et lui un manque total d'affinités, une opposition de goût et de tempérament. De caractère grave, austère de mœurs, porté, comme on le disait alors, à la neurasthénie, mettant au-dessus de tout le sens de la justice et la recherche de la vérité, les qualités viennoises traditionnelles n'avaient certes rien qui pût le séduire : l'insouciance, la musicalité, la Gemütlichkeit, le charme sous lequel la cité prestigieuse savait si bien masquer son anarchie, tout cela n'était à ses yeux qu'un décor dont l'envers lui paraissait d'autant plus sombre et menaçant qu'il voyait la scène en quelque sorte à distance, en intrus, en hôte à demi exclu, c'est-à-dire en juif.

En effet, dès 1890, l'antisémitisme, avec son cortège de bêtise, de mensonge et de cruauté, se déploie avec une violence accrue. Certes le gouvernement engage des poursuites judiciaires contre les meneurs. Certes, à chaque fois que des scandales antisémites éclatent, François-Joseph ne se fait pas faute d'exprimer son mécontentement (un soir qu'il était au théâtre et que le public avait entonné des couplets antisémites, il quitta la salle). Mais ni l'attitude de l'empereur – qui lui valut une extrême popularité dans les milieux juifs – ni les efforts honnêtes du gouvernement ne purent enrayer le mouvement. Karl Lüger, symbole de l'antisémitisme viennois, fut élu bourgmestre de la capitale. A trois reprises, l'empereur refusa d'entériner le vote. Enfin, en 1897, Lüger ayant été plébiscité une quatrième fois, il fallut bien ratifier la nomination de celui qui, sous le couvert du « socialisme chrétien », prêchait la haine du juif. Lüger resta maire et maître de la capitale jusqu'à sa mort, en 1910. Toutefois, comme le souligne Hanna Arendt dans son livre *Sur l'antisémitisme* (p. 106) : « L'antisémitisme (des chrétiens sociaux) fut sans conséquences pratiques. » Dans le cas de Freud, il contribua à le rejeter de la « majorité compacte » et à le familiariser de bonne heure avec le destin qui le plaçait dans l'opposition.

A cet égard, il est important de noter que presque tous les artistes, les écrivains, les penseurs, les savants dont le nom reste associé à la « Vienne 1900 » furent juifs – suffisamment intégrés à la vie sociale pour la renouveler mais non pour adhérer à ses valeurs –; une position conflictuelle, certes pour chacun, mais également privilégiée dans la mesure où la tentation de l'intégration étant constante, cela impliquait également qu'elle dût être vaincue pour préserver son identité. Et créer la psychanalyse, cette science juive, fut certainement pour Freud un moyen à la fois d'affirmer son identité culturelle, de porter un regard critique et désabusé sur les coulisses de la vie sociale et enfin – et c'est sans doute là son principal apport à la médecine – d'inventer un rôle nouveau pour le psychiatre : celui de représentant du patient. En effet, jusqu'alors on assignait au psychiatre deux fonctions qui sont encore largement acceptées, la première celle d'un agent de la société : le médecin des hôpitaux psychiatriques (d'État) qui, tout en ayant l'air de soigner son patient, protège en fait la société. La seconde consistait à être à la solde de tout le monde et de personne en particulier : un arbitre des conflits entre patient et famille, patient et employeur, etc. L' « allégeance » d'un tel psychiatre revient donc à qui le paye. Freud refusa ces deux rôles et, s'il leur en substitua un nouveau, c'est sans doute parce qu'il s'identifiait doublement au prétendu malade mental. Dans la personne souffrante – et souvent souffrante parce que victimisée – Freud se retrouvait, en tant que juif opprimé et névrosé, victime d'inhibitions. Et puis, dans la Vienne glorieuse de l'empereur François-Joseph, qui, sinon un juif, aurait pu s'identifier à des gens aussi indésirables que les malades mentaux ? En ce sens négatif, mais assurément décisif, c'est bien à Vienne que Freud doit malgré tout d'avoir découvert la psychanalyse.

Nul n'est jamais totalement original – et sous chaque mot d'un livre reposent d'autres livres, vastes bibliothèques imaginaires où viennent mourir et renaître nos fantasmes et nos expériences. Comme Freud l'écrit à Fliess en 1897 : « Ainsi reste-t-on toujours un enfant de son temps, même pour ce que l'on considère comme le plus intimement personnel. » Une étude historique détaillée corroborerait facilement ce point de vue : les idées psychanalytiques n'étaient point la seule création de Freud.

En effet, pratiquement tous les thèmes abordés – et parfois élucidés – par la psychanalyse sont alors dans l'air – traités aussi bien par des dramaturges – comme Wedekind ou Ibsen –, par des écrivains – comme J. P. Jacobsen, Arthur Schnitzler, A. Strindberg, C. F. Meyer ou les frères Goncourt –, par des philosophes – comme Schopenhauer, Nietzsche ou Hartmann –, par des chercheurs solitaires – comme Weininger, Kleinpaul ou Joseph Popper-Lynkeus, cet ingénieur autrichien, à la fois philosophe et écrivain qui, sans connaître *L'Interprétation des rêves* développa une théorie de la « censure du rêve » fort proche de celle de Freud. Disons que les artistes et les savants à la fin du XIXe siècle avaient grosso modo les mêmes données idéologiques et historiques que Freud : ils connaissaient beaucoup de choses sur l'hystérie et sur l'inconscient et leurs préoccupations tournaient autour des mêmes idées.

Prenons, pour illustrer cette thèse, l'exemple du linguiste autrichien Rudolf Kleinpaul. Nous savons que Freud le connaissait puisqu'en 1897 il recommande à son ami Fliess de se procurer *Die Lebendigen und die Toten* (« Les Vivants et les morts ») et que le même auteur se trouve mentionné dans une note de *L'Interprétation des rêves*. Or, en 1890, Kleinpaul a publié son œuvre principale : *Die Rätsel der Sprache* (« Les énigmes de la langue ») dans laquelle il se baptise interprète des mots, de même que Freud, dix ans plus tard, interprète des rêves. Et que cherche Kleinpaul? Il cherche à détecter des facteurs sexuels dans la vie spirituelle, c'est-à-dire, pour sa part, dans la langue. Ajoutons qu'il avait reçu des remontrances pour certains « éléments scabreux » de ses premiers livres, et il se défend dans la préface des *Rätsel der Sprache* d'une manière qui a dû plaire à Freud : « Toute interprétation réussie, écrit-il, doit être célébrée comme une victoire d'Œdipe, comme un coup de maître contre le sphinx de la langue, elle doit être chantée à Thèbes comme un nouveau regard vers l'intérieur, dans les secrets de l'âme populaire. Dans cette âme, le sublime et l'abject vivent proche l'un de l'autre – que signifie somme toute « sublime » et « abject »? Celui-ci (le peuple) est dominé par de gros besoins, des instincts puissants et de fortes passions, par des exigences de la nature et des organes génitaux – autour de cela, et de la nourriture, ainsi que de la boisson, se meut comme Schiller l'admet lui-même, la moitié du monde, pour ne pas dire le monde entier –, et les mythes les plus profonds et les symboles les plus importants y sont assujettis. »

Kleinpaul ne manquait pas une occasion de rendre compte des allusions sexuelles du langage. Les catalogues qu'il présente dans ce contexte ressemblent d'une manière frappante à la liste connue que Freud donne dans *L'Interprétation des rêves,* déterminant les symboles sexuels des rêves, et les exemples indiqués sont dans une large mesure les mêmes. Kleinpaul voulait, à la manière des psychanalystes, redécouvrir « les chemins sur lesquels toute l'humanité avait avancé dans les stades anciens de la civilisation » et il choisit de les trouver à travers le langage tandis que Freud choisit le rêve et les fantasmes des névrosés.

Pour quiconque étudie Vienne de la Belle Époque une des choses les plus frappantes est de voir combien la sexualité est omniprésente. Les résistances très vives auxquelles se heurtèrent Freud tiennent à mon sens beaucoup moins aux sujets qu'il aborde qu'au fait qu'il voulut les faire accepter – et se faire accepter du même coup – dans ce bastion du conservatisme bourgeois qu'étaient la société des médecins et l'Université. Or, curieusement, et c'est sur ce point que j'aimerais insister, Freud se tint constamment à l'écart des artistes, des écrivains, des philosophes qui, à Vienne, avaient entrepris comme lui de démythifier l'imaginaire social de leur temps et de renverser les tabous bourgeois. En un sens, parce qu'il était lui-même par bien des aspects l'image même du bourgeois austère, père de famille respectable, craintif devant la sexualité et les excès auxquels elle peut conduire. Sur ce Freud, les témoignages ne manquent pas, le plus récent étant celui de son propre fils, Martin Freud.

Mais plus important encore me semble le fait que Freud eut toujours à cœur de garder son identité de « scientifique ». Le rôle et le prestige du scientifique, et particulièrement du médecin, Freud n'envisagea jamais d'y renoncer, alors même qu'il reconnaissait que la psychanalyse appartient de droit à la psychologie. Il vaut la peine pour éclairer ce point de tracer un parallèle entre la vie et l'œuvre de Freud et celles d'un autre illustre Viennois : Arthur Schnitzler.

Comme Freud, Schnitzler était issu d'une famille juive qui avait rompu ses liens avec la religion de ses ancêtres. Il était né à Vienne le 15 mai 1862 (donc six ans après Freud). Son père, laryngologue réputé et professeur à l'université de Vienne, éditait une revue médicale et comptait dans sa clientèle des actrices et des chanteurs d'opéra. Le jeune Arthur marche sur les traces de son père et, de 1879 à 1890, sa formation et ses intérêts sont à peu près les mêmes que ceux de Freud; il se passionne pour l'hypnotisme et l'hystérie, suit les cours de psychiatrie de Meynert, commente les traductions de Charcot et de Bernheim faites par Freud. Il se rendra également auprès de Bernheim, à Nancy, où il étudiera l'hypnose. De retour à Vienne, et dans le cadre de la clinique paternelle, il entreprend de traiter par l'hypnose et la suggestion les malades atteints d'aphonie fonctionnelle, pratique à laquelle il consacre sa thèse (rappelons à ce propos que la thèse de Freud portait sur l'aphasie).

Passionné par la psychologie, et de plus en plus absorbé par la littérature et le théâtre, Arthur Schnitzler réduit progressivement sa clientèle. Il fréquente les cafés littéraires – particulièrement le café *Griensteidl* où se retrouvent Hermann Bahr, Beer-Hofman, Hugo von Hofmannstahl, Peter Altenberg et Karl Kraus – vit des liaisons passionnées et orageuses avec des actrices et, en 1893, publie l'histoire d'un jeune viveur de l'époque : *Anatol;* il fait dorénavant partie du « Jung Wien », c'est-à-dire de ce groupe d'artistes et d'écrivains qui seront à l'origine de l'extraordinaire rayonnement culturel de Vienne.

Or, Freud, bien sûr, connaît et admire Schnitzler, même s'il ne l'a pas encore rencontré. Il lui plaît de l'entendre affirmer bien haut à propos de l'antisémitisme : « Il est surprenant de voir parmi quels cochons nous vivons; et je pense toujours que cela doit frapper même les antisémites que l'antisémitisme – abstraction faite de tout autre élément – ait la force particulière de mettre en évidence les bassesses les plus fausses de la nature humaine et de les développer au maximum. »

Ce que Freud admire également, dans cette production littéraire officiellement mal vue, c'est justement ce qui horripilait les moralistes et les antisémites : à savoir, le franc-parler à propos des choses érotiques.

En 1898, paraît le drame de Schnitzler, *Paracelse,* qui tourne autour de l'hypnose. Freud le lut en mars de la même année, avant que *L'Interprétation des rêves* ne fût écrite, et il le commente en ces termes : « J'ai été surpris de voir combien un écrivain peut savoir de choses là-dessus. » On peut par ailleurs imaginer l'importance qu'il attache à ce que Schnitzler avait à cette époque à dire sur les rêves :

Et rappelle-toi que chaque nuit nous force
A descendre dans un monde inconnu,
Privés de notre force et richesse –
Car toute l'abondance et les acquisitions de la vie
Ne pèsent pas lourd devant les rêves qui nous
Trouvent sans volonté dans le sommeil.

Dans ce drame, Paracelse hypnotise Justina, la femme d'un riche citoyen de la ville, et dévoile ce qui se cache dans son inconscient. A côté du moi du plein jour, Schnitzler montre qu'existe un moi de la nuit qui apparaît dans les rêves et les désirs secrets, et qu'en conséquence nous ne devons pas nous sentir trop sûrs de nous sous la lumière du soleil :

Une bourrasque vint, qui pour un moment
Ouvrit violemment les portes de nos âmes –
Un regard nous y avons jeté. – C'est passé –
Et les portes de nos âmes se referment.
Mais ce que j'ai vu aujourd'hui me préviendra pour
Tous les temps d'être trop fier.

Il est intéressant, du point de vue chronologique, de noter que Schnitzler, dans son premier livre déjà, abordait le même thème. Anatol hypnotisait en effet sa maîtresse Cora pour savoir si elle lui était fidèle ou non. Et puis, au moment de poser la question décisive, il s'arrêtait par peur d'apprendre la vérité.

Freud comme Schnitzler réhabilitent la part inconsciente de l'homme. Et, durant toute sa vie, Freud suivra de près l'œuvre de son cadet. Jamais, pourtant, il ne cherchera à le fréquenter, alors même qu'il joue chaque samedi soir aux cartes avec le jeune frère d'Arthur, Julius Schnitzler, et que c'est le beau-frère de Schnitzler, Markus Hajck, qui l'opérera, en 1923, scandaleusement mal d'ailleurs, pour son cancer de la mâchoire.

En 1922, cependant, Freud enverra à Schnitzler une lettre où il lui confie : « Pourquoi, en vérité, n'ai-je jamais cherché à vous fréquenter et à avoir avec vous une conversation [...]. Je vais vous faire un aveu que vous aurez la bonté de garder pour vous par égard pour moi et de ne partager avec aucun ami ni aucun étranger [...]. Je pense que je vous ai évité par une sorte de crainte de rencontrer mon double. En me plongeant dans vos splendides créations, j'ai toujours cru y trouver, derrière l'apparence poétique, les hypothèses, les résultats et les intérêts que je savais être les miens [...] Votre sensibilité aux vérités de l'inconscient, de la nature pulsionnelle de l'homme, l'arrêt de vos pensées sur la polarité de l'amour et de la mort, tout cela éveillait en moi un étrange sentiment de familiarité... » Ce double, ce « frère jumeau psychique » que Freud redoutait de rencontrer, n'est-ce pas aussi l'image de Freud *écrivain* et *artiste,* une tentation permanente qu'il n'osa jamais assumer pleinement. Il est significatif, à cet égard, qu'il attendit également la fin de sa vie pour se lier à un autre écrivain juif, Richard Beer-Hofmann, dont il tenait les poèmes, les nouvelles et les pièces de théâtre, relativement peu nombreuses, pour des chefs-d'œuvre.

Parmi les disciples de Freud, celui qui sut le mieux concilier une grande sensibilité littéraire avec la psychanalyse comme approche de l'inconscient, c'est incontestablement Theodor Reik – qui fut d'ailleurs l'ami de Schnitzler, de Beer-Hofmann et des plus grands artistes viennois. Ses *Fragments d'une grande confession* constituent un document exceptionnel sur Vienne au début du siècle et *Écouter avec la troisième oreille* nous restitue, je crois, l'essence même du processus analytique. L'intérêt de l'œuvre de Theodor Reik tient d'une part à ce qu'il est allé plus loin que tout autre analyste, Freud y compris, sur la voie de l'auto-analyse et, d'autre part, à ce qu'il a toujours considéré la psychanalyse comme n'ayant rien à voir avec la médecine, ce qui l'a libéré de tout un héritage médical et psychiatrique dans lequel l'œuvre de Freud s'est trouvée malgré elle enchâssée.

Si Freud manifeste toujours une curiosité très vive pour la littérature et le théâtre, voire pour la lecture des journaux – il lisait chaque soir le *Neue Freie Presse* et était abonné à la *Fackel* de Karl Kraus –, il n'aimait pas la musique, et la jeune école viennoise de peinture – représentée essentiellement par Klimt, Schiele et Kokoschka – le laissait indifférent. On sait par ailleurs qu'il interdit à son fils Ernst de s'inscrire à l'école des Beaux-Arts; si ce dernier devint architecte, en revanche le petit-fils de Freud, Lucian Freud, peut-être par identification inconsciente au désir de son père, est devenu peintre.

Les années 1895-1900 voient la naissance à Vienne de l'Art

Nouveau. La fondation de la Wiener Secession, la parution de la revue *Ver Sacrum*, son organe, et la création des Wiener Werkstätle donnent brusquement à la ville qui somnolait dans la grisaille académique une place d'avant-garde dans l'élaboration collective d'un Art Nouveau. A ce mouvement sont associés les noms des architectes Otto Wagner, Joseph Hoffman, Adolf Loos et des peintres Gustav Klimt, Richard Gerstl, Egon Schiele et Oskar Kokoschka.

Or, même si Freud a ignoré cette « révolution esthétique » – en réaction contre le conservatisme de la peinture de genre et la peinture historique, comme la psychanalyse l'était à l'égard de la psychiatrie médicale et de la psychologie universitaire –, il ne fait aucun doute qu'elle participe d'un même esprit caractérisé par une remise en question des règles traditionnelles, des conventions morales, et par l'accent mis sur cet infaillible révélateur de nos rapports à autrui et à nous-mêmes : la sexualité. Comme l'écrit Alexandra Comini : « Si l'on considère l'atmosphère de névrose et d'indolence qui régnait alors dans la métropole autrichienne, déjà portée au point d'incandescence par le théâtre d'Arthur Schnitzler et les opéras de Richard Strauss, il n'est pas surprenant que Klimt et Freud aient attaché une telle importance à la sexualité comme au principal aspect de la vie et à son élément déterminant. »

Pourtant, si Freud découvre la sexualité à partir du symptôme de l'hystérie et du rêve, allant du manifeste au latent, Klimt lui, voyeur impénitent et puissante nature, travaille au contraire à traduire l'érotisme manifeste de sa vision du monde en un symbolisme où la sexualité est latente : chatoyante enveloppe de voluptueux ornements, dont on peut voir soit la stricte apparence, soit davantage, selon ce qui s'en reflète dans l'œil du spectateur.

Ajoutons que les peintres de la Sécession viennoise n'admettaient pas d'autre dogme que celui de la liberté créatrice et que leur devise était : « A chaque époque son art, à l'art sa liberté », devise que Hitler, en 1939, fit effacer du palais de la Sécession.

Freud ne rechercha jamais la compagnie des peintres ou des musiciens. S'il fallait risquer une explication à ce comportement d'évitement, je rappellerai volontiers que durant ses fiançailles il entra en rivalité avec deux hommes qui courtisaient également Martha : l'un, Max Meyer, était musicien; l'autre, Fritz Wahle, était peintre. Ce qui l'amena plus tard à écrire : « Je pense qu'une hostilité générale règne entre les artistes et les chercheurs plongés dans les détails d'un travail scientifique. Nous le savons, l'art donne aux premiers une clé leur permettant de pénétrer aisément dans les cœurs féminins, tandis que nous autres demeurons embarrassés devant cette étrange serrure, et sommes obligés de nous torturer l'esprit pour découvrir la clef qui convient. »

A défaut d'avoir jamais rencontré Klimt, Freud eut au moins la surprise de recevoir un jour en consultation le célèbre compositeur Gustav Mahler. Ernest Jones et Alma Mahler ayant relaté cet épisode peu connu de la vie des deux hommes, je la résumerai ici. En 1908, durant l'été, comme son ménage allait de plus en plus mal, Mahler télégraphia du Tyrol pour demander à Freud, qui passait alors ses vacances en Hollande, un rendez-vous. Freud détestait interrompre ses vacances pour quelque travail professionnel que ce fût, néanmoins, il ne crut pas pouvoir refuser une entrevue à un homme de la valeur de Mahler. Après bien des contretemps, signe selon Jones de la névrose obsessionnelle de la *folie du doute* du compositeur, Mahler finit par rencontrer Freud dans un hôtel de Leyde. Ils passèrent ensuite quatre heures à se promener dans les rues de la ville. Bien que Mahler n'eût aucune connaissance de la psychanalyse, Freud déclara qu'il n'avait jamais rencontré quelqu'un qui la comprît aussi vite. Au cours de leur conversation, Mahler se demanda pourquoi sa musique n'atteignait pas les plus hauts sommets de l'art. Les passages les plus grandioses, ceux qui étaient inspirés par les émotions les plus profondes, se trouvaient gâchés par l'intrusion de quelque mélodie banale. Pendant qu'ils déambulaient à travers les rues de Leyde, Mahler se rappela que, chaque fois qu'enfant il était témoin d'une scène de ménage particulièrement intolérable – et elles étaient fréquentes –, il s'enfuyait. Or un jour, après une dispute excessivement violente entre son père et sa mère, il sortit et, dans la rue, entendit un orgue de barbarie jouer l'air populaire viennois *« Ach, Du lieber Augustin »*. Mahler réalisa alors que le rapprochement entre un drame et un amusement léger s'était à tout jamais fixé dans son esprit et que l'un des états d'âme devait inévitablement entraîner l'apparition de l'autre.

Je ne m'étendrai pas ici sur la place que tenait – et que tient encore – la musique à Vienne, sinon pour rappeler les recherches révolutionnaires d'Arnold Schönberg, d'Alban Berg et d'Anton von Webern qui firent de Vienne la capitale mondiale de la musique moderne. Freud, on le sait, était totalement fermé à la musique et, comme le rappelle son fils Martin, « il ne permit jamais que l'on joue du piano (ni d'aucun autre instrument) dans l'appartement ».

Un homme encore symbolise Vienne à l'aube de ce siècle : Karl Kraus. Issu d'une famille juive aisée, celui qui fut « le plus viennois des journalistes viennois », commença par occuper le poste de satiriste de la *Neue Freie Presse* en 1898 – poste resté vacant pendant cinq ans faute d'avoir trouvé un rédacteur à la hauteur. Une année plus tard, à l'âge de vingt-quatre ans, il lance un bimensuel satirique : *Die Fackel* qui, pendant près de quarante ans, ravira ou exaspérera le public viennois. Polémiste d'une redoutable efficacité, Karl Kraus se jouait du style de chacun et la structure de ses phrases reflète ses défauts et les failles de son raisonnement. Très proche de son ami le philosophe Ludwig Wittgenstein, il postule un ordre du langage comme ultime référence pour un ordre de la réalité. Il aurait pu faire sien le célèbre aphorisme de Wittgenstein : « Les limites de mon langage signifient les limites de mon monde. »

Freud lisait *Die Fackel* et admirait Karl Kraus. Il lui écrit en janvier 1906 : « C'est sans aucun doute grâce à la concordance partielle entre vos conceptions et efforts et les miens que je retrouve comme d'habitude mon nom dans *Die Fackel*... » Et il est vrai que, dans un premier temps, Karl Kraus fut ouvert à la psychanalyse qui, comme lui, luttait contre l'hypocrisie générale. Il accueillit dans son journal des articles de psychanalystes. Progressivement, cependant, il mit l'accent sur les dangers de la vision psychanalytique et prit pour cible aussi bien la psychanalyse que la psychiatrie.

A l'origine de sa méfiance à l'égard de la psychanalyse se trouve Fritz Wittels, un jeune disciple de Freud, qui avait d'ailleurs collaboré à *Die Fackel.* Or, Wittels, dans une communication à la Société psychanalytique de Vienne, traça de Kraus un portrait psychologique d'où il ressortait que sa fébrile activité de polémiste était la conséquence d'une frustration œdipienne. Il avança à l'appui de sa thèse des arguments si simplistes que Freud en personne les contesta. Néanmoins, cet incident attira l'attention de Kraus sur les dangers de la psychanalyse. D'où sa fameuse imprécation : « Ces médecins des nerfs qui détruisent le génie à nos yeux en l'appelant pathologique, on devrait leur fracasser le crâne avec les œuvres complètes du génie en question [...]. On devrait écraser à coups de talon le visage de tous les rationalistes bienfaiteurs de " l'humanité normale ", qui rassurent les gens incapables d'apprécier les produits de l'esprit et de l'imagination. » Karl Kraus est également l'auteur d'une formule qui fit le tour du monde : « La psychanalyse est cette maladie de l'esprit dont elle se considère elle-même comme le remède. »

Il n'est pas possible de parler de Karl Kraus sans mentionner au moins Otto Weininger, son jeune ami. Otto Weininger, qui collabora également à *Die Fackel,* est l'auteur d'une somme antiféministe : *Sexe et caractère,* qu'il publia en 1903, à l'âge de vingt-trois ans, six mois avant de se suicider, et qui connut un succès sans précédent. C'est à travers *Sexe et caractère* que les premières théories freudiennes sur l'hystérie furent connues du public viennois, car Weininger y fait abondamment référence.

Si Kraus a une conception de la femme finalement très proche de celle de Nietzsche, à savoir un être enraciné dans la nature, dans le sexe, « une source originelle » à laquelle « la spiritualité masculine se renouvelle », Weininger, lui, est beaucoup plus radical : la femme n'a pas d'existence ontologique; elle est le négatif absolu de l'homme; sa seule nature est sexuelle – donc, du point de vue pascalien de Weininger, haïssable.

Or Freud a lu *Sexe et caractère*, il a rencontré son auteur qui s'inspire, sans le citer, des thèses sur la bisexualité de Wilhelm Fliess. Et, dans « Le petit Hans », il en parle comme d'un philosophe hautement doué, non sans ajouter que ce qui donne à l'homme ce sentiment de profonde supériorité sur les femmes – et sur les juifs – n'est autre que l'intégrité et l'intégralité de son pénis.

Sans entrer dans le fastidieux débat concernant la sexualité féminine, il me semble intéressant de relever, du seul point de vue historique, combien au début de ce siècle les femmes étaient considérées, même par les plus grands esprits, comme naturellement inférieures : de simples porteuses d'utérus. Leur « rôle » et leur « fonction » propre étaient le mariage et la maternité. Il était entendu qu'elles étaient biologiquement inférieures aux hommes sur le plan des aptitudes intellectuelles et des sentiments éthiques raffinés. Ce préjugé, Freud, bien sûr, le partageait – alors même qu'il avait traduit en allemand les œuvres d'un des rares auteurs féministes de l'époque : le philosophe anglais John Stuart Mill.

Au terme de cette trop brève promenade à travers Vienne 1900, je retiendrai essentiellement ceci : Freud fait partie d'un ensemble dont il ne peut pas être détaché – et qui touche à la fois à la philosophie, à la littérature, à la peinture et à la musique. Mais si sa création, la psychanalyse, a incontestablement sa spécificité et si elle reste marquée du sceau de son génie, on ne peut qu'être frappé par le désir de Freud de s'intégrer, de se faire admettre par la bourgeoisie médicale et universitaire de son temps. Non seulement, il s'est toujours tenu à l'écart de la « bohème viennoise », mais encore, bien que conscient de ses dons d'écrivain, il n'a jamais reconnu qu'une instance : la science. Or, la science, au début du siècle, c'étaient la physique et la chimie. Cette exigence de Freud, de même que sa volonté de participer au prestige du rôle médical, n'a pas manqué d'entraîner de nombreuses conséquences regrettables pour le développement de cette discipline, fondamentalement morale et psychologique, qu'est la psychanalyse.

Les grandes découvertes de la psychanalyse

Paul-Laurent ASSOUN

> **« Je ne suis ni un véritable homme de science ni un expérimentateur, ni un penseur, je ne suis qu'un *conquistador*, un explorateur, [...] avec toute la curiosité, l'audace et la ténacité qui caractérisent ce genre d'hommes. Généralement, on ne reconnaît de valeur à des gens que s'ils ont réussi, s'ils ont réellement découvert quelque chose : sinon, on les écarte. Et cela n'est pas entièrement injuste. »**
>
> S. FREUD, lettre à Wilhelm Fliess du 1er février 1900 [1].

INTRODUCTION

1. La découverte psychanalytique

L'apport de la psychanalyse ne saurait se réduire à un *catalogue* de découvertes. Freud inaugure en effet une démarche originale de recherche, dès lors inséparable de l'objet qu'il « découvre ». Ce serait donc fausser le sens de ses découvertes que de dissimuler l'originalité de la procédure derrière l'objet même qu'elle produit. C'est sans doute là le tort de nombreux exposés des acquis psychanalytiques, qui semblent désigner la psychanalyse comme une somme de notions, érigées dès lors en stéréotypes qui, sous prétexte de le nommer, dissimulent l'inédit freudien. Tels sont l'Inconscient, la Sexualité, le Complexe d'Œdipe... Ces maîtres mots, s'ils sont inséparables de la psychanalyse, doivent paradoxalement à leur célébrité de servir, en dernière instance, à dénier la rupture qu'introduit la psychanalyse. Les *dévulgariser* revient donc à leur rendre leur tranchant critique.

1. SCHUR (M.), *La Mort dans la vie de Freud*, trad. fr. B. Bost, Paris, Gallimard, 1975.

C'est pourquoi il nous faut réfléchir tout d'abord sur la notion même de découverte psychanalytique – réflexion préalable, qui intéresse d'emblée la nature du concept psychanalytique.

De quelle nature est donc la « découverte psychanalytique »? Découvrir suppose qu'il y a quelque chose qui existe en soi, et attend d'être dé-couvert, telle l'Amérique par Christophe Colomb. La psychanalyse investirait ainsi un monde d'objets ou de « réalités » *(realia)* recouvertes d'un voile que Freud aurait levé : au premier titre, l'inconscient et la sexualité.

A cette représentation en apparence naturelle, une première objection s'oppose : contrairement à la légende, il n'a jamais été tant question de ces deux « choses » qu'*avant* Freud, et dans la période où il est sur le point d'intervenir.

Pour ce qui est de l'*inconscient,* il faut rappeler que « vers 1870-1880, l'idée générale d'esprit inconscient était devenue une banalité en Europe [2] ». Sous l'influence d'Eduard von Hartmann notamment, dont la *Philosophie de l'inconscient* (1869) suscite un engouement exceptionnel pendant les années de formation de Freud, on devient particulièrement attentif au pouvoir de l'inconscient [3]. On ne saurait donc dire que Freud aurait levé le silence absolu en criant à la face du monde la nouvelle de l'existence de l'inconscient : si l'on s'en tenait à cette position, il faudrait refuser à Freud la « découverte » de l' « Inconscient ».

Pour ce qui est de la *sexualité,* il faut opérer le même rappel : dès avant la naissance de la psychanalyse, s'ouvre l'ère d'un discours qui donne droit au *fait sexuel* comme objet spécifique : ce n'est autre que la « sexologie ». Sous l'impulsion d'Havelock Hellis la sexualité est à proprement parler « découverte ».

2. Lancelot WHYTE, *L'Inconscient avant Freud,* Paris, Payot, 1971. On peut se référer à la généalogie patiente et au montage de citations relatif à l'inconscient qu'y présente l'auteur.

3. Lancelot Whyte évalue à 50 000 les lecteurs de cet ouvrage. Sur le rapport de la conception freudienne à la conception hartmannienne de l'inconscient, nous renvoyons à notre étude, *Freud, la philosophie et les philosophes,* Paris, P.U.F., 1976, pp. 35-36 et p. 190.

Pour se préparer à comprendre la véritable innovation de Freud, il convient donc paradoxalement de le déposséder du gain imaginaire qu'on lui attribue, en saisissant ce qu'il *n'*a *pas* découvert. Aussi cela nous permet-il d'entrevoir ce que n'est pas la psychanalyse : ni philosophie de l'inconscient, ni théorie du fait sexuel. Cela ne l'empêche pas de discourir de l'inconscient et de la sexualité, mais, il faudra en convenir, en un *tout autre sens*.

Une seconde objection, complémentaire de la première, s'oppose à cette notion naïve de « découverte » : depuis Freud, ce ne sont pas des réalités qui sont découvertes, ce sont plutôt les réalités qu'on croyait repérées qui sont problématisées. Comme si, depuis Freud, on ne savait plus où passe la frontière censée naturelle entre conscient et inconscient, entre sexuel et non sexuel [4]. Freud a brouillé les frontières, subverti les réalités : il nous a appris à nous déprendre de la croyance spontanée à des entités. Ce par quoi au moins s'annonce son originalité, c'est qu'il a troublé l'image que nous nous faisions des réalités : depuis Freud, nous savons que l'inconscient et la sexualité ne sont ni des faits, ni des principes, ni des fonctions. En ce sens, Freud a moins découvert que « recouvert ». Point chez lui d'hymne à l'inconscient (poético-métaphysique), ni de religion de la sexualité (biologisante). Freud n'est pas le Christophe Colomb d'une Amérique qui attendrait d'être nommée.

Peut-être alors serait-on mieux inspiré de le comparer à Champollion, découvreur, lui, d'un *monde de sens* [5]. Cela répond déjà mieux à ce dont il s'agit : *quelque chose qui parle*, depuis longtemps (le texte des hiéroglyphes) ou depuis toujours (le texte psychosexuel) et dont quelqu'un a trouvé le *code*. Non pas « réalité » donc, mais signifiant; qu'il ne s'agit pas de « découvrir », mais de voir, tout simplement. Soit un texte qui « crève les yeux » pour celui qui le lira, mais est capable de se taire pour qui n'a pas la clé.

4. Voir aussi le rapport au plus grand précurseur pour juger de la différence (*Freud et Nietzsche*, Paris, P.U.F., *passim*). Et voir en particulier infra, pp. 173-174.

5. Ce que justifierait l'intérêt particulier du fondateur de la psychanalyse pour l'égyptologie et les hiéroglyphes.

Cela nous permet au moins de nettoyer l'idée de « découverte » de sa connotation « abyssale » : ce que Freud va découvrir n'était caché qu'en un sens. Il n'attendait pas dans l'ombre d'être débusqué : il était sous les yeux de tous, impliqué dans le langage de chacun des sujets. En ce sens, Freud n'aurait pas découvert, mais désigné à chacun des « usagers » la présence de ce qui s'y notifie, inversant le mouvement étrange de l'inconscient, qui consiste à *dire*, tout en maintenant ce qui est dit dans l'*insu*. En ce sens, il a moins dé-couvert que *manifesté*, maintenant l'inconscient dans la pureté de ses manifestations, sans les entraver, « donnant à voir » ce qui est visible plutôt que caché. L'inconscient étant moins un « secret » qu'une manifestation qui rend aveugle d'être trop claire (image déjà œdipienne), Freud, on le voit, n'avait décidément pas à découvrir cette image, mais à inverser le mouvement qui tend à en détourner le regard, le rendant *lisible*.

C'est en ce sens, sans doute, qu'il dénie à plusieurs reprises, dans l'exposé de ses prétendues « découvertes », une véritable originalité, rappelant que ce qu'il affirme, on l'a « su » depuis toujours, sans, il est vrai, l'articuler par un savoir. Point là de fausse modestie, mais un avertissement à méditer pour saisir la signification de l'inédit analytique.

2. *De la découverte au découvrement*

Mais ce n'est pas à dire qu'il suffirait de désigner ce qui va de soi pour que cela se mette à exister : il y faut la médiation d'une investigation « scientifique » : Freud n'a cessé de revendiquer pour la psychanalyse le statut de science *(Naturwissenschaft)* [6], ce qui suppose d'élaborer un savoir en rupture avec l'apparence supposée connue. En ce sens, on peut dire par un effet de récurrence que l'on *aurait dû* se douter de ce que nous « révèle » la psychanalyse : ce que Freud découvre à l'humanité, elle *aurait dû* l'appréhender depuis longtemps! C'est sans doute

6. C'est ce qui nous accrédite à parler d' « épistémologie freudienne » (cf. notre *Introduction à l'épistémologie freudienne*, Paris, Payot, 1981, en particulier, sur ce point, pp. 7-13).

ce que lui-même veut signifier en déniant, sans fausse coquetterie, son originalité. Mais pour « se rendre à l'évidence », il faut paradoxalement surmonter la résistance au « nouveau »[7] et entamer une longue procédure de détour.

C'est donc en reconstituant cette procédure, par laquelle se découvre l'évidence paradoxale qui lie le sujet à son « insu », que l'on comprendra à la fois la nature de la découverte analytique et son contenu. Freud en personne nous avertit d'avoir à saisir le contenu analytique comme mouvement de découverte, comme lorsqu'il lance cet avertissement : toujours *dater* ses découvertes : « C'est justement ce que les critiques négligent : on dirait que pour eux l'analyse est tombée du Ciel ou sortie de l'Enfer, qu'elle est figée, tel un bloc de lave, et non pas construite à partir d'un ensemble de faits lentement et péniblement réunis au prix d'un travail méthodique[8]. » Nous aurons donc à retrouver, sous le « bloc de lave », le travail qui l'a ourdi, sachant que l'analyse n'est pas tombée du Ciel ni sortie de l'Enfer... même si elle suppose une « saison en enfer », celle-là même que Freud évoque quand il invoque l'Achéron, à défaut de pouvoir émouvoir les dieux supérieurs[9].

On doit remarquer que, très tôt, il y a chez Freud le goût de la recherche et la volonté de marquer son temps par une grande découverte. Sous la direction de ses maîtres de la faculté de Vienne Ernst Brücke et Meynert, c'est dans le domaine de la neurologie que s'oriente cette quête[10]; lors de « l'épisode de la cocaïne[11] » culmine cet espoir de la « grande découverte » qui semble « faire courir » Freud à l'origine. Ne fallait-il pas cet échec pour que lui soit imposée la nécessité d'explorer pour de

7. Cf. dans l'écrit sur les « Résistances à la psychanalyse » (1925) l'étude du « malaise » face au nouveau, dont Freud situe l'origine dans « la dépense psychique que le *nouveau* exige toujours de la vie mentale et l'incertitude, poussée jusqu'à l'attente anxieuse, qui l'accompagne ». Sur les racines de cette résistance, voir la conclusion du présent travail, infra, p. 198.

8. C'est un tel usage de la datation que nous ferons dans l'exposé qui suit.

9. Cf. l'épigraphe de la *Traumdeutung*, emprunté à l'Énéide de Virgile : *Flectere si nequeo Superos, Acheronta movebo.* Cf. l'explicitation de cette métaphore diabolique chez Freud, en particulier dans sa période la plus active de découverte, in BAKAN (David), *Freud et la mystique juive*, Paris, 1964, Payot, pp. 170-191.

10. Cf. *Introduction à l'épistémologie freudienne*, p. 99 sq.

11. Cf. les textes traduits sous le titre : *De la cocaïne*, Paris, Complexe, 1976.

bon une véritable *terra incognita,* balisée par nul autre explorateur ? Pour se préparer à comprendre la nature de la découverte freudienne, il faut en effet se représenter un être qui ne se contente pas d'explorer le premier un continent, mais en fonde l'existence même en instituant une sorte de loi nouvelle – quelque chose comme un Champollion combiné à un Solon ! C'est qu'il s'agit de repérer un problème là où personne n'en voit encore – donc, tel le nomothète, trouver des mots pour nommer ces choses nouvelles de façon à leur donner « force de loi ».

Il est remarquable que c'est à partir du moment où il doit renoncer à la recherche pour acquérir une profession, celle de médecin, que Freud entre dans la phase décisive où il va forger les conditions de sa propre découverte : l'expression devient surdéterminée si l'on rappelle que les grands acquis scientifiques interviendront dans le cadre de l'auto-analyse de Freud. Sans s'en douter, Freud devait en effet faire l'expérience d'un objet singulier qui ne peut être élucidé sans s'élucider dans son rapport à l'objet même !

Par ailleurs, le processus de découverte psychanalytique va se dérouler selon un enchaînement révélateur : tout se passe comme si Freud, tel un enquêteur, avait tiré sur un fil qui a emporté toute la couture, débusquant la structure de la psyché inconsciente. Chaque étape de ce processus va donc correspondre à un palier de l'investigation, imposant la progression au palier supérieur. Ce caractère de la découverte freudienne est essentiel à marquer pour saisir son mouvement propre : ni une chronologie des « trouvailles » ni un catalogue des acquis ne nous suffiraient pour restituer ce *mouvement de découvrement.* Il convient plutôt de comprendre avec précision comment chaque question, aperçue dans le matériel clinique, impose une question qui va donner lieu à un corps d'hypothèses définissant un certain moment de la théorie, avant que celui-ci s'ouvre à nouveau par un nouvel aperçu clinique qui impose un nouveau palier de théorisation.

Il faut comprendre d'emblée que ce mouvement est à la fois ouvert à la contingence de la découverte – ce qui donne au trajet de Freud son caractère aventurier passionnant –, et réglé selon la logique même de l'objectivité qui se déchiffre progressivement – ce qui lui donne son caractère de « rationalité » si remarquable dans la rigueur de production conceptuelle. Plutôt donc que d'énumérer les notions acquises, il va s'agir de situer l'incidence de chaque palier dans le processus d'avènement de la psychanalyse, correspondant à chacune de ces notions fondamentales. Corrélativement, la référence à l'historique de la découverte nous intéressera bien moins dans son aspect anecdotique que comme révélateur de l'*heuristique* freudienne.

Chaque grande découverte correspond donc à un nœud de la dialectique serrée entre clinique et théorie psychanalytiques : or chaque torsion ouvre un espace nouveau qui requiert à terme une nouvelle torsion, nommée à son tour par une nouvelle notion, étiquetée comme « découverte ». Nous aurons donc à reconstituer cette généalogie étonnante des découvertes, par laquelle s'exprime la fécondité inlassable du trajet freudien. Cette méthode a l'avantage d'épouser le mouvement même de découvrement dont les « grandes découvertes » ne sont que les niveaux successifs d'émergence. Elle limite du même coup légitimement le propos, l'essentiel n'étant pas d'exposer, comme à l'étal, la totalité du contenu découvert par Freud – qui remplirait au reste des volumes – mais de saisir avec précision l'essor d'un savoir et d'une pratique qui rend possible l'identification d'un contenu. Celui-ci pourrait foisonner : l'essentiel est de saisir ici par quel tranchant il se révèle.

La parole de Freud sur son propre projet et sa propre identification authentifie cette démarche. Dans une lettre de 1900 à Wilhelm Fliess, il se *définit* littéralement comme « découvreur » : « Je ne suis ni un véritable homme de science, ni un expérimentateur, ni un penseur (entendons : je ne suis pas *d'abord* cela), je ne suis qu'un *conquistador*, un explorateur, si tu préfères ce terme – avec toute la curiosité, l'audace et la ténacité qui caractérisent ce genre d'hommes [12]. » La conséquence est qu'il faut évaluer pragmatiquement le résultat, ce qui a été

12. *La Naissance de la psychanalyse,* chap. XXVII, p. 170 sq.

découvert – non pas s'attacher seulement à la cohérence de la pensée ni à la cohérence expérimentale : « Généralement, on ne reconnaît de valeur à ces gens que s'ils ont réussi, s'ils ont *réellement* découvert quelque chose : sinon, on les écarte. Et cela n'est pas entièrement injuste. » Par cette confession lucide, Freud s'expose bien à un bilan de ses acquis, y engageant sa légitimité, s'il est vrai que l'on juge un *conquistador* à ses conquêtes!

Cela est confirmé à l'autre bout du chemin, quand il s'excuse en quelque sorte, auprès de Romain Rolland, en 1926 : « Je voulais seulement explorer, découvrir, résoudre des problèmes, découvrir une parcelle de vérité [...] mais je ne me sens responsable ni en bien ni en mal d'aucun de ces résultats [13]. » Avis d'avoir à juger la psychanalyse ni comme philosophie, ni comme *Weltanschauung* [14] mais sur la « parcelle de vérité » qu'elle a produite.

Cela suppose une personnalisation de la recherche, qui associe de façon insistante le nom propre de Freud à la psychanalyse, comme celui du découvreur à son monde de découverte. Ce n'est pas par simple romantisme que Freud notifie si souvent la solitude de sa recherche. S'opposant à Einstein, ne dit-il pas qu'il « a profité du soutien d'une longue série de prédécesseurs, à commencer par Newton », alors que lui, Freud, a « dû [s']ouvrir un chemin seul et pas à pas à travers une jungle enchevêtrée [15] » (encore l'image de l'explorateur). Cela vaut comme excuse autant que comme revendication : « Il n'est pas étonnant que mon sentier ne soit pas bien large et que je n'aie pu aller bien loin. » Cette voie étroite voue le découvreur à la solitude, voire au narcissisme, car tout ce qui vient de l'extérieur doit être obstinément intégré à son propre cocon. C'est en ce sens que Freud confie : « Il ne m'est pas facile d'entrer dans les démarches de pensée des autres; je dois en général attendre d'avoir opéré la jonction avec elles en suivant

13. In *Correspondance,* Gallimard : lettre à R. Rolland du 13 mai 1926.

14. Cf. La récusation de toute vision du monde totalisante par Freud (in *Freud, la philosophie et les philosophies,* p. 45 sq.).

15. Lettre à Marie Bonaparte du 11 janvier 1927, citée par Jones (E.), *La Vie et l'œuvre de Sigmund Freud,* Paris, P.U.F., 1958-1969.

les méandres de ma propre voie [16]. » Voilà qui lie la psychanalyse à Freud, à l'origine, de façon intime. Ce qui oblige, en dépit de toute orthodoxie, de se re-sourcer au mouvement de découvrement associé au nom de Freud pour re-découvrir... la psychanalyse elle-même.

Il est vrai que ce retour sans cesse nécessaire à l'origine se révèle récurremment prospectif : Freud lui-même l'entend ainsi, vers la fin de son propre trajet : « Jetant un regard en arrière sur la part de travail qu'il me fut donné d'accomplir dans ma vie, je puis dire que j'ai ouvert beaucoup de voies et donné bien des impulsions qui pourront aboutir à quelque chose dans l'avenir. » Ajoutant : « Je ne puis moi-même savoir si ce quelque chose sera beaucoup ou peu [17]. » C'est en refaisant le chemin, à rebours, que le voyageur, un demi-siècle après, ramassant les cailloux semés par Freud, pourra juger et peser ce « quelque chose » qu'il a légué comme un héritage toujours vivant, donc toujours à solder.

3. *Les dimensions de la découverte psychanalytique*

Au point de départ, l'acception du mot « psychanalyse » peut nous aider à appréhender le contenu *psychanalytique* du genre de découvertes qu'a promues Freud. C'est au terme d'une longue période de recherche, en 1922, qu'il fournit la définition la plus complète du terme *Psychoanalyse,* introduit en 1896 [18].

« Psychanalyse est le nom :

1° D'un procédé pour l'investigation de processus mentaux à peu près inaccessibles autrement;

16. Cette confidence se trouve dans la circulaire aux membres du comité, adressée sous forme de lettre en date du 15 février 1924 (in *Correspondance avec Karl Abraham,* Paris, Gallimard, 1969, p. 351).

17. « Psychanalyse et médecine », in *Ma vie et la psychanalyse,* trad. M. Bonaparte, Paris, Gallimard, 1968.

18. Le terme « psychanalyse » figure en effet pour la première fois dans *L'Hérédité et l'étiologie des névroses,* texte publié en français en 1896 ; et en allemand, la même année, dans les *Nouvelles observations sur les psychonévroses de défense.* Sur le sens du triomphe de ce label à cette date précise, voir *supra*, p. 96.

2° D'une méthode fondée sur cette investigation pour le traitement de désordres névrotiques;

3° D'une série de conceptions psychologiques acquises par ce moyen et qui s'accroissent ensemble pour former progressivement une nouvelle discipline scientifique [19]. »

Ainsi, la psychanalyse se présente d'abord comme une « investigation » des processus inconscients; corrélativement, comme un certain type de thérapeutique, centrée sur les névroses; enfin – comme si l'on allait du particulier au général – elle se revendique, à terme, comme une théorie de la psyché, *scientifique*.

Cela atteste le souci de Freud de distinguer les plans où intervient la psychanalyse – comme un avertissement d'avoir à les distinguer. C'est à chacun de ces niveaux qu'on peut juger l'apport de la psychanalyse : on se gardera, corrélativement, de la réduire à l'un de ces aspects. On devra donc, suivant les indications de Freud lui-même, rendre compte des découvertes dans ce triple domaine : investigation de l'inconscient, thérapeutique corrélative, conception psychologique globale.

Mais ce n'est nullement à dire qu'il y aurait trois sortes de découvertes, répartissables selon ces catégories : cela reviendrait à méconnaître que la psychanalyse a justement pour effet majeur de nouer étroitement la méthode d'investigation de l'inconscient, l'intervention thérapeutique et la systématisation conceptuelle. Freud nous désigne donc moins des « parties » de la « chose psychanalytique » que des « moments » logiques d'une exigence fondamentale. Par ailleurs, ces rubriques, distingables de façon didactique et utile, ne doivent pas faire méconnaître justement le processus de découverte qui anime la thématique et relie les divers plans où elle s'exprime.

Freud le signifie bien quand il définit la psychanalyse comme « une série de conceptions psychologiques [...] qui s'accroissent ensemble » – posant l'idéal régulateur de scientificité comme terme d'un processus de découverte, et en quelque sorte une « récompense » de la recherche : la progressivité est donc un caractère essentiel. Mais cette progression ne peut

19. « Psychanalyse » et « Théorie de la libido », *G.W.*, XIII, p. 211.

s'alimenter qu'à la source intarissable de la clinique et de l'expérience : c'est en « fréquentant » les processus inconscients, par la connaissance et le traitement, que prend forme le savoir psychanalytique. Par là, on le devine, il peut rendre compte de phénomènes qui ne se limitent pas aux névroses, mais à l'ensemble de la psyché humaine [20], sans jamais perdre la source où elle s'alimente. Freud tient de Goethe, qu'il admire, que toute théorie devient grise loin des verdeurs sans cesse renouvelées de l'expérience.

Nous retiendrons donc ces trois « dimensions » comme ce qui permet au mouvement de découverte de s'articuler. En somme, c'est au feu de l'investigation des phénomènes inconscients qu'*émerge* la découverte psychanalytique, c'est au plan du traitement qu'elle *se vérifie*, c'est au plan de la théorie qu'elle *se nomme*. Repérer les découvertes revient donc à saisir comment la logique de la découverte se cristallise dans ces termes que sont les grands concepts psychanalytiques.

4. La découverte entre théorie et clinique

Mais si la découverte obéit à une logique spécifique, il convient d'esquisser le modèle de fonctionnement de cette logique. La découverte ne saurait en effet être une mise au jour immédiate de quelque chose qui était « couvert ». La vérité ne se montre pas toute seule : elle se construit et s'instruit dans un mouvement déterminé. Mais elle ne peut mener l'instruction que sur la base d'un ensemble de faits et d'indices, sans laquelle la construction resterait « en l'air » et vide. La découverte analytique va donc se définir par ces deux pôles, dont les extrêmes sont le matériel clinique (*das Material*, dans le vocabulaire freudien) et le concept fondamental *(Grundbegriff)*,

20. Freud a toujours insisté d'une part sur le fait que la psychanalyse n'a pas fait que « transposer sur le normal des idées acquises sur le matériel pathologique », mais qu'elle a révélé l'analogie des lois des processus normaux et pathologiques (*L'Intérêt de la psychanalyse*, trad. fr. Retz, pp. 55-56); d'autre part que la psychanalyse ne saurait se réduire à une théorie des névroses, mais intéresse l'ensemble du champ psychologique.

élaboré grâce à une intervention théorique. On peut ainsi énoncer l'esprit de la découverte psychanalytique en paraphrasant Kant : un concept sans matériel est vide, un matériel sans concept est aveugle [21].

D'où la double exigence, constitutive de la découverte psychanalytique : repérer « le fait » en lui-même, lui donner un statut en le fixant, à travers un réseau de relations, dans un concept. C'est ce que signifie Freud dans le préambule de *Pulsions et destins des pulsions.* Freud y déclare que « le véritable commencement de toute activité scientifique consiste [...] dans la description des phénomènes, qui sont ensuite rassemblés, ordonnés et insérés dans des relations [22] », bien plutôt qu'en « concepts clairs et nettement définis » au préalable. Faute de quoi il n'y aurait littéralement rien à découvrir, tout étant joué d'avance, dans le secret du principe, d'emblée acquis. S'il faut bien partir d'idées initiales, elles n' « ont, en toute rigueur [que] le caractère de conventions », comme reflet du travail analytique.

Au contraire du concept *a priori* qui ne laisse « aucun espace pour de nouvelles découvertes et des points de vue améliorés [23] », la psychanalyse se définit comme programme ouvert : « Elle s'attache plutôt aux faits de sa sphère de travail, aspire à résoudre les problèmes les plus proches de l'observation, s'éprouve à nouveau à l'expérience, est toujours inachevée, toujours prête à rectifier ou à modifier ses théories [24]. »

Mais justement l'erreur consisterait à croire que les faits parlent tout seuls : il faut d'abord « certaines idées abstraites que l'on puise ici ou là et certainement pas dans la seule expérience actuelle [25] », qui se confirment ensuite par la multiplication des « références au matériel de l'expérience ».

21. Pour Kant, l'intuition sensible sans concept reste aveugle, et le concept sans intuition vide *(Critique de la raison pure).*

22. *G.W.*, X, p. 210. Sur l'explication complète de ce préambule des essais de « Métapsychologie » de 1915, et sur ses références historiques précises, nous renvoyons au chapitre III de la 1re partie de notre *Introduction à l'épistémologie freudienne,* p. 73 sq.

23. « Psychanalyse » et « Théorie de la libido », *G.W.*, XIII, p. 229.

24. *Ibid.*

25. « Pulsions et destins des pulsions », *G.W.*, X p. 210.

Ainsi, « dans la description, déjà, on ne peut éviter d'appliquer au matériel certaines idées abstraites », qui deviennent « dans l'élaboration ultérieure des matériaux, encore plus indispensables ». Mieux : ces idées « semblent être empruntées » au matériel alors que celui-ci « leur est en réalité soumis ». Cela suppose donc une sorte de travail de rationalité, qui récuse toute fétichisation de l'expérience brute comme du concept *a priori*. C'est dans l'*espace intermédiaire* qu'il faut situer le *mouvement de découvrement* analytique.

En conséquence de cette plate-forme épistémologique, on peut définir les deux caractères de la découverte analytique : d'une part, le « découvreur » doit repérer le fait, dans sa valeur signifiante propre; d'autre part, il doit être capable de soumettre le fait à une théorisation, voire à une « fantasmatisation » active.

Du premier point de vue, Ernest Jones repère très pertinemment « la façon personnelle dont Freud travaillait » : « Sa grande force – et en même temps parfois sa surprenante faiblesse – résidait dans le *respect* tout à fait extraordinaire que lui inspirait *le fait isolé* [...]. Le fait isolé l'attirait et il ne pouvait le chasser de son esprit qu'après l'avoir expliqué [...]. C'est ainsi que travaillait la pensée de Freud. Chaque fois qu'il lui arrivait d'observer un fait simple mais significatif, il sentait et savait qu'il y avait là quelque chose de général ou d'universel [26]... » Freud lui-même l'avoue, au détour d'une lettre à Lou Andréas Salomé : « Vous savez que je me préoccupe du fait isolé et que j'attends qu'en jaillisse de soi-même l'universel [27]. »

Il faut bien entendre cette formule : elle signifie tout d'abord que « l'universel » doit se découvrir à partir de la singularité irremplaçable du fait, dans sa substance clinique. La généralité du concept ne doit pas dissoudre cette singularité, mais l'exprimer de façon « réfléchissante [28] ». On n'insistera

26. Jones (E.), *La Vie et l'œuvre de Sigmund Freud*, t. II, pp. 106-107.
27. Lettre à Lou Andréas Salomé du 1er avril 1915.
28. Nous utilisons ici analogiquement la différence kantienne entre « jugements déterminants », qui subsument le particulier sous une loi générale et l'y réduisent, et les « jugements réfléchissants », qui consistent à « réfléchir » un universel à partir d'un fait singulier, et sans dissoudre sa singularité – caractéris-

jamais assez, en ce sens, sur le fait que chaque grande découverte analytique nomme une singularité qui s'est notifiée à la « vue » de Freud, éprouvée dans sa pratique primitive, *anatomique* [29].

Mais cette réceptivité n'implique pas une passivité, comme s'il suffisait d'attendre patiemment que jaillisse la vérité. Freud sait bien le rôle qu'il attribue au fait d'« imaginer » *(phantasieren)* : « Sans une spéculation et une théorisation – j'ai failli dire une fantasmatisation *(phantasieren)* – métapsychologiques, on n'avance pas d'un pas ici [30]. » Ici : c'est justement l'endroit et le moment où le matériel ne parle plus, où le processus est bloqué et où il faut, comme Faust, « appeler la sorcière à la rescousse [31] ». Cela suppose de « transposer », « deviner » [32], bref dégager le sens intime du fait : c'est en cela précisément que les découvertes supposent un découvrement actif.

C'est dans l'union de ce respect quasi obsessionnel du fait isolé et de l'exigence de spéculation imaginante que réside le secret de la fécondité analytique. L'essentiel est justement de ne pas choisir ni réduire l'un par l'autre : la « fantasmatisation » active qui donne aux hypothèses freudiennes leur audace remarquable [33] est justement destinée à exprimer la valeur

tique selon Kant des jugements esthétiques, notamment. Le néo-kantisme de l'École de Bade opposera, sur cette base, les sciences « nomothétiques » et les sciences « idiographiques » *(Windelband)* : dans sa démarche de découverte, Freud procède à une sorte d'« idiographie », alors qu'il reste épris d'un idéal de scientificité « naturaliste ».

29. Sur l'importance de l'apprentissage de cette *Spezialwissenschaft* par Freud, à l'origine de sa formation, voir *Introduction à l'épistémologie freudienne*, p. 100 sq.

30. *Analyse terminée et analyse interminable* (1937), *G.W.*, XVI, p. 69. Sur le rôle de cet « imaginaire théorique », cf. *Introduction à l'épistémologie freudienne*, p. 90 sq et notre article « Freud et l'oracle », *Furor*, 1982, n° 7.

31. « Malheureusement, ajoute l'ironie freudienne, les renseignements de la sorcière ne sont ni très clairs ni très détaillés ».

32. Cf. la lettre du 25 mai 1895, en pleine découverte, où Freud écrit à Fliess : « Toutes les nuits, entre 11 et 2 heures, je n'ai fait qu'imaginer *(phantasieren)*, transposer *(übersetzen)*, deviner *(erraten)*... « *(in La Naissance de la psychanalyse*, p. 107).

33. Freud souscrit en effet à la devise de l'*Aufklärung*, dont sa conception de la rationalité est inspirée : *« Sapere aude »*, soit : « Ose te servir de ta raison. » C'est pourquoi il lui semble essentiel d'oser avancer des explications, au lieu de « faire semblant d'hésiter » pour paraître scientifique. Voir sur ce point notre article « Freud et la mystique », in *Nouvelle revue de psychanalyse*, XXII, automne 1980, « Résurgences et dérivés de la mystique », p. 49.

pleinement signifiante du fait. C'est en quelque sorte le *réel* du fait qui est « imaginé » et restitué, à condition que soit assumé, jusqu'au malaise, le « trouble de penser [34] ».

Là encore Freud en donne la formule, pour peu qu'on sache prêter attention. Il revendique comme « mécanisme de production » l'union de deux éléments étroitement unis : « une suite d'imaginations hardies et vagabondes et un sens critique implacablement réaliste [35] ». C'est ce « réalisme fantastique » qui donne à la découverte psychanalytique son caractère singulier, à la fois fascinant et désorientant.

Nous pouvons en inférer une séquence de la découverte analytique : les termes en sont (A) le *matériel* clinique d'observation; (B) les *relations* induites de ce matériel; (C) les *concepts* qui permettent l'identification de relations dans le matériel. La *procédure* (P) consiste à repérer ce qui cherche à se signifier dans le matériel, à produire des principes cristallisant un nœud de relations, enfin à nommer, par des concepts, ces nœuds de relations. Puis l'afflux de matériel sert à déstabiliser la forme précédente de synthèse – au cours de *crises*, ouvertes ou larvées – par l'introduction de problèmes nouveaux, qui ré-engendre la séquence faits-relations-concepts.

Le moment de la découverte est celui où se trouve ainsi nommé un certain niveau de théorisation qui permet de rendre compte de façon cohérente d'un certain champ de phénomènes.

Ce sont ces « niveaux » de découvertes que nous chercherons à fixer et à détailler – ce qui nous permettra de tendre à une certaine exhaustivité quant au repérage du champ de la découverte, renvoyant à l'examen du détail du contenu, à l'intérieur de ces niveaux d'émergence.

34. Sur cet élément essentiel, nous nous contenterons de renvoyer à notre article « Trouble du penser et pensée du trouble selon Freud », in *Nouvelle revue de psychanalyse,* XXV, « Le trouble de penser ».

35. Lettre à Sandor Ferenczi du 4 avril 1915.

PREMIÈRE PARTIE
LA PREMIÈRE VAGUE DE DÉCOUVERTES

Niveau I : Les principes

1. La première découverte inaugurale : le symptôme signifiant

Dans la perspective ainsi définie de notre propos, il devient essentiel de repérer *d'où* Freud est parti, afin de saisir comment Freud se rend à la nécessité de sa propre découverte. L'idéal serait de pouvoir déterminer ce qu'il veut découvrir dès l'origine, cherchant par conséquent comment il y parvient. Or ce serait le plus sûr moyen de falsifier ce dont il s'agit : tout se passe comme si Freud n'était nullement assuré de son objet, contrairement à ceux qui font partie à ce moment-là de son entourage scientifique : c'est même de ce désarroi qu'est né le prodigieux mouvement de découverte.

C'est pourquoi il est nécessaire d'insister sur trois points préliminaires de la préhistoire de la découverte psychanalytique :

a) le retard relatif d'identification de l'objet propre de sa recherche, dans le trajet freudien : il faudra près de quarante ans pour que se dessine le champ de recherche en lequel Freud peut, enfin, se reconnaître;

b) le désir virulent chez Freud, et de façon précoce – en contraste avec le décalage de l'accession à l'originalité –, d'associer son nom à une grande découverte, révolutionnant le monde scientifique : il donne comme clé de son existence : « Je ne suis capable de travailler qu'aiguillonné par de grandes espérances [36] »;

c) le point de départ de processus de découverte psychanalytique est associé à une autre entreprise : l'impulsion semble

36. Lettre à Martha du 19 juin 1884.

devoir venir de l'extérieur, pour que Freud puisse réaliser l'identité de sa propre recherche, en radicalisant le langage de l'autre qu'il a conjoncturellement emprunté.

Ce double contraste croisé – d'une part entre la quête d'originalité et le décalage de son affirmation, d'autre part entre la dépendance envers une autre problématique et son émancipation – définit d'emblée le caractère conflictuel et radical de la découverte freudienne. C'est ce qui permet à Freud d'attribuer fréquemment à un autre le *primum movens* de sa découverte : là encore, c'est bien plus que fausse modestie. Freud commence par se faire annoncer par un autre l'enjeu d'une découverte : et c'est en réfléchissant sur ses présupposés et ses conséquences qu'il pousse jusqu'au bout cet aperçu pour le radicaliser en découverte. C'est en *allant plus loin* qu'un autre qu'il donne corps à une découverte, en levant les obstacles qui ont empêché le « précurseur » d'y accéder. Mieux : c'est par cette démarche paradoxale que Freud se rend conscient de la nécessité de porter au jour sa propre découverte.

C'est pourquoi il est si important de comprendre que Freud ne sait pas d'emblée ce qu'il veut et va découvrir. Selon une formule qui lui est chère, on va beaucoup plus loin quand on ne sait pas d'avance où l'on va. La nécessité radicale de la grande découverte suppose de s'exposer à cette contingence préalable.

Tout part en effet des « relations découvertes » par Joseph Breuer. Le premier trouble d'où va sortir la psychanalyse coïncide avec la communication par Joseph Breuer à son collègue Freud d'un cas d'hystérie remarquable, celui d'Anna O., alias Bertha Pappenheim : « Il me lut à diverses reprises des fragments de l'histoire de sa malade, et j'en reçus l'impression que jamais n'avait été encore accompli un tel pas dans la compréhension de la névrose [37]. » Ce que Freud entrevoit à ce

37. *Selbstdarstellung* (1925) – ouvrage traduit sous le titre *Ma vie et la psychanalyse.* Cette autobiographie où Freud retrace notamment rétrospectivement son mouvement de découverte est un témoignage capital pour notre propos, mais à rectifier ou moduler pour éviter l'illusion récurrente. – On lira dans les *Études sur l'hystérie* le récit du cas d'Anna O. (trad. fr., Paris, P.U.F., 1971, p. 14 sq.). Lucy

moment, qu'il précise à son retour de son voyage parisien auprès de Charcot à la Salpêtrière, en 1885-1886, et qu'il formulera dans ses *Études sur l'hystérie* [38] en 1895, c'est que « l'hystérie souffre essentiellement de réminiscences [39]. »

Pour que cet énoncé, qui constitue la première découverte freudienne, soit acquis, il a donc fallu tout d'abord l'expérience breuerienne de la méthode de la catharsis fondée sur l'hypnose. Le corrélat de l'énoncé précédent est que le symptôme a un sens : « Ces symptômes avaient un sens et correspondaient à des reliquats ou réminiscences. » Mais ce sens suppose de renvoyer à des « événements » ou « situations » correspondant à des modèles traumatiques : ce qui ouvre la voie à une théorie causale (étiologie) du symptôme comme signifiant.

Cette trilogie réminiscences-symptômes-traumatismes révolutionne l'investigation de l'hystérie, ne serait-ce qu'en ce que « la nature de l'hystérie », questionnée depuis des siècles [40], passe au second plan, derrière « la genèse de ses symptômes [41] ». Cette genèse est soumise à une explication à la fois *dynamique* et *économique :* le symptôme devient signifiant du fait même qu'un processus conflictuel se trouve engagé dans sa production, déchiffrable en termes de *forces* et d'*énergie* [42].

Mais la « trouvaille » de Breuer, Freud va justement la transformer en découverte : tout se passe en effet, à ses yeux, comme si Breuer avait méconnu ce qu'il avait déterré. Là intervient le pas décisif : « Je ne pouvais pas [...] comprendre pourquoi il avait tenu si longtemps secrète une connaissance

Freeman a raconté l'histoire de la vie d'Anna O. (*L'Histoire d'Anna O.*, Paris, P.U.F., 1977). On trouve ici le tableau complet de l'hystérie (paralysies, contractures, troubles optiques), lié à un sentiment de culpabilité violent en relation avec la maladie du père.

38. Il faut noter que cette étude a été rédigée en commun par Freud et Breuer, mais sur l'insistance de Freud : en fait, elle marque la fin de la période pré-analytique pour Freud (voir *infra*).

39. *Études sur l'hystérie*, « Communication préliminaire », « Les mécanismes psychiques des phénomènes hystériques », p. 5.

40. Voir par exemple l'*Histoire de l'hystérie* d'Iza Veith, Paris, Seghers, 1972.

41. *Selbstdarstellung.*

42. Voir *infra*, le sens métapsychologique de ces notions, que Freud codifiera tout d'abord dans son *Esquisse de psychologie scientifique* (1895), publiée à la suite de la correspondance avec Fliess dans *La Naissance de la psychanalyse*, *op. cit.*, p. 307 sq.

qui me semblait inappréciable, au lieu d'en enrichir la science. La question qui se posait ensuite était de savoir si l'on était justifié à généraliser ce qu'il avait trouvé à propos d'un seul cas. Les relations découvertes par lui me semblaient d'une nature si fondamentale que je ne pouvais croire qu'elles fissent défaut dans un cas quelconque d'hystérie, du moment qu'elles avaient été démontrées comme existant déjà dans un cas [43]. » Déclaration à sonder car elle suggère la réflexion par laquelle Freud va se mettre sur la piste de la découverte fondamentale, à partir d'une idée dont il ne conteste pas « la propriété intellectuelle » à Breuer.

On y voit que Freud manifeste dès ce moment cette exigence de généralisation propre à la scientificité : il cherche une *théorie générale des névroses* [44], et ne peut se déprendre désormais de cette séduction, à laquelle il va se vouer corps et âme « comme un tyran [45] ». C'est là la condition pour que le repérage de « relations [46] » se constitue en « découverte », théorisée comme telle. Corrélativement, elle devient *communicable* – alors que chez Breuer elle reste une connaissance secrète – : par là elle devient une découverte scientifique digne de ce nom. C'est dans cette perspective que Freud fait pression sur Breuer pour communiquer les premières hypothèses à un « monde scientifique allemand » sceptique [47].

Dans quel sens va donc se faire la généralisation escomptée? C'est dans la période de la relation avec Wilhem Fliess, notamment dans le courant des années 1890 [48], que la question précédente va être tranchée : « L'expérience seule pouvait trancher la question [49] », nous dit Freud. L'expérience va de fait lui être abondamment fournie par le « matériel » constitué par

43. *Selbsdtarstellung.*
44. Cf. *Introduction à l'épistémologie freudienne*, p. 120.
45. Lettre à Wilhelm Fliess du 23 mai 1897, *op. cit.*, p. 381.
46. Ce terme doit s'entendre au sens qu'il a dans l'épistémologie freudienne (*supra*, p. 148), c'est-à-dire ce qui permet de passer des faits aux concepts. Breuer aurait donc joué le rôle de fournisseur de relations *(Beziehungen)*, converties par Freud en concepts *(Grundbegriffe)*.
47. On connaît la fameuse réaction de Krafft-Ebing traitant les hypothèses de Freud de « conte de fées scientifique ».
48. Freud correspond avec Fliess à partir de 1887, et jusqu'en 1902.
49. *Selbstdarstellung.*

les « neurasthéniques qui se pressaient en grand nombre à [sa] consultation [50] ». Mais l'expérience ne parle pas toute seule : qu'a-t-il donc fallu pour que Freud la fasse parler ?

D'une part, il fallait que Freud se donne le droit à la parole, après la désertion de Breuer : « L'événement qui inaugura cette période fut le retrait de Breuer de notre communauté de travail, ce qui me laissa seul gérer son héritage [51]. » Remarquable formule qui atteste bien la conscience freudienne de lier la fondation à l'héritage : découvrir n'est en ce sens que re-découvrir ce qui n'a pu l'être tout à fait par l'autre – quitte à se référer à une nouvelle forme d'altérité –, ce pourquoi Fliess relaie Breuer, au moins comme *témoin* désormais attitré de l'aventure de la découverte. Au reste Breuer avait fui, en recevant l'annonce du démon qu'il avait évoqué [52].

D'autre part, il fallait que se dessine un principe de signifiance pour donner substance au repérage des effets de sens du symptôme névrotique. Mais cela suppose de pouvoir adjuger en quelque sorte, sur la base de l'expérience, un sens œuvrant dans le matériel signifiant. La correspondance avec Fliess nous montre l'avènement laborieux de cette dialectique entre l'expérience et la théorie. Nous en prendrons l'emblème dans l'anecdote que rapporte Freud dans sa *Contribution à l'histoire du mouvement psychanalytique* : l'aveu, de la part de plusieurs de ses maîtres et modèles, du rôle déterminant de la sexualité dans les névroses : Breuer parlant des « secrets d'alcôve » comme omniprésents dans les cas de névroses; Charcot déclarant que « dans des cas pareils, c'est toujours la chose

50. *Ibid.*
51. *Ibid.*
52. Appelé en consultation auprès d'Anna O., juste le soir de la fin du traitement, et la trouvant en pleine attaque hystérique en proie à une grossesse imaginaire qui viendrait des œuvres de Breuer, celui-ci prit la fuite. C'est du moins la scène qui a permis à Freud de liquider sa dépendance, en constatant la lâcheté du maître. Épisode à rapprocher du « cas Emma » révélé par Max Schur : c'est à la suite d'une erreur de Fliess, oubliant une bande de tissu dans le nez d'une hystérique, en février 1895, que Freud se donna le courage de réviser son opinion sur cette autre figure du maître, après avoir tenté de le disculper (voir les documents réunis dans *Études freudiennes*, 1979, « Figures de Freud »).

génitale »; Chrobak, enfin, suggérant dans la sexualité le seul traitement de ce genre d'affections [53].

Si Freud restitue cette anecdote chaque fois qu'il évoque ce moment décisif, il faut sans doute y voir une référence à une procédure caractéristique : la parole des maîtres qui énonce la vérité à leur insu : « Ils m'en avaient dit davantage qu'ils ne savaient eux-mêmes et n'étaient prêts à soutenir [54]. » Mais là se reproduit le processus qui va porter au jour la découverte : « Ce que j'avais recueilli de leurs lèvres dormait inactif en moi, jusqu'à ce qu'à l'occasion des investigations cathartiques ceci resurgît comme une connaissance apparemment originale [55]. » Cette formule, correctement interprétée, indique bien que l'expérience clinique a fonctionné comme « occasion », voire comme « cause occasionnelle » qui a donné sens effectif à ce qui avait été dit et remarqué de façon en quelque sorte permanente et implicite dans l'expérience quotidienne. Découvrir ici revient donc à lever le déni qui oblitère la vérité qui se montre de façon chronique dans l'expérience clinique. Ainsi l'expérience est à l'origine, comme à la fin du processus, mais il faut l'actualisation de la parole par l'expérience et sa reconnaissance finale dans un discours scientifique pour que ce qui était *su* soit *connu*, bref « découvert ».

Or ce qui parle donc dans l'expérience, de façon à la fois omniprésente et universellement déniée, c'est la *sexualité*. Voilà ce que Freud est le premier à articuler, alors même que cela ne cessait d'être « signifié ».

2. La seconde découverte inaugurale : la signification sexuelle du symptôme

Les maîtres ayant frappé les trois coups, il ne reste plus à Freud qu'à faire entrer en scène le démon sans cesse évoqué et sans cesse dénié. « Puisqu'il le sait, pourquoi ne le dit-il

53. *G.W.*, XIV.
54. *Ibid.*
55. *Ibid.*

jamais? », s'était interrogé Freud après l'aveu de Charcot [56]. Si « c'est toujours la chose génitale, toujours... toujours... toujours [57] », il faut en tirer la conséquence : l'étiologie sexuelle des névroses. On voit bien ici que ce que va « découvrir » Freud est sous les yeux de tous, et même dit à l'occasion, comme si ça allait de soi, et comme par hasard. Pour que cela soit élevé au rang d'énoncé scientifique ou de *théorie*, il fallait le *temps de l'après-coup*, celui de la pratique cathartique, qui remplisse de son sens la parole de vérité émise comme en passant. Ce n'est qu'apparemment original, dit Freud : mais il y a là tout l'écart entre dire vrai – comme on énonce fortuitement qu' « il fait jour » – et produire une vérité, équipée par un complexe de connaissances et de thérapeutique : « C'est ainsi que je fus amené à reconnaître les névroses en général comme des troubles de la fonction sexuelle [58]. »

C'est là que devient audible la parole de la névrose : cette étrange « jeune fille venue de loin [59] » : le peuple des « malades du désir » trouve soudain une oreille pour entendre ce qui, dans le symptôme, absurde et gratuit en apparence pour tout « spécialiste du cerveau », *veut dire*, obstinément et tragiquement : « Je sortis du domaine de l'hystérie et commençai à explorer la vie sexuelle des " neurasthéniques " qui se pressaient en grand nombre à ma consultation [60]. »

Mais précisément il fallait que ce langage trouve son emblème : il le trouve dans l'*Urszene*, cette « scène primitive » que Freud repère dans la trame du discours comme *leitmotiv* de l'inconscient névrotique. Texte révélateur en ce qu'il exprime le *texte sexuel* et se retrouve dans tout discours comme la marque de l'impasse du désir qui signe la névrose. Le voilà donc, l'aveu de l'inconscient en personne, tissant son texte sur l'argument sexuel!

56. *Ibid.*
57. *Ibid.*
58. *Ibid.*
59. Cf. *Le Début des traitements* (1913) : « La névrose apparaît généralement comme une sorte de " jeune fille venue de loin " (*Mädchen aus der Fremde*, littéralement : de l'étranger). Ne sachant pas d'où elle vient on s'attend à la voir un jour disparaître ».
60. *Selbstdarstellung.*

Notons que c'est de la parole névrotique que Freud reçoit l'annonce du contenu sexuel de la maladie. C'est en effet le même texte sur lequel semble broder la parole névrotique, en sa diversité : c'est « un élément qui manque rarement dans le trésor des fantasmes inconscients qu'on peut découvrir chez tous les névrosés et probablement chez tous les enfants des hommes [61] ». Le sujet raconte qu'à l'origine indéterminée de sa vie il a participé à un spectacle *(Szene)* qui l'a littéralement glacé d'effroi *(Schreck)*. Dans une variante de la scène, dite du coït parental, il aurait assisté à un rapport sexuel entre deux adultes, qui se trouvent être la plupart du temps ses propres parents. Une autre « variante » (au sens philologique, puisque c'est de texte qu'il s'agit) met le sujet en situation de séduction émanant d'un adulte ou d'un enfant plus âgé.

Si Freud finit par attribuer une portée universelle à cette expérience – en arrivant à postuler sa nature de « fantasme originaire » *(Urphantasie)* [62] présent virtuellement chez tout « enfant des hommes » –, le névrosé en porterait trace vivante et irréductible, à la manière d'un « cliché » traversant toute son existence désirante. *« Ur »-szene* assurément, puisqu'elle se confond avec l'origine du sujet lui-même. On sait le rôle qu'elle jouera dans le cas de l'Homme aux loups, le cas le plus illustre de l'histoire de la psychanalyse [63].

Ainsi, ce que les maîtres de Freud avaient dit en passant, les névrosés l'avouent – sans il est vrai introduire de relation étiologique avec leur propre névrose. Il faut donc ici la médiation de la théorie analytique pour reconnaître ce lien de la *cause* avec ce qui s'annonce dans la parole névrotique.

61. *Mitteilung eines der psychoanalytischen Theorie widersprechenden Falles von Paranoia* (1915) ; « Un cas de paranoïa qui contredisait la théorie psychanalytique de cette affection », trad. fr. *Revue française de psychanalyse,* 1935, VIII, pp. 2-11.

62. Freud va jusqu'à soutenir dans ses *Leçons d'introduction à la psychanalyse* (1917) qu' « il est possible que tous les fantasmes qu'on nous raconte aujourd'hui dans l'analyse [...] aient été jadis, aux temps originaires de la famille humaine, réalité, et qu'en créant des fantasmes l'enfant comble seulement, à l'aide de la vérité préhistorique, les lacunes de la vérité individuelle » (*G.W.*, XI, p. 386). – Ainsi perce la corrélation onto-phylogénétique (entre développement individuel et développement de l'espèce), dont on verra plus loin le rôle dans la psychologie collective.

63. Cf. *Cinq psychanalyses.*

Mais le plus remarquable est que le récit de cette découverte se présente de fait comme celui d'une *erreur* : « Avant d'aborder l'exposé de la sexualité infantile, confie Freud comme en un *mea culpa,* il me faut faire mention d'une erreur dans laquelle je tombai pendant quelque temps et qui aurait bientôt pu devenir fatale à tout mon labeur. Sous la pression de mon procédé technique d'alors, la plupart de mes patients reproduisaient des scènes de leur enfance, scènes dont le principe était la séduction par un adulte. » De fait, c'est une théorie développée par Freud à partir de 1896 – comme l'indique son article « Sur l'étiologie de l'hystérie ». Or à l'automne de l'année suivante, Freud opérait sa rétractation solennellement devant le grand juge qu'il s'était donné, Wilhelm Fliess : « Il faut que je te confie tout de suite le grand secret qui, au cours de ces derniers mois, s'est lentement révélé. Je ne crois plus à ma *neurotica*[64]. »

Que découvre Freud en effet ? C'est que, en substance, ses névrosés lui ont *menti!* Ou plus précisément que l'inconscient ne saurait fournir d' « indice de réalité » de la scène incriminée. « Maintenant, je ne sais plus où j'en suis », se plaint Freud. Il se souviendra de ce désarroi un quart de siècle plus tard : « Quand je dus cependant reconnaître que ces scènes de séduction n'avaient jamais eu lieu, qu'elles n'étaient que des fantasmes imaginés par mes patients, imposés à eux peut-être par moi-même, je fus pendant quelque temps désemparé[65]. » Fallait-il donc repartir à zéro ? En fait, il fallait là encore le temps de l'après-coup pour comprendre qu'il n'y avait rien à découvrir au-delà du « mensonge » lui-même, soit s'en tenir au texte littéral articulé par l'inconscient, point où le désir lui-même, se prenant pour la réalité, devient la réalité même. Ce qui impose tout d'abord de réviser la conception de la réalité en se plaçant du *point de vue* du désir même : « Lorsque je me fus repris, je tirai de mon expérience les conclusions justes : les symptômes névrotiques ne se reliaient pas directement à des événements réels, mais à des fantasmes de désir ; pour la

64. Cf. la lettre capitale du 21 septembre 1897, in *La Naissance de la psychanalyse,* p. 190.
65. *Selbstdarstellung.*

névrose la réalité psychique avait plus d'importance que la matérielle. »

La démarche est ici exemplaire de la logique de la découverte psychanalytique : en termes de syntaxe, ce qui est « découvert » intervient comme l'aboutissement d'une double négation, comme un « si », c'est-à-dire comme la confirmation (phase 3) de ce qui avait été tout d'abord énoncé (phase 1) puis récusé (phase 2). Mais cela ne revient pas à restaurer la position initiale, purement et simplement : il a fallu le temps de réduire le réel, de le « démasquer » littéralement, pour que le texte inconscient puisse se déchiffrer comme tel.

Ainsi, il avait fallu que Freud soit déçu et désemparé face à sa pseudo-découverte primitive – subissant ainsi lui-même la scène primitive de séduction de la parole névrotique elle-même – pour qu'il puisse s'en déprendre et accéder, enfin, à la prise de sens de l'*ordre du désir* en personne, contenu réel de la découverte! En s'interrogeant sur le genre de réalité qu'exhibe la scène primitive, événement où le désir rencontre sa propre représentation, à travers l'Autre séducteur, Freud découvre, au sens littéral, ce qui recouvrait le texte du désir, soit le réel qui lui sert d'alibi [66]. Par là même, il peut *laisser être* ce texte qui s'exprimait, dans la scène primitive, sous le couvert du récit réel.

On comprend à présent en quoi il est si puissamment révélateur que le moment où l'inconscient se découvre pour de bon à Freud soit aussi le temps d'une erreur surmontée, comme la légende à travers laquelle, au-delà de la « vérité historique », se signifie la « vérité hystérique », celle de la fabulation par laquelle se notifie la vérité paradoxale du désir, celle du *fantasme (Phantasie)*.

66. Notons que Freud, par la suite, tout en reconnaissant le caractère fabulé de la scène, marque qu'elle s'appuie sur un morceau de réalité (*G.W.*, XII, p. 137, note).

Niveau II :
Les figures du sens : la grammaire de l'inconscient

1. Le complexe d'Œdipe et la castration

Derrière le voile déchiré de la scène primitive, Freud va accéder à une série d'*autres scènes* [67]. Il y faut tout d'abord le temps de se rendre compte qu'à travers la scène elle-même, il n'a été question que de la relation fondamentale, structurelle, dont la scène primitive est comme la représentation dramatique et romancée, soit le complexe d'Œdipe : « J'avais rencontré ici, pour la première fois, le *complexe d'Œdipe,* qui devait par la suite acquérir une signification dominante, mais que sous un déguisement aussi fantastique je ne reconnaissais pas encore [68]. » Formule à méditer pour saisir la genèse de ce qui passe pour la plus célèbre découverte psychanalytique.

On voit tout d'abord qu'il apparaît comme tout autre chose qu'un postulat ou une hypothèse extérieure au mouvement même de découvrement de l'inconscient : l'expression elle-même ne fait que nommer, en sa traduction mythologique, l'événement d'une rencontre : encore celle-ci s'avance-t-elle vers Freud, qui s'avance vers elle dans le mouvement de son investigation, sous le masque de la scène primitive. L'Œdipe à l'œuvre dans l'inconscient parlait donc à la psychanalyse avant qu'il soit reconnu et nommé comme tel.

L'affrontement œdipien trouvait en effet dans la scène primitive sa mythologie : le rapport croisé à l'objet du désir (maternel) et à l'interdit (paternel) trouvait là, littéralement, sa *mise en scène.* La redondance de ces deux textes s'exprimait dans l'image du père, acteur de la séduction, question avec laquelle Freud va s'expliquer sur sa propre histoire entre la fin de

67. N'est-ce pas en effet sur « une autre scène » *(andere Schauplatz)* que Freud situe le rêve (*Traumdeutung, G.W.*, II-III), qu'il représente d'ailleurs comme le transfert sur le récent de la scène primitive ? L'image est décidément prégnante chez Freud.

68. *Selbstdarstellung.*

l'année 1896 et l'été 1897 [69]. C'est au sortir de cette enquête que surgit, dans une lettre du 3 octobre 1897, la première allusion à la grande trouvaille [70].

Il n'empêche que Freud attendra 1910 pour employer l'expression officiellement et énoncer que « tout être humain se voit imposer la tâche de maîtriser le complexe d'Œdipe [71] ». Ce détour entre la découverte proprement dite et sa révélation semble notifier qu'il est nécessaire de fonder – par la théorie de la sexualité infantile codifiée à l'étape suivante – ce qui a été signifié par la scène primitive.

Par ailleurs, le « complexe » ne désigne pas une entité factuelle, mais un ensemble structuré de représentations, en même temps qu'un moment de l'histoire de la libido infantile – son moment proprement critique. Alors devient sensible le conflit entre le désir de possession et son interdit, avec ses manifestations d'ambivalence (haine/amour) caractéristiques. Là se nouent le choix et la relation d'objet qui tracent une limite si nette entre le vécu préœdipien et celui qui émerge après que le sujet a articulé son désir dans la « loi » – au point qu'il ne peut désirer que dans la loi. En mettant fin à la jouissance de la mère, la reconnaissance de l'interdit paternel rend possible l'accession à un « ordre du désir ».

Cette épreuve qui confronte « le petit d'homme » à l'interdit et lui permet de s'inscrire dans la culture ne peut se dénouer que par la menace fantasmatique de *castration*. Repérée dans tous ses effets cliniques en 1908, à travers le cas du petit

69. C'est à cette époque que Freud se lance en effet dans son auto-analyse, dans laquelle la mort de son propre père (octobre 1896) a joué un rôle déterminant. C'est même en posant la question du rôle du père dans la scène primitive qu'il a fait évoluer la question. On ne saurait méconnaître que la découverte de l'Œdipe tourne autour de la question de « la faute du père ». Voir sur ce point Didier ANZIEU, *L'Auto-analyse de Freud* et les aperçus de Marie BALMARY, *L'Homme aux statues*.

70. *La Naissance de la psychanalyse*, p. 194. Il y innocente le père (voir note précédente) et note le premier éveil de sa libido tournée *« ad matrem »*, ainsi que le rôle d'une vieille gouvernante dans la production de sa propre névrose. Voir aussi la lettre du 15 octobre 1897 (*ibid.*, p. 197) et l'allusion à *Œdipe Roi* dans la lettre du 5 novembre de la même année (*ibid.*, p. 203).

71. Dans un petit article technique : « Sur un type particulier de choix d'objet chez l'homme » (in *Contributions à la psychologie de la vie amoureuse*). Il y est dit que le sujet « tombe sous la domination d'Œdipe » : « Il ne pardonne pas à sa mère et tient pour une infidélité le fait que ce ne soit pas à lui, mais au père, qu'elle ait accordé la faveur du commerce sexuel » (in *La Vie sexuelle*, p. 52).

Hans [72], la peur de la castration va s'imposer comme ce qui lie le désir à sa limite radicale, menace qui ne vient pas simplement de l'extérieur, mais du propre « impossible » que porte le sujet en lui-même, comme le ver dans le fruit en quelque manière.

Or cette découverte fondamentale de Freud est exemplaire de la spécificité de ce qui est donné à penser ainsi. Ce n'est pas un hasard si Freud y a vu l'article le plus contesté de l'annonce analytique, alors qu'il se présente comme la caractéristique la plus universelle qui ne cesse de se signifier dans l'expérience clinique. Le texte de l'inconscient n'est autre que celui de la castration : or, malgré cela – et à cause de cela – par une logique du déni justement caractéristique de la castration (voir infra) [73], la castration ne peut être référée en elle-même à quelque vécu, même quand elle s'objective un symptôme caractérisé.

La castration n'est-elle pas en ce sens ce qui ne peut être découvert au sujet en lui-même? Elle se manifeste par ce manque que le sujet se représente à l'occasion de la perception de la différence anatomique [74], et plus spécifiquement sur le corps de la mère. C'est donc en quelque sorte le point d'aveuglement de l'expérience analytique, en même temps que ce qui ne cesse de s'y signifier.

On comprend que le petit d'homme ne peut renoncer à son désir œdipien qu'en s'imposant l'épreuve de la castration, au nom du père! Chez la petite fille, Freud reconnaîtra une fixation durable à la mère, qui fait que, paradoxalement, c'est à partir du complexe de castration – constat du manque – que se produira le complexe d'Œdipe, qui implique qu'elle se tourne vers le père [75].

72. In *Cinq psychanalyses.* Il s'agit de l'examen d'une phobie infantile (relative aux chevaux) chez un enfant de cinq ans, sur laquelle Freud est intervenu en relation avec le père de l'enfant.

73. Voir *infra*, p. 169.

74. Cf. « Quelques conséquences psychologiques de la différence anatomique entre les sexes » (1925) et « La disparition du complexe d'Œdipe » (1924).

75. Cf. « Sur la sexualité infantile » (1931) et « Sur la féminité » (in *Nouvelles conférences sur la psychanalyse,* 1932).

2. Le rêve et la psychopathologie de la vie quotidienne

Parallèlement, se découvre l'autre objet signifiant privilégié : le rêve. C'est en effet le 24 juillet 1895 que Freud mène à bien la première analyse complète d'un rêve, celui de « l'injection faite à Irma [76] ». Il faut noter la tendance de Freud à solenniser cet événement, à travers le désir dont il fera part en 1900 à Fliess : « Crois-tu vraiment qu'il y aura, un jour, sur la maison (à Bellevue, banlieue de Vienne), une plaque de marbre sur laquelle on pourra lire : « C'EST DANS CETTE MAISON QUE LE 24 JUILLET 1895 LE MYSTÈRE DU RÊVE FUT RÉVÉLÉ AU DR SIGMUND FREUD [77]... »

En quoi consiste donc ce mystère, dont Freud conçoit à partir de 1897 le projet de construire l'interprétation *(Traumdeutung)* – rédigée entre mai et septembre 1899 ? C'est que le rêve est reconnu comme un acte psychique complet, qui tient son sens de ce qu'il exprime la réalisation déguisée d'un désir refoulé [78]. Celle-ci suppose la transposition d'un « contenu latent » en « contenu manifeste [79] », grâce à un symbolisme et à un travail déterminé d'élaboration, par condensation et déplacement notamment. Le rêve se conforme ainsi à l'exigence de figurabilité, et suppose une régression déterminée [80].

En fait l'inconscient ne saurait être « cause » du rêve : il ne consiste en fait que dans le « travail du rêve » lui-même. C'est pourquoi Freud avertit les interprètes du rêve de ne pas confondre le rêve avec le « contenu latent », après qu'on l'eut longtemps confondu avec son « contenu manifeste ». Il regrette ainsi que la pratique analytique n'ait pas toujours évité des erreurs et des surestimations, à cause du respect excessif envers

76. Retranscrit dans le chapitre II, § 2 de la *Traumdeutung*. Il est remarquable que Freud y exprime un remords envers la demande hystérique qu'il n'a pu satisfaire, ce qui relie à la pratique antérieure.
77. Lettre du 12 juin 1900, in *La Naissance de la psychanalyse*, p. 286.
78. *Traumdeutung*, chap. III.
79. *Ibid.*, chap. IV.
80. Voir le chapitre VII qui reconstitue toute la mécanique du rêve.

« le mystérieux inconscient [81] ». Que l'analyste ne se prenne donc pas pour un « mystagogue [82] » de l'inconscient : qu'il déchiffre modestement les effets du travail du rêve, faute de quoi il tomberait dans la superstition de son propre objet!

Dans le sillage du rêve, se découvre une plage plus vaste d'objets signifiants. Une lettre du 26 août 1898 atteste la découverte du premier fait de « psychopathologie de la vie quotidienne », celui de l'oubli des noms dicté par les exigences du refoulement [83]. Par là se trouvent reliées la pathologie et la psychologie normale. Ainsi s'organise la masse des phénomènes signifiants – souvenirs-écrans, lapsus, erreurs de lecture et d'écriture, oublis de projets, méprises et maladresses, actes symptomatiques et accidentels – selon la logique de l'inconscient [84].

Corrélativement, le mot d'esprit révèle sa « relation » foncière à cette logique de l'inconscient [85]. Freud expérimente ainsi les isomorphismes des phénomènes inconscients, fonctionnant selon une grammaire commune. C'est ce caractère homologique qui explique la multiplication « en cascade » des relations, ainsi que le repérage de processus identiques à l'œuvre dans ces divers phénomènes, tels que condensation et déplacement.

Or cette aptitude d'une représentation à être investie, par condensation, de l'énergie des représentations à laquelle elle est reliée, ou de l'intensité d'une représentation à se déplacer sur d'autres, suppose un certain régime économique par lequel se signale l'inconscient, et que Freud désigne par « processus primaire » – clé économique de l'ensemble : dans ce processus, règne une labilité particulière des représentations, qui contraste avec la « liaison » qui freine la circulation dans le système

81. « Remarques sur la théorie et la pratique de l'interprétation des rêves » (1923).

82. Voir sur ce refus de l'effet mystique, notre étude sur « Freud et la mystique », *op. cit.*, notamment p. 55 sq.

83. *La Naissance de la psychanalyse*, p. 232.

84. *Psychopathologie de la vie quotidienne*, 1904.

85. *Le Mot d'esprit dans ses rapports avec l'inconscient*, 1905.

conscient[86]. N'était-il pas tentant, dès lors, de relier ce fonctionnement à celui du symptôme?

3. *Le refoulement et ses dérivés*

La grammaire du symptôme par l'exemple, telles sont les *Cinq psychanalyses*, publiées par fragments entre 1905 et 1918. Les chapitres en sont l'hystérie (« le cas Dora »), la phobie infantile (« le petit Hans »), la névrose obsessionnelle (« l'Homme aux rats » et « l'Homme aux loups »), la paranoïa (« le président Schreber »).

Il est remarquable que l'exposé des cas affecte la forme romancée : le fil directeur en est le destin du symptôme, suivi par Freud sur le « corps symbolique » des sujets. Le génie clinique de Freud s'y déploie, attentif qu'il est à suivre la logique du désir dans le concret de sa rigueur.

Ainsi se constitue une sorte de traité du sens inconscient dont les chapitres s'articulent – après coup – avec une cohésion remarquable. Dans ces années décisives, Freud scelle en quelque sorte un livre imaginaire dont les parties s'organisent spontanément. Nous pouvons y déchiffrer un plan de ce genre : Livre I : Grammaire du symptôme; Livre II : Grammaire du rêve; Livre III : Grammaire du « symptôme quotidien »; Livre IV : Grammaire du mot d'esprit; Livre V : Grammaire mythologique.

Or on peut à présent repérer ce qui structure dynamiquement cette grammaire comme une logique du *refoulement*. Freud l'énonce avec solennité : « La théorie du refoulement est la pierre d'angle sur quoi repose tout l'édifice de la psychanalyse[87]. » Mais justement cette « pierre d'angle » n'est pas seulement ce qui permet à l'édifice de tenir debout : elle est découverte rétrospectivement, sur le chemin de la série de découvertes précédentes, comme la « couture » qui en conditionnait la mise à jour.

86. Cette distinction se développe dès l'*Esquisse d'une psychologie scientifique*, puis dans la *Science des rêves* (chap. VII).

87. *Pour une histoire du mouvement psychanalytique*, 1914, *G.W.*, X, p. 54.

Autrement dit, l'inconscient s'organise comme texte psychique à partir de cette opération fondamentale par laquelle le sujet cherche à repousser les représentations liées à des pulsions. Aussi est-ce à travers le processus générique de *défense* que Freud s'est mis sur la voie de l'hystérie, puis de l'ensemble des faits qui manifestent cette stratégie. On peut dire à la limite que l'inconscient n'est saisissable, en sa réalité dynamique, qu'à travers le refoulement et ses modalités diverses : or, comme « son essence ne consiste que dans le fait d'écarter et de maintenir à distance du conscient [88] », c'est là aussi bien « l'essence » de l'inconscient. On l'exprimerait assez bien en le définissant comme « un vouloir-ne-pas-savoir ».

Encore faut-il comprendre que « le refoulement proprement dit » est lui-même, *déjà*, « un refoulement après coup » : car, avant même que se mobilise le refoulement, il a fallu qu'il se produise un événement que Freud désigne comme « refoulement originaire » *(Urverdrängung)*. Il « consiste en ceci que le représentant psychique (représentant-représentation) de la pulsion se voit refuser la prise en charge dans le conscient », en sorte que « se produit une *fixation* [89] ». Il doit donc s'être constitué un noyau, ou refoulé originaire, qui requiert la réitération de l'opération refoulante. Enfin, cela implique que se produise sans cesse « un retour du refoulé », ensemble de « formations de substitut » et de symptômes.

On comprend à présent comment la masse des faits s'organisent comme « indices » d'un processus de refoulement, par lequel celui-ci est déchiffrable, tandis que celui-là les rend déchiffrables – puisque « le mécanisme d'un refoulement ne nous est accessible qu'en remontant des résultats du refoulement jusqu'à celui-ci [90] ». Comme si l'inconscient était obligé de recourir au même procédé générique pour produire un symptôme, un rêve ou un acte manqué...

Il reste à noter que Freud reconnaîtra, à côté de cette théorie du refoulement – intégrable si l'on veut dans une conception élargie – d'autres modalités de « dysfonctions » – au

88. « Le Refoulement », in *Métapsychologie*.
89. *Ibid.*
90. *Ibid.*

sens qu'implique le préfixe *Ver-*. Ainsi, à côté du *Verdrängung*, apparaîtra la *Verwerfung*, impliquant que « le sujet rejette la représentation insupportable [et] se conduit comme si la représentation n'était jamais parvenue au moi [91] », faisant comme s'il n'en voulait rien savoir.

Puis il repérera un détour singulier par lequel le sujet trouve le moyen de formuler le contenu refoulé, tout en niant qu'il lui appartienne – ce que Freud désigne comme *Verneinung* (« dénégation [92] »). Ces formules constituent un mode paradoxal d'« admission intellectuelle du refoulé tandis que persiste l'essentiel du refoulement [93] ». Le sujet trouve donc le moyen de « prendre connaissance du refoulé », de l'avouer littéralement, mais au moyen de la « pensée », qui « se libère des limitations du refoulement ». Ainsi signe-t-il l'aveu (par une formule du genre : « Cela, je n'y aurais jamais pensé! »), sans s'exposer au risque du refoulement. Cette ruse étonnante oblige à penser une logique spécifique, en même temps qu'une spécification du refoulement brut.

Enfin, sous le terme de *Verleugnung* (déni), Freud désigne le refus du sujet de reconnaître quelque chose qui existe dans la réalité, au point que la perception même est « désavouée [94] ». On comprend que cette « opération » porte sur ce dont la réalité ne peut être acceptée, soit la castration. C'est la représentation même qui est censurée [95]. D'où un refoulement radical.

Freud, on le remarquera, n'unifie pas ces opérations, en recueillant les effets au fur et à mesure qu'ils se découvrent. Tout au plus peut-on dire que le refoulement, alpha et omega de cette logique, se spécifie à travers ces « stratégies ».

91. Il est curieux de constater que ce terme est présent très tôt, dans l'écrit de 1894 sur « Les psychonévroses de défense » (*G.W.*, I, p. 72).

92. Dans le court écrit qui se trouve être peut-être le plus dense de Freud, et qui porte ce titre (1925); *G.W.*, XIV, pp. 11-15.

93. *Ibid.*, pp. 12-13.

94. Freud utilise ce terme notamment au milieu des années 20 en rapport avec la théorie du fétichisme.

95. Freud finit en effet par soutenir que le refoulement porterait sur l'affect, et le déni spécifiquement sur la représentation – mais parle aussi bien de déni de la *réalité*.

4. Les structures de symptômes

On peut à présent se représenter comment se disposent, dans leur principe, les grandes structures psychopathologiques dans l'explication psychanalytique.

Dans la névrose – que Freud désigne tout d'abord comme « psychonévrose [96]» pour bien y marquer que le conflit psychique y est déterminant (par opposition aux « névroses actuelles ») – c'est la fonction symbolique qui est altérée, tandis que le contact avec le réel est maintenu. Comprenons que « le moi, au service de la réalité, procède au refoulement d'une motion pulsionnelle [97] ». En conséquence de quoi se déclenchent des « processus qui apportent un dédommagement à la partie lésée du ça », ce qui ne va pas sans un « relâchement du rapport à la réalité [98] ». Autrement dit le ça frustré aspire à se dédommager par la constitution d'un monde fantasmatique.

Dans la psychose – que Freud désigne tout d'abord comme « psychonévroses narcissiques [99] », par opposition aux névroses ou « psychonévroses de transfert » –, le moi « se met au service du ça en se retirant d'un fragment de réalité ». Le moi ainsi coupé de la réalité essaierait de « réparer les dégâts en reconstituant aux frais du ça la relation à la réalité » – l'hallucination et le délire étant les tentatives de reconstruire un réel perdu.

On comprend que Freud assigne à ce couple fondamental de la psychopathologie un critère portant sur la fonction du réel par rapport au désir. On voit que la névrose va fonctionner sur la ligne de l'échec du *refoulement*, et la psychose sur la ligne du *déni*. L'angoisse névrotique signale une « tentative de percée de

96. La nosographie freudienne a en effet évolué de 1894 à 1915, puis en 1924.

97. Voir sur ce point les deux écrits de 1924 : « Névrose et psychose » et « La Perte du sentiment de réalité dans la névrose et la psychose » qui corrige le précédent. Freud est en fait gêné par sa conception dualiste psyché/réel, et l'on voit bien comment la prise en compte de l'effet clinique l'oblige à modifier cette conception. Cf. notre chapitre sur « Les fondements philosophiques de la psychanalyse », où ce point est détaillé (*supra*, pp. 89-95).

98. *Ibid.*

99. Cf. note 96.

la part de la pulsion refoulée », ce qui impose un compromis, tandis que dans la psychose, « le fragment de réalité repoussé revient sans cesse forcer l'ouverture vers la vie psychique [100] ».

En termes libidinaux, la névrose suppose une régression moins profonde que la névrose (ainsi de la névrose obsessionnelle à la phase anale), tandis que la psychose met en mouvement des relations archaïques qui plongent leur racine dans l'investissement narcissique – comme si la libido se reportait sur le moi, là où le névrosé maintient de solides investissements d'objets.

Reste une structure que Freud repère de façon plus dispersée : la « perversion ». La névrose se présente comme « le négatif de la perversion » dans les *Trois essais*[101]; mais l'introduction du narcissisme révèle aussi bien le côtoiement de la perversion avec la psychose. Ce qui est en effet à l'œuvre essentiellement c'est le déni de la castration, comme réalité et représentation [102]. Contrairement au névrosé, le pervers refuse l'affrontement avec le père et paie cet évitement d'une stratégie fétichiste [103] tendant à éviter la phobie, soit l'effet de retour de la castration dans le réel. D'où aussi bien le surinvestissement narcissique de toute-puissance par laquelle se signale la perversion.

On remarquera que cette trilogie structurelle s'organise de façon croisée avec la logique des *Ver-* : refoulement et dénégation signalent la névrose, le déni signale la perversion, comme le « rejet » ou « forclusion » [104] la psychose.

Nous avons ainsi suivi la logique de l'inconscient jusqu'à son extrême évolution sur le versant de la représentation. Il nous faut à présent revenir au second foyer où va rayonner le découvrement freudien, celui qui rapporte l'inconscient à son *étiologie*, sexuelle, dont le texte fondateur est constitué par les *Trois essais sur la sexualité.*

100. *Op. cit.*
101. *G.W.*, V, p. 132.
102. Voir *supra*, note 95.
103. Voir l'écrit sur « Le Fétichisme », 1927.
104. Terme proposé par Jacques Lacan pour traduire *Verwerfung.*

Niveau III : Les figures de la sexualité

1. La sexualité infantile

Dans l'espace ainsi ouvert, Freud devait en effet s'avancer, pour la bonne raison qu'il donne lui-même : « Si je persévérai pourtant, ce fut peut-être seulement parce que je n'avais pas le choix et ne pouvais alors entreprendre autre chose [105] ». On peut baliser son chemin : d'une part, il s'agissait de fixer le texte ainsi révélé, afin d'en établir une sorte d'édition critique : ainsi le chapitre du symptôme, en fournissant l'accès à la grammaire de l'inconscient, va-t-il permettre d'en écrire les chapitres complémentaires; d'autre part, il s'agissait de démonter la mécanique qui sous-tend le texte. Soit d'une part une *sémiologie* de l'inconscient – celle-là même que nous avons développée – d'autre part une *étiologie*, qui lie la sexualité à ce texte inconscient. Tel est le second destin que va suivre le découvrement, reconstruisant le« patron » à partir du fil décousu de la scène primitive.

Le pas décisif de l'« erreur primitive » à l'étiologie sexuelle, Freud l'indique avec limpidité : « Cette erreur dissipée, le chemin était libre pour pouvoir étudier la sexualité infantile [106]. » Cela est à entendre, non à la manière d'un obstacle gênant qu'on écarte de la main, mais comme le moment de la révélation conditionné impérativement par le moment de l'« errance ».

Car, enfin, ce texte œdipien, sur quoi s'écrit-il, et avec quelle encre? Il faut ici nommer une énergie singulière, et archaïque, œuvrant dès l'origine *(Ur) :* la *libido.* Et c'est parce que cette énergie se donne carrière dès les premières années, qu'il faut parler de « sexualité *infantile* ».

Il faut bien saisir ce que la « découverte » de la sexualité infantile a de paradoxal – et par cela même d'exemplaire de la découverte freudienne.

Nous dirons que, en obligeant à concevoir une telle

105. *Selbstdarstellung.*
106. *Ibid.*

sexualité, Freud ne fait pas qu'élargir de façon inopinée le concept de sexualité : c'est jusqu'à l'identification de ce qu'on peut nommer « sexualité » qu'il problématise. Le texte le plus explicite sur ce point nous semble être la XXIe leçon de l'*Introduction à la psychanalyse.* Freud l'ouvre en posant cet extraordinaire « principe d'indétermination » : « N'oubliez pas que nous ne sommes pas encore en possession d'un signe de reconnaissance *(Kennzeichen)* général de la nature sexuelle d'un processus [107]. »

On est loin, en ce sens, du simpliste « pansexualisme » que l'on prête à Freud : alors qu'on le représente mettant du sexuel partout dans la psyché, voici qu'il déclare, en 1917, qu'il n'est pas en mesure de produire de label de reconnaissance minimum de ce qu'est, à la base, le processus sexuel. Or, c'est justement l'émergence d'un infantile sexuel qui a brouillé la « caractéristique » réputée universelle et spécifique. Car il n'y a pas une sexualité de l'enfant (prégénitale) *en plus* de celle de l'adulte : « L'enfant, selon la formule du poète, devient le père de l'homme [108]. »

Freud devait donc se poser la question objective : comment s'assurer de la caractéristique sexuelle de ces processus d'origine? N'est-ce pas jusqu'au sens même de la notion de « sexualité », qu'il faut réviser et récuser? Cette question, précisément, Freud l'articule, en un passage qui nous semble le moment de vérité de la théorie de la sexualité infantile : « Pourquoi vous entêtez-vous (ainsi s'interroge-t-il au nom d'un objecteur imaginaire) à dénommer sexualité ces manifestations de l'enfance que vous considérez vous-même comme indéterminables, à partir desquelles advient le sexuel [109]? »

Il faudrait donc poser à l'origine quelque chose comme une inconnue (au sens mathématique) à partir de laquelle certains effets sont repérables. Le terme de « sexualité infantile » ne serait que le prête-nom de cette réalité primitive. Du moins peut-on en décrire les propriétés : elle implique l'idée d'activité associée à celle de plaisir, soit « un plaisir d'organe indifférent ». Ainsi surgit le problème : « Comment et pourquoi ce plaisir

107. *G.W.*, XI, p. 331.
108. *Ibid.*
109. *Ibid.*, p. 335.

d'organe indifférent à l'origine obtient ce caractère sexuel qu'il possède indubitablement dans les phases ultérieures du développement? »

C'est là la vieille question de l'origine. Il suffit de prendre acte du fait que le *terme* d'un processus doit bien être inscrit dans son *germe.* Ainsi, quoiqu'il avoue savoir « peu de choses sur le plaisir d'organe et ses conditions » – germe du processus –, supposant même qu'il puisse exister, « à côté du plaisir sexuel, un plaisir d'une nature différente », il en arrive, par un raisonnement complexe sur la nature du *processus,* à l'idée que le produit du processus – la « sexualité proprement dite –, atteste la présence à l'origine d'un facteur sexué, qui justifie finalement l'expression de « sexualité infantile ».

C'est ce qu'exprime la comparaison du cotylédon [110] – à la fois argumentation scientifique de nature évolutionniste et parabole de l'origine sexuelle!

2. La « déesse » libido

En 1920, dans la préface des *Trois essais sur la théorie de la sexualité,* où il exposait quinze ans plus tôt les premiers éléments de la « sexualité infantile », Freud formule la division de la théorie analytique en une partie purement psychologique – relative « à l'inconscient, au refoulement, au conflit déterminant des troubles morbides, au bénéfice de la maladie, au mécanisme de la formation des symptômes [111] » – bref, tout ce qui concerne la direction des découvertes évoquées jusque-là, et une partie biologique. Par là, Freud accrédite bien la bipartition du processus généalogique de découvrement que nous rencontrons en ce point précis. Cela explique que, d'un côté, Freud ait rédigé sa grammaire de l'inconscient et, de l'autre, se soit soucié, dans ses *Essais* de 1905, de codifier la partie de la doctrine analytique « qui touche à la biologie ». C'est là la division naturelle de l'objet analytique, inconscient-sexualité.

110. Cf. la métaphore botanique de Freud dans sa démonstration.
111. *G.W.*, V p. 31.

Mais précisément, l'interprétation de ce nouveau moment suppose d'être au clair sur le sens de ce recours à la biologie. Freud avertit lui-même qu'il doit « revendiquer pour ce travail son indépendance de toute recherche biologique [112] », et qu'il s'est « tenu à l'étude des fonctions sexuelles de l'homme » en usant de la technique analytique. Il ne s'agit donc pas de recourir à la biologie pour fournir un échafaudage à la psychanalyse : Freud précise en ce sens qu' « il semble exclu que de ces essais puisse sortir une théorie de la sexualité [113] ». Le but est, au rebours, de « rechercher dans quelle mesure la psychologie peut nous fournir des indications sur la biologie de la vie sexuelle de l'homme [114] ». Ce dont il va être question dans les *Trois essais,* c'est donc seulement de « ce que la psychanalyse reconnaît ou pourra confirmer [115] ».

Cela barre la route à une interprétation biologisante de la psychanalyse. Le recours à une conceptualisation biologique correspond bien à un besoin notable : mais seule l'expérience analytique elle-même peut fonder ce recours. Cela va nous aider à comprendre le sens d'un registre de la *libido* désormais dominant. Ce principe économique de la « pulsion sexuelle » désigne le substrat de ses transformations; corrélativement, il fournit un fil directeur à l'évolution *génétique* de la sexualité infantile.

Celle-ci est représentée à travers la sériation de « stades » de maturation (oral, anal; puis phallique [116]) qui précèdent l'intégration génitale. Mais ce point de vue biogénétique indéniablement présent dans la théorie freudienne doit être apprécié à la lueur d'une considération contradictoire : ce qui est mis en valeur, c'est une forme de sexualité spécifique qui peut être qualifiée négativement de « pré-génitale » et fonctionne de façon « partielle ». Entendons que, à chaque stade de son développement, la pulsion sexuelle se fixe sur un type d'objet déterminé, à partir d'une source déterminée. Ce mode de

112. *Ibid.* p. 30 (préface de la 3ᵉ édition de 1914).
113. *Ibid.* p.29.
114. *Ibid.* p.30.
115. *Ibid.* p.29.
116. Ce dernier stade a été introduit plus tard, dans l'essai de 1923 sur « L'Organisation génitale infantile ».

fonctionnement « pervers » ne renvoie pas seulement à quelque immaturation de la fonction sexuelle génitale : il constitue justement cette forme de sexualité *sui generis* que la psychanalyse identifie comme son objet propre, et qu'elle doit défendre comme « une déesse offensée » (comme il le dit à propos d'Adler), sous le nom de « libido ».

Il est remarquable que « la sexualité infantile » fasse l'objet du second essai (auquel il donne son titre), succédant ainsi à l'essai sur les « aberrations sexuelles » : c'est en effet à partir de sa déviation que la pulsion sexuelle est abordée. Et c'est justement parce que l'*objet* et le *but* de la pulsion sont variables (voir *infra*) que celle-ci contient en soi cette virtualité perverse à partir de laquelle s'organise la sexualité dite infantile. Il ne reste plus dès lors, dans le troisième essai, qu'à étudier le devenir de cette sexualité et son passage, à travers la « phase de latence », à la sexualité génitale.

L'effet de ce singulier point de vue est de présenter, au bout du compte, la sexualité réputée seule existante avant la psychanalyse – soit la sexualité biologique liée à la fonction de procréation –, comme une *reprise*. Ce qui était admis comme point de départ de la fonction sexuelle doit être entendu désormais comme point d'arrivée et de retournement.

La sexualité se pose comme un problème – et même comme *le* problème majeur de l'inconscient – précisément à partir de cette structure bipolaire (prégénitale/génitale). Ainsi se trouve brisée l'unité réputée de la fonction sexuelle : or, c'est précisément à travers cette brèche ou cette béance que s'introduit cette dimension symbolique. Il y a en effet, dès lors, pour le sujet, à se positionner par rapport à la fonction sexuelle impartie par l'espèce, au lieu et place de *son* désir. Ainsi devient visible l'arrière plan biogénétique de ce qui se notifiait à Freud dès la découverte paradoxale de la « scène primitive ».

Corrélativement, la névrose est liée au « destin » de la libido, sauf à l'inverser : toute névrose procède en effet d'une certaine *fixation* à l'un des stades de la libido, à partir de laquelle se produit une certaine *régression*. Cela suppose de postuler une *organisation* de la libido, de nature prégénitale, c'est-à-dire une unification progressive des pulsions partielles, ce que Freud n'introduira qu'après les premières éditions des *Trois essais*, centrées sur les pulsions partielles [117] : alors se trouve fondée l'idée d'une sexualité infantile, organisée de façon spécifique.

Conclusion de la première vague de découvertes : le tournant métapsychologique

Ce n'est pas un hasard si c'est un moment précis – vers 1915 – que Freud éprouve le besoin de systématiser son projet d'une *théorie* analytique, en lui donnant le *langage* spécifique au champ de savoir ouvert. Il reprend ainsi le terme hasardé dès les années 1895 pour donner à cette « discipline » nouvelle son intitulé : « Métapsychologie [118] ». Il s'agit alors d' « éclaircir et d'approfondir les hypothèses qu'on peut mettre au fondement d'un système psychanalytique ».

En fait, Freud avait senti dès l'origine le besoin d'édifier une psychologie qui « mène au-delà du conscient », soit une métapsychologie. Mais cette théorie anticipée devait passer par le détour de la clinique : il s'agit donc de reprendre, dans l'après-coup de la théorie, le sens qui s'est découvert alors. La théorie ne saurait servir à clore un système : il est symbolique que Freud n'ait livré sous ce terme générique de « métapsychologie » que cinq essais – sur l'inconscient, le refoulement, les destins pulsionnels, le deuil et le rêve [119]. Mais là se trouve défini le champ propre du logos psychanalytique : « Je propose qu'on parle de présentation *métapsychologique*, lorsqu'on parvient à

117. « La Prédisposition à la névrose obsessionnelle » (1913) : ce n'est sans doute pas un hasard si c'est le stade le plus structuré (anal) qui a introduit l'idée d'« organisation ».

118. Freud appelle même la métapsychologie son « enfant idéal », son « enfant-problème » (lettre du 12 décembre 1896) et demande à Fliess s'il a bien raison d'appeler ainsi (lettre de mars 1898) cette « psychologie qui aboutit à l'arrière-plan du conscient ».

119. Ce recueil intitulé *Métapsychologie* devait contenir douze essais, mais Freud a détruit les sept autres.

décrire un processus psychique dans ses relations *dynamiques, topiques* et *économiques* [120] ». On peut dès lors déterminer les critères d'une élaboration théorique complète des processus inconscients selon ce triple axe des *processus,* des *lieux* et des *forces* [121].

En fait la métapsychologie, destinée à être inachevée, sert à nommer l'exigence d'identification, par la psychanalyse, de son objet propre. On comprend que la métapsychologie constitue le pendant explicatif de ce que nous avons désigné comme « grammaire de l'inconscient ». Celle-ci décrit les effets de sens inconscients, celle-là les rapporte à un système explicatif, de façon à en *fonder* la nature et la fonction. Fondation toujours ouverte sous peine de se refermer en « philosophie » ou « vision du monde [122] ».

1. La pulsion, objet métapsychologique fondamental

C'est justement au moment où la métapsychologie se définit qu'elle peut aussi nommer son objet principal *(Grundbegriff)* [123]. Premier dans l'ordre logique, cet objet est découvert dans la théorie après coup. Il est donc, finalement, nommé : « pulsion » *(Trieb).* Présent dès l'origine – à vrai dire dès que Freud a distingué des excitations internes, que le sujet ne peut fuir puisqu'elles viennent du dedans, et des excitations externes –, introduit explicitement avec la théorie de la sexualité infantile, le terme reçoit un statut métapsychologique.

Il désigne en effet l'objet primitif que la psychanalyse doit postuler, comme toute science. Cela signifie qu'à l'origine de tout processus psychique inconscient, on doit postuler *cela,* soit une *poussée,* « exigence de travail imposée à l'appareil psychique [124] » ayant sa *source* dans un état de tension localisé dans un

120. « L'Inconscient », *G.W.*, X, p. 281.

121. Cette conception est liée étroitement aux modèles historiques de la science de l'époque de Freud : sur ce point essentiel, nous renvoyons à toute la seconde partie de notre *Introduction à l'épistémologie freudienne,* p. 95 sq.

122. Voir *Freud, la philosophie et les philosophes.*

123. Au sens défini au départ, voir *supra*, p. 147 sq.

124 « Pulsions et destins des pulsions », *G.W.*, X.

processus somatique et ayant pour *but* la satisfaction, c'est-à-dire la suppression de l'état de manque primitif, au moyen d'un *objet*.

La pulsion désigne ainsi ce dont parle spécifiquement la psychanalyse. L'erreur serait d'y voir un concept emprunté à la biologie et introduit dans la psychanalyse : bien plutôt, c'est l'objet spécifique que la psychanalyse postule et définit comme « concept limite entre le psychique et le somatique [125] ». Entendons qu'elle recueille et étudie les « destins des pulsions » à travers la variation de leur *but* et de leur *objet* – trait fondamental distinctif de l' « instinct ». Ainsi le refoulement lui-même, dont on a vu l'importance cardinale, peut-il être recensé comme « destin des pulsions », à côté du « renversement dans le contraire » – par lequel une pulsion passe de l'activité à la passivité –, du « retournement sur la personne propre » – par lequel la pulsion se reporte de l'objet à la personne propre [126] et à côté de la « sublimation » par laquelle la pulsion échange son but sexuel et son objet contre des buts et objets culturels.

On peut même dire que la pulsion est plus originaire que toute notion d' « affectivité » ou d' « intellectualité » (ce qui écarte la psychanalyse des psychologies classiques). La « représentation » et l' « affect » sont en effet les deux modalités par lesquelles la pulsion se « délègue » dans la psyché, sous la forme, respectivement, d'un investissement et d'une décharge.

Enfin, la pulsion apparaît comme la « motion » par laquelle la *libido* se consomme en quelque sorte. En termes appelés par la métaphore économique, les pulsions apparaissent comme la petite monnaie courante en laquelle le capital libidinal se « liquidifie ».

Mais Freud devait affronter la question de la diversité des pulsions. S'il est vrai qu'il y a autant de pulsions que de « motions pulsionnelles » *(Triebregungen)* particulières, Freud devait éprouver le besoin de ramener la structure du conflit à un affrontement de « pulsions fondamentales ». Ainsi se dessine une superstructure d'inspiration mythologique destinée à

125. *G.W.*, V, p. 67. Voir l'importance de ce problème dans le chapitre sur « Les fondements philosophiques de la psychanalyse », pp. 80-82.
126. *Ibid.*

rendre compte, au plan de la pulsionnalité, de la nécessité du conflit. Formulé dès 1910, à l'occasion d'un phénomène clinique très précis – la cécité hystérique d'origine psychique – comme opposition de la « Faim » et de l' « Amour » – soit des pulsions « qui ont pour but l'autoconservation de l'individu » ou « pulsions du moi » et des pulsions « qui ont pour but la sexualité [127] » –, le dualisme pulsionnel évoluera, sous la pression de nouvelles découvertes (voir *infra*), en dualisme d'Éros et Thanatos. Il nous suffit de marquer ici que, en dernière instance, c'est dans l'être de la pulsion que se joue tout événement inconscient, tant au niveau de la pulsion, de la libido, que de la structure pulsionnelle du conflit.

2. Le virage de la découverte et du style de découvrement

Ce n'est pourtant pas un hasard si c'est à ce moment que Freud éprouve le besoin de commencer à systématiser la métapsychologie, par des essais qui portent ce titre (alors que l'expression existe depuis vingt ans), au moment où va émerger un nouveau degré de conceptualisation. Freud lui-même prend acte à cette époque d'une sorte de nouveau souffle de la découverte analytique, dans telle lettre à Karl Abraham : « Avant, ma manière de travailler était différente; j'avais l'habitude d'attendre qu'une idée me vienne. Maintenant, je vais à sa rencontre [128]... » Cela signifie moins un renoncement à l'ancien mode de penser qu'une sorte de prise de conscience du rôle moteur du *Phantasieren*, dans la dialectique définie plus haut [129].

Cela va se traduire par un souci nouveau, celui de ressaisir les apports d'un *point de vue* nouveau. On ne peut se déprendre de l'impression que, dans la synthèse précédente, Freud s'appuyait de façon positiviste sur les *faits*, alors que les

127. « La Perte de la vue d'origine psychogène dans la conception psychanalytique », *G.W.*, VIII, pp. 97-98.

128. Lettre à Karl Abraham du 11 décembre 1914, in *Correspondance*, *op. cit.*, p. 150.

129. Voir supra, p. 150.

nouvelles acquisitions se situeraient sur un plan plus « spéculatif ». De fait, la sexualité infantile, le rêve ou l'acte manqué semblent désigner plus immédiatement des « données » que le narcissisme ou la pulsion de mort! On serait même tenté de parler d'un « premier Freud », celui d'avant le « grand tournant » des années 1914-1920, pour l'opposer à un « second Freud », doté d'un style de recherche différent.

En fait, cette évolution significative et importante ne saurait mettre en cause la continuité du mouvement de découvrement qui pousse Freud jusqu'au bout d'une certaine *nécessité*. Il est vrai que ce que l'on peut étiqueter comme « découvertes » a changé de statut, voire de nature : pourra-t-on dire que Freud « découvre » le narcissisme ou la pulsion de mort, comme il avait mis à jour l'existence d'une sexualité infantile? En ce sens, il est clair que l'objet psychanalytique a évolué, dans sa nature même. Mais ce n'est pas à dire que Freud spéculerait désormais, alors qu'il constatait jusqu'alors. La psychanalyse continue de tendre vers un « constat loyal »[130]. Mais justement, à travers ce nouveau registre, va se révéler la dimension théorique inséparable de la découverte analytique. Comme on le verra, le narcissisme ou la pulsion de mort ne peuvent être compris que si l'on saisit qu'ils ne désignent pas de simples « faits », repérables comme tels immédiatement. Ce sont pour le moins des « faits métapsychologiques » qui rendent compte du matériel dont ils sont tirés, mais par un détour important. Ce sont des « points de vue » qui permettent de saisir, à grande distance et avec une capacité spéciale de synthèse, toute une catégorie de phénomènes.

On comprend que cette nouvelle espèce de découvertes se présente à la fois comme moins immédiatement factuelle et plus ambitieuse dans son extension explicative. Freud va dès lors revendiquer le droit de « s'abandonner à un cheminement d'idées *(Gedankengang)*, le poursuivre aussi loin qu'il mène », ce qui implique de « combiner ensemble, à plusieurs reprises, ce qui appartient aux faits avec ce qui relève de la pure spéculation

130. Lettre au pasteur Pfister du 25 juillet 1922, in *Correspondance de Sigmund Freud avec le pasteur Pfister*, Paris, Gallimard, 1966, p. 135.

(Erdachten) [131] ». Il nous faut donc, sur les pas de Freud, suivre les nouveaux « cheminements d'idées » afin de voir à quel nouveau genre de découvertes ils mènent. Ce qui suppose de suivre le char de la découverte freudienne achevant sa course en abordant une nouvelle carrière, sans verser dans ce virage décisif.

DEUXIÈME PARTIE
LA SECONDE VAGUE DE DÉCOUVERTES

Niveau IV : La révolution narcissique

1. L'introduction du narcissisme

On peut considérer qu'après les *Trois essais,* l'édifice psychanalytique, dans sa première mouture, est en place. Il va connaître un remaniement dans les années qui précèdent la Première Guerre mondiale : une généalogie du processus de découvrement analytique se doit de comprendre et d'évaluer ce qui va se jouer là. Nous l'exprimerons – empruntant le langage mythologique en lequel se déchiffre volontiers la psychanalyse – en disant qu'à côté d'*Œdipe,* va émerger le règne de *Narcisse.* C'est en effet le *narcissisme* qui va passer au premier plan de la théorie analytique [132].

Narcisse, à vrai dire, ne met pas fin au règne d'Œdipe mais complète l'accent mis sur la libido objectale par une prise en compte d'une forme paradoxale que Freud ne trouve tout d'abord à nommer que comme « libido du moi ». De là à penser une série de phénomènes qui traduisent l'investissement de l'énergie libidinale sur le sujet lui-même. On comprend que Narcisse en fournisse électivement l'emblème : soit un « amour-

131. A propos de la pulsion de mort (voir *infra*), dans *Au-delà du principe de plaisir, G.W.*, XIII, p. 64.

132. Tel est le sens du titre de l'écrit fondamental : « Pour introduire le narcissisme »... dans la théorie psychanalytique (1914). Il faut noter que le terme « narcissisme » a été introduit dès novembre 1909 (comme l'attestent les *Minutes de la Société psychanalytique de Vienne*).

propre » – au sens strict du terme. A travers l'objet, le sujet *s*'aimerait foncièrement. Il y aurait donc à reconsidérer les apports précédents *de ce point de vue* du narcissisme – ce qui nous confirme que la découverte analytique est moins le repérage d'une réalité nouvelle que l'acquisition d'un nouveau point de vue à la lueur duquel le paysage général se redéfinit et se découpe selon de nouvelles lignes de crête.

On ne saurait négliger le rôle d'une impulsion extérieure – la controverse avec Carl Gustav Jung – dans cette évolution. Le monisme libidinal de Jung, postulant une espèce unique d'énergie psychique, tout en contrastant avec le point de vue résolument objectal de Freud, se référant à un substrat sexuel, ne le met pas moins en position de prendre en compte ce qui constitue en quelque sorte la racine de tout investissement, le « moi » lui-même.

Ernest Jones parle à ce propos d' « une révision radicale de ses opinions sur la structure du psychisme [133] », perturbante de la conception de l'instinct elle-même. C'est en effet la doctrine de la pulsion *(Trieblehre)* qui se trouve refondue, et Jones a raison de dire que le travail sur le narcissisme « a assené un coup bien désagréable à la théorie des instincts sur laquelle la psychanalyse s'est jusqu'à présent appuyée dans ses travaux [134] ». Mais cette « révision » ne saurait être assimilée à un coup de théâtre, ni à un simple appendice à la théorie de la pulsion. En fait il s'agissait de comprendre, dans l'après-coup qui est décidément le temps propre de la découverte analytique, que la libido procède d'un foyer narcissique. C'est le trouble que le narcissisme introduit, tel que Jones l'exprime : « Si le moi lui-même se trouve investi libidinalement, il s'ensuit que nous devons considérer son caractère le plus remarquable, l'instinct de conservation, comme un élément narcissique de l'instinct sexuel. »

Il s'ensuit que la nature du conflit est redéfinie : il passe en quelque sorte entre les deux pôles de la libido, l'objectal et le narcissique. L'expérience jungienne de la « démence précoce » avait attiré l'attention de Freud sur cette aptitude de la libido à

133. *La Vie et l'œuvre de Sigmund Freud*, t. II, p. 322.
134. *Ibid.*, p. 323.

refluer sur le moi à partir des objets. Freud nous en propose l'image saisissante : « Nous nous formons ainsi la représentation d'un investissement libidinal originaire du moi; plus tard une partie en est cédée aux objets, mais fondamentalement l'investissement du moi persiste et se comporte envers les investissements d'objet comme le corps d'un animalcule protoplasmique envers les pseudopodes qu'il a émis [135]. »

2. *Les effets de la découverte*

En profondeur, le narcissisme a pour effet de porter l'accent sur le pôle de la représentation. Ainsi la notion d'*identification*, présente dès l'origine, va trouver un fondement grâce au narcissisme, en se reliant à la notion de choix d'objet narcissique qui désigne l'éclosion d'un choix d'objet sur le modèle de la relation que le sujet entretient avec lui-même. Aussi bien Freud confie-t-il que c'est la découverte d'un tel choix d'objet d'amour, chez les homosexuels en particulier, « sur le modèle de leur propre personne », qui a constitué « le motif le plus fort qui [l']a obligé à admettre l'existence du narcissisme ».

Parallèlement, apparaît la notion d'*idéal du moi*, pour désigner cette « quasi-instance [136] » qui permet au moi de mesurer sa relation à soi-même, projeté devant soi comme « le substitut du narcissisme perdu de son enfance », du temps où « il était à lui-même son propre idéal [137] ».

C'est par ce biais que la psychanalyse voit s'ouvrir un nouveau champ d'investigation, concernant le champ du *collectif*. Ce n'est pas un hasard si c'est parallèlement à l'élaboration de la théorie du narcissisme que Freud élabore sa première approche de psychologie collective, *Totem et tabou* (1913) [138]. Ce n'est pas non plus un hasard si la notion d'idéal du moi joue le rôle central dans *Psychologie collective et*

135. *Pour introduire le narcissisme, G.W.*, X, p. 141.
136. Jamais en effet l'idéal du moi n'a été reconnu comme une instance topique (voir *infra*).
137. *G.W.*, X, p. 161.
138. Voir le lien de l'animisme narcissique avec la mentalité primitive.

analyse du moi (1921), la seconde synthèse fondamen...

C'est que le narcissisme fournit la plaque tournante des deux registres : la psychanalyse nous révèle ce paradoxe, visible seulement du point de vue de l'inconscient, que le sujet, loin de s'« augmenter » par la formation collective – c'est-à-dire de multiplier ses relations d'objet d'emblée –, se trouve ramené à une situation narcissique. C'est en effet en faisant du chef l'objet de leur idéal du moi que les sujets supporteraient le groupe et créeraient l'institution [139].

3. *Narcissisme et interdit*

Au même moment – coïncidence qui ne saurait être fortuite – Freud rencontre la question de l'*interdit*. Virtuellement présente dès l'origine comme la question de la limite du désir, elle va entrer dans la théorie avec l'hypothèse du meurtre du Père primitif dont découlerait le « tabou » œdipien [140] : scène originaire de l'humanité, en quelque sorte. Dès lors, pendant une décennie, Freud n'aura de cesse d'approfondir cette question de l'interdit, jusqu'à ce qu'elle trouve un statut avec la seconde topique, formulée dans *Le Moi et le ça* (1923). Là en effet une « instance » déterminée va l'assumer : le *surmoi*. C'est de lui que dépend la *culpabilité*. Formé au déclin du complexe d'Œdipe, comme intériorisation de l'interdit paternel, sous la pression de la menace de *castration*, il suppose donc « un cas d'identification réussie avec l'instance parentale [141] », soit une « formation substitutive de la passion pour le père [142] ».

Le surmoi domine – dans tous les sens du terme – le *moi* auquel il adresse conseil – « sois ainsi » (comme ton père) – et

139. *Psychologie collective et analyse du moi.*

140. « Un jour, les frères chassés se sont réunis, ont tué et mangé le père, ce qui a mis fin à l'existence de la horde paternelle [...] par l'acte d'absorption ils réalisaient l'identification avec lui, s'appropriaient chacun une partie de sa force » (*G.W.*, IX, pp. 171-172). D'où procède le « sentiment de culpabilité » du fils qui a engendré les tabous qui devaient « se confondre avec les deux désirs réprimés du complexe d'Œdipe » (p. 173).

141. *Le Moi et le ça, G.W.*, XIII.

142. *Ibid.*

interdiction – « ne sois pas ainsi » (comme ton père), « ne fais pas tout ce qu'il fait, beaucoup de choses lui sont réservées à lui seul [143] ». Le moi lui-même est conçu comme instance de contrôle, coordonnant « tous les processus partiels » et produisant les « refoulements ». Tel un cavalier, il chevauche le « ça », foyer pulsionnel, « grand réservoir » de la libido. Le moi se trouve ainsi « soumis à une triple servitude, et de ce fait est menacé par trois sortes de dangers : celui qui vient du monde extérieur, celui de la libido du ça et celui de la sévérité du surmoi [144] ». Aussi bien devient-il l'instance à laquelle se notifie l'angoisse, non plus excédent d'excitation, mais *signal* d'un débordement de la fonction de contrôle (parallèlement à « l'angoisse automatique »).

On ne peut cependant dissimuler la contradiction révélatrice qu'introduit le surmoi par rapport à l'émergence précédente du narcissisme : le repère le plus net est la rivalité entre l' « instance » ou fonction d'idéalisation, introduite avec l'idéal du moi, et l'instance de l'interdit surmoïque.

En effet, alors que l'idéal du moi procède d'une extension imaginaire du moi, surinvesti narcissiquement, le surmoi procède d'une intériorisation des interdits œdipiens. C'est pourquoi, après la grande période idéal-moïque des années 1914-1921, Freud semble embarrassé par le statut à donner à cette instance narcissique dans la nouvelle topique. Tantôt il semble les identifier, parlant du « surmoi *ou* idéal du moi [145] », tantôt il semble mettre de côté l'idéal du moi – comme si l'instance symbolique avait « avalé » l'instance narcissique – : à titre de compromis, il finit par définir le surmoi comme support ou véhicule *(Träger)* de l'idéal du moi [146].

Tout se passe comme si, avec la seconde topique, Freud avait limité et endigué la poussée narcissique des années précédentes. Le résultat en est une indéniable suprématie de l'instance d'interdit surmoïque, sans que la fonction narcissique soit gommée. Cette évolution montre tout d'abord à quel

143. *Ibid.*
144. *Ibid.*
145. *Le Moi et le ça.*
146. *Nouvelles conférences, G.W.*, XV.

point la découverte analytique désigne moins un fait qu'un niveau d'émergence, lié lui-même à une certaine clé d'interprétation. Ce n'est pas à dire que, fidèle à l'impératif de « constat loyal », Freud sacrifie les faits à l'interprétation globale : mais le problème est de doser l'apport de sens des divers acquis. Freud intervient comme une sorte d'arbitre du rapport de forces entre les divers éléments qui se notifient dans la clinique. Il lui faut donc à certains moments réajuster les prétentions respectives des éléments à se faire reconnaître, quitte à trancher de façon décidée. Ainsi arbitre-t-il, en un jugement de Salomon, entre les revendications idéal-moïques et sur-moïques...

On doit reconnaître que le choix relatif en faveur des secondes est révélateur d'une confrontation décidément inévitable avec le problème de l'interdit. L'indice en est la position sur la « psychologie collective » : *Moïse et le monothéisme* (1938) renoue avec la réflexion sur le meurtre du père introduite par *Totem et tabou* – alors que *Psychologie collective et analyse du moi* s'était recentré sur les conditions de production imaginaires du groupe humain. On ne peut se déprendre de l'impression que Freud a, dans sa conception de l'interdit, effectué une démarche qui ressemble à celle qu'il décrit à la fin de son étude sur Moïse : « le retour à un dieu père, seul, unique, omnipotent [147] ». L'insistance sur le narcissisme avait privilégié l'investissement originaire du moi sur lui-même, avant le complexe d'Œdipe : n'est-ce pas une partie de ce qui a été ainsi volé au père que restitue la souveraineté du surmoi ?

Cela concorderait bien avec l'éloge du patriarcat que l'on trouve chez Freud : « La restauration du père primitif dans ses droits historiques marqua un progrès considérable [148]... » C'est pourquoi il le salue comme « une victoire de la spiritualité sur la sensualité », puisque « la maternité est révélée par les sens tandis que la paternité est une conjoncture basée sur des déductions et des hypothèses [149] » : « progrès de la civilisation » fondamental.

Les conséquences méthodologiques sont nettes : il ne s'agit

147. *G.W.*, XVI.
148. *Ibid.*
149. *Ibid.*

plus donc de se demander comment l'image du chef a été construite par dépossession et drainage des narcissismes individuels, comme en 1921, mais comment, sous l'effet de la poussée du « droit paternel » – effet du progrès de l'humanité –, le chef a été reconnu comme « substitut du père ». La souveraineté du surmoi apparaît comme l'écho dans le psychisme individuel de cette conquête.

Cette évolution prend tout son sens dans la genèse de la découverte analytique : en effet, on avait souligné, à l'étape précédente, la poussée narcissique contre la théorie de l'objectalité. On doit constater que, par la voie de l'interdit, la problématique de l'objectalité prend une sorte de revanche. Le recentrage autour d'une problématique œdipienne réactive en effet la problématique libidinale, que le narcissisme avait repoussé au fond du décor ! Nous sommes parvenus en conséquence à un point intermédiaire qui n'est pas à situer, il faut le souligner, simplement à mi-chemin des deux points de vue, mais à leur point de résultante dynamique.

Comprenons que le narcissisme a révélé l'ombre imaginaire de la satisfaction d'objet, invitant à se reporter sur le « sujet » de l'investissement : l'interdit surmoïque atteste le besoin d'interroger la relation avec la possession d'objet entravée, empêchant un déséquilibre au plan de l'imaginaire. C'est en ce point d'équilibre que va intervenir l'ultime séisme métapsychologique...

Niveau V : Le bouquet final de découvertes

1. La pulsion de mort

En 1920, dans *Au-delà du principe de plaisir*, l'édifice analytique devait connaître un nouveau et ultime séisme, avec l'introduction de la notion de « pulsion de mort » *(Todestrieb)*. C'est au reste l'occasion de saisir en quelque sorte, à son point d'aboutissement, le sens et la logique du processus de découvrement suivi depuis l'origine. Il semble même que le contenu même de la « pulsion de mort » ne puisse être compris qu'à partir de ce principe : ce qui est « découvert » à travers cette notion, c'est moins une réalité nouvelle, isolable comme telle, que *ce qui, dès l'origine, ne cessait d'œuvrer dans l'inconscient et la sexualité,* et qui, *à la fin, se découvre* comme tel.

Qu'est-ce qui se découvre donc, au cœur même de la nature de la pulsion, puisque Freud affirme que toute pulsion en tant que telle *est* pulsion *de mort?* C'est une tendance à retourner à un point de réduction complète de la tension, à un état en quelque sorte anorganique. Or cette « propriété générale » de la pulsion est formulée, non comme la découverte d'un fait ou d'une série de faits nouveaux, mais comme l'affirmation d'un réseau de faits, connus depuis longtemps [150], dont la convergence signifiante impose l'hypothèse métapsychologique de la « pulsion de mort ».

Au centre de ce réseau, on trouve le phénomène de *compulsion de répétition,* soit le processus incoercible de répétition d'une situation pénible. Ce processus, observé depuis longtemps de façon en quelque sorte chronique dans la clinique, se révèle rétroactivement comme irréductible au simple jeu de plaisir et de déplaisir, en termes d'abréaction. A travers le plaisir paradoxal de répétition compulsionnelle, ce serait la pulsion de mort qui serait à l'œuvre. Elle trouve son emblème dans le fameux jeu de la bobine par lequel l'enfant vivait la perte et la reprise de sa mère, en un cycle interminable, scandé par le *Fort,* « là-bas », et le *Da,* « ici ».

Ainsi, ce qui se présente comme un renversement profond des principes de l'édifice analytique se révèle, dans la logique de la découverte analytique, comme ce qui œuvrait depuis toujours dans la clinique – même s'il a fallu traverser toute l'aire de la métapsychologie pour le dire. L'analyse *n*'aurait donc jamais eu affaire *qu*'à la pulsion de mort, et il aurait fallu l'ensemble du trajet théorique et clinique pour le comprendre, et en tirer les conséquences. Le principe de plaisir lui-même, réputé souverain, est mis « directement au service des pulsions de mort [151] ».

150. Nous renvoyons sur ce point à notre « Enquête sur le concept freudien de pulsion de mort », *Actualités psychiatriques,* 1972.

151. *G.W.,* XIII.

Par ailleurs, l'origine de la pulsion de mort se trouve dans l'introduction du narcissisme, qui a déstabilisé l'ancien *dualisme pulsionnel*. Jusque-là, Freud ramenait en effet la structure fondamentale du conflit psychique à l'opposition de « pulsions qui servent à la sexualité, à l'obtention du plaisir sexuel » et de « pulsions du moi [qui] ont pour but l'autoconservation de l'individu [152] ». Le narcissisme brouille cette dualité en obligeant à concevoir un investissement sexuel du moi. En conséquence, la libido du moi et la libido d'objet se trouvent regroupées à l'intérieur de « pulsions de vie », qui tendent à constituer des unités toujours plus vastes. La structure du conflit pulsionnel passe donc désormais entre la Vie et la Mort, Éros et Thanatos.

Ce qui, de l'extérieur du procès de découvrement, peut paraître arbitraire, serait à penser comme la nécessité la plus profonde de ce processus lui-même : comme si, à travers cette notion, Freud rencontrait de front la nature la plus paradoxale et la plus « réelle » de l'objet même du désir – jusqu'en ses effets culturels (cf. *Malaise dans la civilisation*).

2. *Le clivage du moi*

On peut donc dire que la dernière étape de la genèse de la psychanalyse consistera à tirer les conséquences de la découverte de la pulsion de mort, afin d'en apprécier l'après-coup, à la fois théorique et pratique. Symboliquement, les années ultimes de la vie de Freud (1937-1938) attestent une concentration d'écrits importants comme si ces *ultima verba* traduisaient à la fois une conclusion et une ouverture.

Conclusion, car les écrits *Analyse terminée et analyse interminable* et *Constructions en analyse* constituent bien une sorte de testament thérapeutique : Freud y affronte les effets de la pulsion de mort du point de vue de la « réaction thérapeutique négative », forme de résistance radicale à la guérison, repérée dans les années précédentes, qui trouve là sa racine; il examine parallèlement les conditions d'une « grammaire de

152. Voir *supra*, p. 180.

l'assentiment [153] » à la « vérité » que l'analyste propose au sujet désirant.

Ouverture, aussi, à travers une notion que Freud propose littéralement *in extremis*, dans un court écrit (inachevé) sur *Le Clivage du moi dans le processus de défense*. Paru à titre posthume, cet écrit introduit la possibilité d'une division radicale du moi lui-même *(Ichspaltung)*, devinée dans la théorie du fétichisme [154], et désormais systématisée. Le clivage consiste en effet dans la coexistence, dans le moi lui-même, de deux attitudes psychiques : « L'une, la normale, tient compte de la réalité alors que l'autre, sous l'influence des pulsions, détache le moi de cette dernière [155] » ce qui sous-tend la psychose comme la perversion.

C'est l'occasion de se demander si Freud n'introduit pas là une ultime découverte. Lui-même se pose la question : la coexistence de « deux attitudes psychiques différentes, opposées et indépendantes l'une de l'autre », n'est-elle pas familière depuis longtemps à l'expérience analytique ? Mais par ailleurs on devine qu'un pas a été franchi, qui ne l'avait pas été dans la théorie précédente. C'est donc à la fois un fait « depuis longtemps connu », qui « allait de soi », *et* une révélation de quelque chose de « tout à fait nouveau et surprenant [156] ». Le surprenant, c'est que le conflit ne passe pas ici entre le moi et l'*autre du moi* (le ça), mais entre le moi et lui-même *en tant qu'autre*. N'est-on pas par là-même sorti d'une logique du refoulement *stricto sensu ?*

La preuve en est qu'alors que tout refoulement résoud la dualité des « attitudes psychiques » incompatibles par la formation d'un compromis *(Kompromissbildung)*, le clivage les maintient en quelque sorte l'une en face de l'autre, dans une espèce d'ignorance réciproque. Le moi cesse d'être l'un des termes de la division, mais le lieu même que traverse la division. N'est-ce pas une complication décisive de la « topi-

153. Voir sur ce point notre étude sur « Freud saisi par Wittgenstein, Wittgenstein séduit par Freud », où cette question se trouve formulée de façon centrale, in *Le Temps de la réflexion*, n° 2, 1981, Paris, Gallimard.
154. Voir « Le Fétichisme », 1927.
155. *Abrégé de psychanalyse, G. W.*, XVII, p. 133.
156. *Le Clivage du moi dans les processus de défense, G. W.*, XVII, p. 59.

que », une relativisation de la notion même d'instance, qui oblige à concevoir une scission interne à l'instance elle-même – ce qui amende de façon considérable le principe même de l'extériorité « spatiale [157] » sur laquelle repose la logique du conflit ?

En fait, la perplexité de Freud, se demandant s'il faut identifier là, dans cet ultime rebondissement, une véritable découverte, pose une ultime fois la question de ce qui est à découvrir, dans l'analyse. En un sens, le clivage devait être postulé implicitement dans la logique du conflit ; et on pourrait, après son introduction explicite, *élargir* la logique du conflit, de façon à penser deux « sous-ensembles », celui du refoulement et celui du clivage. Mais, en un autre sens, le clivage oblige à subvertir une logique de l'objet du refoulement, pour penser la possibilité d'une scission de la « subjectivité [158] » elle-même.

On voit que Freud n'hésite pas à transgresser ici certains principes fondateurs de sa représentation de « l'appareil psychique », sans prétendre systématiser ces apports divers ni les ramener de force à une harmonie artificielle. Simplement, il nous faut intégrer dans le « modèle » de l'appareil psychique cette logique du clivage, hétérogène à la logique du refoulement, et permettant de prendre en compte un nouvel espace clinique. N'est-il pas symbolique que, dans l'ultime exil londonien, il rédige une nouvelle synthèse des apports psychanalytiques où se trouvent intégrés les nouveaux aménagements, sous le titre – ironique de modestie – d'*Abrégé de psychanalyse ?* Abrégé d'un parcours, dont les derniers points de suspension indiquent que, telle la cure, il peut et doit être sans fin.

Mais par lui-même, le contenu de cette ultime « découverte » est symbolique de ce qui n'a cessé de se découvrir à la psychanalyse, soit l'état de division représentative, dans lequel le sujet est par rapport à la vérité de son propre désir, en sorte qu'il ne peut y ajuster son savoir. Cela nous amène à faire retour sur le sujet auquel s'adresse la découverte psychanalytique

157. Cf. l'origine anatomique de la topique, que vient brouiller le clivage par l'idée de scission intérieure.

158. Terme à prendre en un sens rigoureusement fonctionnel, et non dans une théorie du sens (par exemple d'inspiration phénoménologique).

elle-même, en tant qu'il la *rencontre*, dans la cure ou dans le texte qu'elle lui adresse.

3. *Les effets thérapeutiques*

Le cheminement freudien ne fait pas que s'articuler en concepts explicatifs : conformément à sa définition [159], il découvre une expérience spécifique. Puisque la psychanalyse ne se contente pas d'*expliquer*, puisqu'elle tend à *traiter*, son ambition étiologique a pour enjeu permanent une ambition thérapeutique. Chez Freud, le *savoir* se teste toujours par un *pouvoir :* ce qui articule étroitement la théorie à la cure. Qu'on n'y voie pas même une « application » : la théorie ne s'applique pas à la cure, elle ne fait pas même que s'y vérifier. C'est comme une seule et même planche à imprimer qui fonctionne ici et là.

Ainsi, dès l'origine, c'est en expérimentant les limites de la technique hypnotique et de la catharsis que Freud se voit imposer un traitement par le langage qui s'en tient à l'association des représentations, afin de déraciner la « maladie du désir » qu'est la névrose. La *technè* va de pair avec l'*épistémè :* c'est en effet en quelque sorte la logique représentative du désir qui oblige Freud à renoncer à l'intervention sur le corps pour se porter sur le terrain du « laisser-parler ». Ainsi se dispose le « contrat psychanalytique », impliquant pour l'analyste d'écouter (règle d'attention également flottante, *gleichschwebende Aufmerksamkeit)* et pour l'analysant la règle fondamentale *(Hauptregel)* qui lui fait devoir de communiquer l'ensemble de ce qu'il lui vient, à l'improviste, à l'esprit *(Einfälle)*.

Ce qui nous intéresse pour notre présent propos, c'est le genre de découvertes que va rendre possible cette expérience, ainsi codifiée par la double règle « contractuelle ». Mais précisément c'est ici l'expérience qui fonde la découverte : l'essentiel est ce que découvre cette expérience elle-même. Les découvertes « techniques » de Freud sont donc suspendues à la

159. Cf. *supra*, la définition contenue dans « Psychanalyse » et « Théorie de la libido », pp. 145-146.

contingence de cette expérience. Entendons que ce qui va être découvert par cette voie est littéralement imprévisible, parce que inconcevable hors de cette expérience. Cette série de découvertes constitue donc le noyau le plus vivant de l'expérience analytique, c'est-à-dire ce qu'elle révèle par son avènement même. Corrélativement la cure joue la fonction d'une sorte de laboratoire où la psychanalyse peut et doit sans cesse étayer ses concepts étiologiques. Ce que veut signifier Freud par la boutade en réponse à Karl Abraham qui lui demandait comment il faisait « pour écrire, en plus de [sa] pratique analytique » : « Il faut que je me repose de la psychanalyse en travaillant [160]... » C'est que la théorie n'est pas « en plus » de la cure : elle sert à la comprendre, voire à la maîtriser. Sans la théorie, le choc de la cure serait littéralement insupportable (« sans quoi, je n'y tiens pas », confesse Freud); sans la cure, la théorie analytique serait creuse.

Mais justement, les découvertes techniques ont la tâche délicate de fixer en termes et en concepts des *événements*. S'ils ne sont pas abstraits ou trop généraux, parce que l'événement qui se joue dans la cure appartient à une *structure* relationnelle. Ainsi les deux termes clés de la cure, « transfert » et « résistance », traduisent-ils des événements sans cesse réactualisés dans la cure, mais aussi bien les dimensions structurelles de la relation qui se mettent en place par l'analyse.

Ainsi, ce qui s'est découvert progressivement à Freud, au cœur de son expérience, c'est que :

– d'une part, le sujet résiste à l'avènement de la « vérité » qu'il recherche par ailleurs par son trajet analytique, entravant ainsi l'accès au contenu inconscient refoulé;

– d'autre part, le sujet répète des prototypes de relation infantile aux figures parentales, en transférant sur la personne de l'analyste des affects qui s'adressaient à l'origine à ces figures parentales.

Or, ce qui est le plus remarquable dans la mise à jour de ces deux notions de *transfert* et de *résistance*, c'est que :

a) Freud y a vu d'abord un événement – notamment sous

160. Lettre du 3 juin 1912.

forme d'*obstacle*, longtemps avant de le reconnaître comme une structure nécessaire de la cure elle-même;

b) Il n'a cessé d'insister sur l'aspect naturel de ces deux événements, comme étant inhérents à toute relation humaine normale (et non spécifiquement analytique), tout en s'étonnant sans cesse à nouveau de la force et de l'impact de ces phénomènes (comme s'il ne s'y était jamais habitué tout à fait).

Ces deux éléments permettent de préciser la nature de ces découvertes techniques : traduction d'événements en notions, elles demandent à être sans cesse re-découvertes. Ainsi la résistance a été expérimentée dès la période pré-analytique, que viendront résumer les *Études sur l'hystérie*. A ce titre, cet ouvrage peut être lu comme le récit de la résistance des hystériques, autant que comme une théorie de l'hystérie. Au bout du compte, Freud peut reconnaître que « la résistance constitue, *en fin de compte*, ce qui entrave le travail [161] » (souligné par nous). Pourquoi a-t-il fallu cet « en fin de compte »? C'est que Freud ne ressent tout d'abord la résistance que comme quelque chose sur lequel on bute avant d'arriver au terme, et que l'on repousse du pied en quelque sorte. De plus, ce n'est pas encore le sujet qui résiste : c'est plutôt une sorte de force d'inertie du noyau refoulé pathogène. Avec la constitution de la théorie du refoulement, la résistance prend son sens nécessaire : il appartient en effet au processus de refoulement lui-même de résister à sa levée.

Encore faut-il comprendre que, selon Freud, ce n'est pas l'inconscient lui-même qui résiste : il tend même à « se frayer un chemin vers la conscience [162] », en sorte qu'il ne s'agit que de lever les effets secondaires du refoulement dont la résistance est la répétition et la séquelle. C'est donc l'instance refoulante, le moi, qui doit être vaincue, avec l'aide de cette même instance.

Au bout du compte, Freud va se heurter à un arsenal de résistances, émanant des trois instances topiques (cf. *Inhibition, symptôme et angoisse*, 1926), tandis que la pulsion de mort va se

161. Lettre du 27 octobre 1897, in *La Naissance de la psychanalyse*, p. 200.

162. *Au-delà du principe de plaisir*, *G. W.*, XIII, p. 17.

révéler un redoutable foyer d'opposition radicale [163]. Cela incite Freud à ne pas trop unifier le concept de résistance, tout en lui conférant une unité, comme désignant le pôle négatif du travail analytique.

En face, le transfert, identifié comme obstacle, apparaîtra comme le pôle positif. Rien de plus révélateur que le chemin qui mène Freud à traiter ce « symptôme » qu'est le transfert comme ce qui sert à définir la cure elle-même. En sorte qu'il a fallu attendre 1912 [164] – soit un quart de siècle environ après la fréquentation des effets du transfert et quinze ans d'expérience analytique – pour que le transfert devienne l'objet d'une présentation en tant que tel (notamment sous l'effet de la réflexion sur le cas Dora). Ainsi se découvre le sens de la cure elle-même, à savoir que l'obstacle est la condition même de l'avènement, pour le sujet, de sa « vérité », ce qui peut être nommé : « transfert ».

A partir de là se dessine la finalité de la cure, dont Freud nomme les trois temps : *remémoration, répétition, perlaboration* [165]. Le sujet doit donc se souvenir, répéter et élaborer les résistances. On est loin de l'espoir d'expulser à l'extérieur, purement et simplement, l'affect bloqué *(abréaction)* : il faut pour le sujet intégrer la vérité ainsi reconstruite, y « assentir » avec son propre inconscient. C'est en quelque sorte l'éthique de la cure : « Là où le ça était, le moi doit *(soll)* advenir [166]. » Et les analystes sont présentés comme des « pasteurs d'âmes *séculiers* qui n'auraient pas besoin d'être médecins et pas le droit d'être prêtres [167] ».

On comprend à présent pourquoi les découvertes techniques ne s'organisent pas en Somme : Freud paradoxalement n'a jamais écrit de « Traité de la technique analytique », se contentant de poser des jalons sur son chemin. C'est aussi dans

163. Le refoulement, la résistance de transfert et le bénéfice secondaire de la maladie émanent du moi; mais s'y ajoutent la résistance du ça, par « attraction des prototypes inconscients », et la résistance du surmoi, par besoin de punition. C'est ce qui rend compte de la « réaction thérapeutique négative ».

164. « La dynamique du transfert ».

165. C'est l'écrit de 1914 qui porte ce titre.

166. *Nouvelles conférences sur la psychanalyse.*

167. Lettre au pasteur Pfister du 25 novembre 1928, in *Correspondance de Sigmund Freud avec le pasteur Pfister, op. cit.*, p. 183.

cette optique qu'il convient de jauger l' « optimisme » ou le « pessimisme » de la cure. Étrange technique en réalité, où, nous dit-il, « l'on peut d'avance être sûr que l'effet escompté sera manqué [168] », ce qui la range parmi ces « professions impossibles », à côté de l'art d'éduquer et de gouverner.

Ce n'est pas là démission, mais au contraire reconnaissance du fait que le désir ne peut être manipulable par une technique : celle-ci peut simplement modifier la position du sujet par rapport à son désir, lui laissant le soin de produire une nouvelle synthèse. Ce qui est « peu »... et « beaucoup ».

CONCLUSION : « LA » DÉCOUVERTE DE LA PSYCHANALYSE ET SES RÉSISTANCES : LE DÉSIR ET LA VÉRITÉ

Parvenus au terme de ce trajet chronologique du processus de découvrement analytique, nous pouvons mesurer – dans l'après-coup de la révolution freudienne – la nature de la découverte psychanalytique. Il apparaît que ce parcours nous a aidés à surmonter l'illusion de la découverte elle-même, conçue comme révélation d'une *réalité* ignorée, pure et simple. Paradoxalement, c'est l'objet construit dans le mouvement de la découverte elle-même – soit l'objet métapsychologique fondé sur le repérage du matériel clinique et des crises successives d'identification – qui *constitue* littéralement la découverte analytique.

Le remaniement de l'objectivité analytique – notamment avec l'émergence d'une théorie libidinale, narcissique et de la pulsion de mort – serait autrement inintelligible, Freud semblant changer son métalangage. Elle devient compréhensible si l'on y voit la nomination progressivement ajustée de l'objectivité métapsychologique (telle que nous l'avons définie et cernée). En d'autres termes, sous ces appellations successives, c'est *son* objet que cerne progressivement la psychanalyse : c'est

168. « Analyse terminée et analyse interminable », *G. W.*, XVII.

à elle-même qu'elle découvre ce dont elle veut parler, dès l'origine et jusqu'au bout.

Il faut néanmoins oser poser la question finale : s'il y avait à ressaisir ce mouvement lui-même, en une seule vue, afin de répondre à la question : « Qu'est-ce que la psychanalyse a découvert? », au-delà de la diversité et de la profusion de ses « trouvailles », dans quelle direction faudrait-il chercher? Quelle est en quelque sorte la « pointe » de l'innovation analytique, sur quel point décisif a-t-elle altéré notre vision du monde? Par où a-t-elle opéré la césure attachée désormais à l'événement de son intervention?

Freud, à vrai dire, a éprouvé le besoin, parvenu à l'une des éminences de son trajet, de nous en fournir la parabole – car c'est dans le langage de la parabole que l'inédit se confie le mieux.

Nous faisons allusion au texte où Freud situe son inédit, à l'échelle de l'histoire de l'humanité, dans le sillage des révolutions produites par Copernic et par Darwin. Parabole de fondation qui exprime la présomption la plus résolue d'innovation qu'ait jamais signifiée Freud.

Mais il faut remarquer d'emblée que Freud l'introduit à l'occasion de l'examen d' « une difficulté de la psychanalyse [169] ». C'est en réfléchissant sur les « résistances contre la psychanalyse [170] », autrement dit sur le fait que « la psychanalyse s'aliène la sympathie de l'auditeur et du lecteur et rend celui-ci moins enclin à lui accorder intérêt et créance », en développant « la théorie de la libido », qui semble surestimer « l'importance des instincts sexuels [171] ».

S'interrogeant sur la racine de cette opposition, Freud la ramène au narcissisme – utilisant ainsi le concept qui a déterminé peu avant le remaniement décisif de la théorie analytique – comme si elle avait servi à mieux définir la

169. C'est le titre du petit article paru dans la revue *Imago* en 1917. On en trouve une version parallèle dans les *Leçons d'introduction à la psychanalyse* (3e partie, XVIII). Sur les sources historiques précises de cette parabole que nous sommes parvenus à localiser, nous renvoyons au dernier chapitre de l' *Introduction à l'épistémologie freudienne*, p. 191 sq.

170. Titre d'un article de 1925.

171. *G.W.*, XII.

position du savoir analytique lui-même. Il s'agit dès lors de montrer que « le narcissisme, l'amour-propre de l'humanité en général, a jusqu'à présent éprouvé, par l'investigation scientifique, trois graves humiliations [172] ». Après que Copernic eut ruiné l'illusion géocentrique et Darwin l'illusion « biocentrique » – l'un en montrant que la terre n'était pas le centre du monde, l'autre que l'homme n'est pas le seigneur de la création animale – le fondateur de la psychanalyse enlèverait à l'homme son dernier motif de présomption : sur sa propre âme! Ainsi le sujet perd-il la propriété sur le monde, la vie... et lui-même! « Le moi n'est pas maître dans sa propre maison [173]. » N'est-ce pas de là que procède *la* résistance à ce que découvre la psychanalyse? « Quoi d'étonnant alors à ce que le moi n'accorde pas ses faveurs à la psychanalyse et refuse opiniâtrement d'avoir foi en elle [174]! »

C'est justement en assignant sa racine à la résistance à la découverte de la psychanalyse que l'on se met en mesure de comprendre l'essentiel de ce qu'elle découvre! C'est que, conformément à la logique paradoxale de l'inconscient, c'est à la résistance qu'on mesure l'ampleur de la découverte. Il faut saisir en effet que l'avènement de la psychanalyse fonctionne comme levée du refoulement, voire du « déni » qui recouvre, aux yeux du sujet, l'essentiel, *pour lui*.

En ce sens, le vif de la découverte psychanalytique porterait moins sur la mise au jour d' *« objets »* ignorés que sur la mise au jour de ce qui divise intérieurement le *sujet* lui-même. Ou plutôt, la mise au jour progressive de l'objectivité – telle que nous l'avons récapitulée plus haut – aurait pour ressort et raison ultime la découverte de l'insu qui divise le sujet lui-même. Nous pouvons donc en arriver à formuler ce que Freud découvre, fondamentalement : c'est que le sujet est l'objet de processus qui le constituent – bref, qui sont sa *« vérité »* –, mais dont il ne veut ni ne peut rien *savoir*. C'est pourquoi, en dernière instance, il résiste à la psychanalyse, qui découvre au

172. *Ibid.*
173. *Ibid.*
174. *Ibid.*

sujet ce hiatus entre sa vérité imaginaire et son savoir propre.

On peut situer l'intervention psychanalytique dans cette espèce de dialectique entre le « savoir » et la « vérité », à travers une séquence en trois temps.

1) L'inconscient suppose la présence dans le sujet d'un « insu » : cela signifie que ce qui produit son symptôme est insu de lui. En d'autres termes : ce qui est « vrai » en lui, il *ne* le sait *pas*; ou, inversement, ce qu'il « sait » (consciemment), ce n'est pas sa vérité, entendons ce qui est vrai de lui-même. D'où sa méconnaissance irréductible : il n'est pas seulement en ignorance de lui-même (ce qui ne serait qu'un savoir incomplet), mais en méconnaissance – c'est-à-dire dans un rapport impossible de savoir à sa propre « vérité », puisqu'il y a quelque chose de son propre *désir* qu'il ne peut dire – sous peine d'enfreindre l'interdit qui le censure. C'est pourquoi le névrosé trouve le moyen de jouir de sa « vérité », avec un savoir tronqué, à travers ses symptômes, ce qui constitue le « bénéfice » de sa maladie.

2) On voit ce que va *découvrir* la psychanalyse au sujet : elle va introduire un type nouveau de savoir; elle va chercher à produire un savoir... de l'insu du sujet! Par là elle va déstabiliser de façon radicale le rapport de savoir que le sujet entretient pour sa part avec sa propre vérité (au regard de son inconscient). Là où le ça était, le moi doit advenir; ce qui mettait en mouvement sa « vérité », le sujet *doit* le savoir : tel est l'impératif de la psychanalyse.

3) On comprend à présent pourquoi la découverte analytique a ce caractère si particulier d'annoncer au sujet une nouvelle qui ne peut que susciter résistance, puisqu'elle intéresse le sujet lui-même, à travers ce qu'il ne peut s'avouer. Le narcissisme ne peut être que blessé, secrètement ou explicitement, dès lors que l'écran imaginaire (la vérité réputée du sujet) est déplacé, par l'introduction d'un savoir nouveau et subversif. Il reste donc que le sujet se rallie à ce savoir afin d'en tirer les conséquences.

Tel est en effet le discours que la psychanalyse, telle une

sorcière – selon la comparaison chère à Freud [175] – tient au sujet, à la manière d'un oracle : « Il n'y a rien d'étranger qui se soit introduit en toi, c'est une part de ta propre vie psychique qui s'est soustraite à ta connaissance et à la maîtrise de ton vouloir [...]. Tu as trop présumé de ta force lorsque tu as cru pouvoir disposer à ton gré de tes instincts sexuels [...]. Ils se sont alors révoltés et ont suivi leurs propres voies obscures afin de se soustraire à la répression [...]. Tu n'as pas su comment ils s'y sont pris, quelles voies ils ont choisies; seul, le résultat de ce travail, le symptôme, qui se manifeste par la souffrance que tu éprouves, est venu à ta connaissance [...]. Tu crois savoir tout ce qui se passe dans ton âme, dès que c'est suffisamment important, parce que ta conscience te l'apprendrait alors [...]. Laisse-moi donc t'instruire sur ce point-là! Le psychique ne coïncide pas en toi avec le conscient : qu'une chose se passe dans ton âme ou que tu en sois de plus averti, voilà qui n'est pas la même chose [...]. Rentre en toi-même profondément et apprends d'abord à te connaître, alors tu comprendras pourquoi tu vas tomber malade, et peut-être éviteras-tu de le devenir [176]. »

Cette révélation coûte au sujet un pénible renoncement, puisque le désir doit en rabattre de ses illusions. Peut-être même menace-t-elle de transformer la misère névrotique en « malheur banal [177] ». Mais le sujet y gagne ce réajustement de ce qu'il est au savoir qu'il peut en prendre – récupérant ainsi ses « capacités d'agir et de jouir [178] ».

Nous tenons là finalement *la* véritable découverte de la psychanalyse. Le paradoxe est que ce qui est ainsi découvert – porté à la lumière – est « le » point le plus obscur, soit le secret qui divise le sujet le plus radicalement. « Je sais qu'en travaillant, confie Freud, je fais artificiellement le noir autour de moi pour concentrer toute la lumière sur “ le ” point obscur [179]... » C'est cet unique point obscur que découvre la psychanalyse, le mettant en pleine lumière. Aussi bien cela

175. Voir *supra*, p. 150.
176. *G.W.*, XII.
177. Formule produite pour Freud à propos de l'hystérie.
178. Voir par exemple « L'intérêt de la psychanalyse ».
179. Lettre à Lou Andréas Salomé du 25 mai 1916.

situe-t-il le suprême paradoxe de la découverte analytique, qui met le récepteur – le sujet lui-même – en porte à faux. Freud l'évoque un jour avec une simplicité violente : « En vérité, il n'y a rien à quoi l'homme, par son organisation, soit moins apte qu'à la psychanalyse [180]. » N'est-ce pas précisément cela qui le condamne, contre sa propre organisation, à sans cesse la *redécouvrir* ?

180. Lettre à Ludwig Binswanger du 28 mai 1911.

Freud et la religion

Roland JACCARD

Ce n'est pas sans une certaine coquetterie que Freud a cultivé pendant trente ans l'amitié d'Oskar Pfister, pasteur et psychanalyste. Pour ce positiviste athée, il devait y avoir quelque ironie à dialoguer *viva voce* ou par lettres avec un « homme de Dieu »; même si cet « homme de Dieu » ne ressemblait en rien à ces clercs qui, au nom de leur foi, lui reprochaient hargneusement de tout corrompre, de tout salir, de bafouer les valeurs les plus sacrées de notre civilisation.

Pfister ne ressemblait pas non plus aux autres psychanalystes; Anna Freud, qu'il connut en jupette – elle avait treize ans lors de la première visite du pasteur Pfister à son père –, a écrit, bien plus tard, combien dans leur maison, où toute vie religieuse était absente, Pfister, en habit ecclésiastique et avec la mine et le comportement d'un pasteur, était une apparition d'un monde étanger. « En lui, se souvient-elle, il n'y avait rien de cette attitude, passionnée et impatiente à l'égard de la science, propre aux autres pionniers de l'analyse, qui considéraient le temps passé autour de la table familiale comme une interruption intempestive de leurs discussions théoriques et cliniques. Au contraire, sa chaleur et son enthousiasme pleins d'humanité, sa propension à prendre aussi un intérêt vivace aux petits événements quotidiens enchantaient les enfants de la maison et en faisaient à tout moment un visiteur bienvenu, une figure humaine unique en son genre. »

Pour ses six enfants, observait plaisamment Freud, Pfister n'était pas « un saint homme », mais une sorte de « preneur de rats de Hameln » à qui il suffisait de jouer de son instrument pour traîner derrière lui toute une suite bien disposée.

Cette séduction était réciproque. Pfister, lors de ses séjours à Vienne, avait trouvé en Freud plus qu'un maître : un *pater familias*; et cette famille Freud, d'emblée, il l'avait adoptée. « Pour moi, écrit-il, qui avais grandi sans père [1] et souffert ma vie durant d'une éducation unilatérale et trop indulgente, ce fut un éblouissement que de voir la beauté de cette vie familiale, qui, en dépit de la grandeur presque inhumaine du chef de famille et de son profond sérieux devant la vie, respirait la liberté et la joie, grâce à son amour et à son humour sans cesse jaillissant. »

Oskar Pfister a vu le jour à Zurich, le 23 février 1873. Zurich était alors avec Vienne le lieu où s'élaborait la psychologie de l'inconscient. Aussi n'est-il guère étonnant que ce jeune pasteur qui, dans l'un de ses premiers essais, avait protesté contre « le péché d'omission de la théologie actuelle envers la psychologie », ait été sensible aux travaux et aux recherches que quelques psychiatres zurichois, dont Bleuler, Jung et Riklin, menaient au Burghölzli, ce temple de la psychiatrie helvétique. « Le péché d'omission de la théologie actuelle envers la psychologie » : la formule est frappante et juste. Elle éclaire la démarche du pasteur Pfister; elle explique le long cheminement qui l'a poussé à devenir l'un des propagandistes de la psychanalyse. Mais surtout, je crois, c'est le désarroi de ses paroissiens, que sa seule qualité de pasteur d'âmes[2] ne parvenait pas à soulager, qui l'a conduit à se frayer une voie jusqu'aux sources inconscientes et à demi conscientes des états anxieux, des scrupules et des obsessions.

Aujourd'hui, la psychanalyse est l'une des idéologies dominantes de notre temps, son langage même; aussi a-t-on quelque difficulté à imaginer le courage, la force de caractère nécessaires, au début de ce siècle, pour s'intéresser à la « science juive ». Pour les contemporains du pasteur Pfister, se ranger sous la bannière analytique, c'était signer un pacte avec le diable; compromettre, et parfois irrémédiablement, leur réputation, leur situation sociale ou leur carrière.

1. Il avait trois ans lorsqu'il perdit son père. Freud, de seize ans son aîné, a pu jouer le rôle de père substitutif.

2. En 1902, il fut attaché à la paroisse des prédicateurs à Zurich, où il restera en fonction jusqu'à sa retraite en 1939.

La première rencontre entre Freud et Pfister remonte au printemps 1909. Parrainé par Carl Gustav Jung, Pfister se rend à Vienne le dimanche 25 avril. Freud, selon son habitude, l'emmène au parc du Belvédère pour une promenade, intrigué sans doute par cet interlocuteur peu banal, se réclamant de convictions religieuses qui lui sont totalement étrangères, et néanmoins si réceptif à la psychanalyse. Probablement, lors de cette promenade, lui a-t-il tenu ce propos, qu'il glissera également dans sa correspondance, à savoir que la psychanalyse n'est pas plus religieuse qu'irréligieuse : « C'est un instrument sans parti que peuvent utiliser religieux et laïques, pourvu que ce soit uniquement au service de la délivrance d'êtres souffrants. »

Pfister, vingt ans plus tard, le rappellera à Freud, lorsque ce dernier lui confiera son intention de protéger l'analyse et contre les médecins et contre les prêtres : « Et vous avez vous-même mis l'accent sur le fait que l'analyse est indépendante de toute conception du monde... »

En ce bel après-midi dominical s'amorce donc un dialogue qui se poursuivra jusqu'à l'Anschluss et l'exil londonien de Freud, dialogue qui sera interrompu pendant la première guerre mondiale, et dont subsistent, témoignage irremplaçable, les lettres de Freud [3], celles de Pfister, pour la plupart, et sur sa demande, ayant été détruites. Dans cette correspondance, et à travers le pasteur Pfister, c'est encore le dialogue de Freud avec la religion, cette figure tenace et apparemment irréductible de l'illusion, qui se poursuit. Rien d'étonnant, par conséquent, à ce que son point culminant soit la publication de *L'Avenir d'une illusion* (1927) et la réponse de Pfister : *L'Illusion d'un avenir* (1928).

Il n'y a guère de danger que vous vous présentiez au baptême ou que je saute à bas de la chaire », écrit Pfister à Freud en 1928. Sa fermeté, sa rigueur, sa fidélité à la psychanalyse, son refus de concilier dans un syncrétisme douteux herméneutique freudienne et herméneutique chrétienne en ont imposé à Freud

3. *Correspondance de Sigmund Freud avec le pasteur Pfister*, traduit de l'allemand par L. Jumel, préface de Daniel Widlöcher, Paris, Gallimard, 1966.

et l'ont réjoui. Ce sont ces qualités qui ont permis leur dialogue, admirable de respect et de profondeur. A lire ce qui en subsiste, on voit que la psychanalyse, si elle ne rend pas (nécessairement) les hommes meilleurs, les rend du moins plus aptes à s'entendre et par là même à se comprendre et à s'estimer.

Quelle image du pasteur Pfister transparaît à travers sa correspondance? Si le terme n'était pas galvaudé et s'il avait encore un sens, nous dirions celle d'un homme de bien. D'un homme confiant en la nature humaine, altruiste, guidé par des idéaux élevés, naturellement bon. Mais la vertu est-elle compatible avec l'analyse? Dans sa lettre du 5 juin 1910, Freud, critiquant un article de Pfister, lui écrit : « Je pense donc que [votre travail] souffre du mal héréditaire de... la vertu; il est l'œuvre d'un homme trop comme il faut, qui se croit donc aussi tenu à la discrétion. Or, ces choses psychanalytiques ne sont compréhensibles que si elles sont relativement complètes et détaillées, tout comme l'analyse elle-même ne marche que si le patient descend des abstractions substitutives jusqu'aux petits détails. Il en résulte que la discrétion est incompatible avec un bon exposé d'analyse; il faut être sans scrupules, s'exposer, se livrer en pâture, se trahir, se conduire comme un artiste qui achète des couleurs avec l'argent du ménage et brûle les meubles pour chauffer le modèle. Sans quelqu'une de ces actions criminelles, on ne peut rien accomplir correctement. »

Rien de criminel, rien de démoniaque chez ce « cher homme de Dieu ». D'où résulte sans doute qu'à l'opposé de Freud, de Ferenczi, d'Abraham ou de Jones, il n'a pas laissé une œuvre, mais plutôt des ouvrages de vulgarisation ou d'hygiène mentale, rédigés à l'adresse de lecteurs croyants [4].

Et si, dès 1908, il pratique des cures analytiques, ce n'est pas à des fins strictement thérapeutiques ou scientifiques, mais morales. Dans *La Psychanalyse au service des éducateurs*, il écrit : « On le voit, la tâche de la psychanalyse n'est rien de

4. De Pfister, on peut lire en français : *La Psychanalyse au service des éducateurs*, traduction de Pierre Bovet, Berne, 1921, et *Au vieil évangile par un chemin nouveau*, traduction H. Malan, Berne, 1919.

moins que la reconstruction morale des êtres dont le développement normal a été entravé par l'inconscient. » Avec Freud, il pense que l'inconscient, c'est le mal en nous et que le grand mérite de la psychanalyse est sa vertu purificatoire : dire le mal, c'est s'en libérer. « Combien de religieux, écrit-il encore dans le même ouvrage, m'ont avoué que la pensée de Dieu les aidait durant l'analyse. La seule assurance que Dieu favorise les hommes droits, que la vérité est toujours, en définitive, un bienfait, le mensonge toujours une entrave à la vie, stimule la volonté à une confession libre. »

Ce que Freud et Pfister ont en commun, c'est une certaine conception rationaliste de l'inconscient; ni l'un, ni l'autre ne sont vraiment sensibles à sa poésie (d'où l'amour malheureux des surréalistes pour Freud; on sait qu'il les trouvait fous « à 95 % comme on dit de l'alcool »; à Pfister, il écrit : « Sachez, en effet, que dans la vie, je suis terriblement intolérant envers les fous, n'y découvre que ce qu'ils ont de nuisible... ») L'entreprise psychanalytique, pour eux, est avant tout une démarche de la raison pour élargir son royaume et jeter l'éclat de la connaissance sur les ténèbres de l'irrationnel. D'où leur commune opposition à Jung, dont Pfister parle en termes très durs : « Ces " interprétailleries " qui présentent toutes les immondices comme une marmelade spirituelle d'un genre élevé, toutes les perversités comme des oracles et des mystères sacrés et introduisent frauduleusement un petit Apollon et un petit Christ dans les âmes les plus biscornues ne valent rien. »

Et dans *La Psychanalyse au service des éducateurs,* sans citer Jung, mais visant ses théories, il écrit : « De prétendus analystes se sont tellement éloignés du vrai sens de l'analyse qu'ils se sont perdus dans un vrai culte de l'inconscient, rejetant la critique de l'intellect comme un rationalisme vide. »

Le pasteur Pfister est un esprit positif; ce n'est pas un mystique. S'il descend dans le royaume des ombres, c'est pour y détacher les âmes enchaînées; il y a un esclavage de l'inconscient, et c'est à libérer ceux qui ont recours à lui que le psychanalyste doit s'employer. Qu'il soit croyant ou athée. Sur ce point encore Pfister adopte la position de Freud : l'analyse est une affaire purement « séculière ». Aussi, dans bien des cas, ajoute-t-il, je n'ai pas dit un mot de la religion : « Le bon Samaritain, lui non plus, ne faisait pas de sermons et ce serait d'un goût douteux que de faire payer une cure couronnée de succès après coup, par l'engagement de croire. »

Pourtant, et là Pfister s'éloigne de Freud, certains patients éprouvent au terme de leur analyse le besoin d'une réflexion éthique. C'est alors au *Seelsorger* (terme qui revient fréquemment dans la correspondance et que l'on pourrait traduire par « conseiller spirituel ») d'intervenir. Freud, à ce propos, lui fera observer deux choses : d'abord que la psychanalyse repose sur la conception scientifique générale du monde, avec laquelle la conception religieuse reste incompatible, qu'elle se réclame des idéaux du Christ, de Bouddha ou de Confucius. Ensuite que semblable problème ne se pose pas à Vienne où « notre clientèle, quelle que soit son origine raciale, est irréligieuse; nous le sommes aussi, pour la plupart, de façon tout à fait radicale et comme les autres voies de sublimation qui *nous* tiennent lieu de religion sont trop pénibles pour la majorité de nos patients, notre cure débouche le plus souvent sur la recherche de la satisfaction. » Dans la même lettre, Freud avoue non sans ironie envier le pasteur Pfister de pouvoir amener ses jeunes patients à la forme la plus commode de sublimation, la sublimation religieuse, et de pouvoir conduire le transfert jusqu'à Dieu, « rétablissant ainsi ces temps bénis – du moins sur ce point – où la foi religieuse étouffait les névroses. »

Cependant dans *L'Avenir d'une illusion* qui s'adresse à un interlocuteur invisible qui n'est autre que le pasteur Pfister, Freud écrit : « Pensez au contraste attristant qui existe entre l'intelligence rayonnante d'un enfant bien portant et la faiblesse mentale d'un adulte moyen. Est-il tout à fait impossible que ce soit justement l'éducation religieuse qui soit en grande partie cause de cet étiolement? »

Le dialogue entre psychanalystes et croyants est le plus souvent un dialogue de sourds; aux critiques que le psychanalyste formule contre la foi, le croyant répond : « Notre religion est une religion d'amour et ce que vous visez n'en est, hélas! que la sinistre caricature... Quant à la morale chrétienne que vous observez chez nos contemporains, et dont vous dénoncez justement l'aspect malsainement surmoïque, il est bien évident qu'elle est étrangère au Nouveau Testament et à l'enseignement du Christ, ce fou d'amour. »

Et lorsque Freud, tout à fait en passant, demande pourquoi la psychanalyse n'a pas été créée par l'un de tous ces hommes pieux, pourquoi il fallut attendre que ce fût un juif tout à fait athée, Pfister a beau jeu de lui répondre : « Eh! mais, parce que la piété ne fait pas encore le génie de la découverte et que les hommes pieux n'étaient pour la plupart pas du tout dignes d'accomplir une telle tâche. Et puis, d'ailleurs, premièrement vous n'êtes pas juif, ce qui, étant donné mon immense admiration pour Amos, Isaïe, Jérémie, le poète de Job et l'Ecclésiaste, me fait beaucoup de peine, et, deuxièmement, vous n'êtes pas un athée, car quiconque vit pour la vérité vit en Dieu, quiconque lutte pour la libération de l'amour est, selon Jean, IV, 16, dans le sein de Dieu. Si vous éleviez et ressentiez jusque dans votre conscience votre insertion dans de larges ensembles, insertion qui, pour moi, est aussi indispensable que la synthèse des notes pour qu'il y ait symphonie de Beethoven, je dirais aussi de vous : « Jamais il n'y eut meilleur chrétien... » Il est souvent plus difficile de convaincre de son athéisme un chrétien que de plier une barre de fer.

En écrivant *L'Avenir d'une illusion* Freud ravivait une opinion très répandue dans sa jeunesse mais qui à cette époque, en 1927, n'était plus autant d'actualité. Freud résume sa pensée dans une lettre de janvier 1927 ; il s'y exprime en fidèle disciple d'Auguste Comte : « Secrètement – on n'ose pas le dire à haute voix – je pense que la métaphysique sera condamnée un jour en tant que fléau, en tant qu'abus de la pensée, en tant que rescapé de l'époque des considérations religieuses du monde. » Foncièrement irréligieux, Freud voit dans la religion une illusion, c'est-à-dire un dérivé des désirs humains. Précisons que, selon lui, une illusion n'est pas nécessairement fausse, ni toujours en contradiction avec la réalité. Ainsi, une bergère peut nourrir l'illusion qu'un prince charmant l'épousera et, de fait, ce n'est pas exclu. Dans *L'Avenir d'une illusion,* Freud écrit : « Les doctrines religieuses sont toutes des illusions, on ne peut les prouver, et personne ne peut être contraint à les tenir pour vraies, à y croire. » Ce qu'il reproche surtout à la religion, c'est d'aller à l'encontre de la raison et de maintenir l'humanité dans un état d'infantilisme psychique.

Bien qu'ayant souvent insisté sur le rôle secondaire de l'intelligence par rapport aux exigences instinctuelles de l'homme, Freud se montre dans *L'Avenir d'une illusion* d'un optimisme surprenant : « La voix de l'intellect est basse, mais elle ne s'arrête point qu'on ne l'ait entendue... « Son rationalisme tranquille, bien qu'il connût mieux que quiconque l'irrationnel en l'homme (à l'opposé de Comte, sa confiance en la raison n'est pas provoquée par ce qu'il sait, mais en dépit de cela) le porte à croire qu'un jour viendra où sera établie la primauté de l'intelligence : rien, à la longue, ne peut résister à la raison et à l'expérience; les idées religieuses, même purififiées, sont trop nettement en contradiction avec les exigences de la raison pour pouvoir subsister encore longtemps.

Certes, à des époques très reculées, les dieux avaient une triple tâche à accomplir : exorciser les forces de la nature, nous réconcilier avec la cruauté du destin, telle qu'elle se manifeste en particulier dans la mort, et nous dédommager des souffrances et des privations que la vie en commun impose à l'homme. Certes, l'humanité primitive, dans son état de détresse et de faiblesse, ne pouvait se passer des dieux, tout comme le petit enfant ne peut se passer de son père – première figure divine – pour subsister.

La religion, estime Freud, n'est peut-être rien d'autre qu'une phase nécessaire dans l'évolution humaine, phase comparable à l'adolescence. Aussi n'est-il pas exclu qu'un jour l'humanité n'éprouve plus le besoin d'avoir recours à la consolation de la religion dans ses moments de détresse; Freud admet toutefois à ce sujet qu'il se berce peut-être lui aussi d'illusions. Il insiste également sur le fait que s'il a utilisé la méthode psychanalytique pour combattre la religion, il est tout à fait loisible aux défenseurs de cette dernière de se servir de la psychanalyse pour apprécier à sa valeur l'importance affective de la doctrine religieuse.

Quant à lui, avec Heine son confrère en incrédulité, il abandonne le ciel aux anges et aux moineaux.

Dans une lettre datée du 16 octobre 1927, Freud avait annoncé à Pfister la parution prochaine de *L'Avenir d'une illusion*, redoutant un peu que l'aveu public de son athéisme ne lui soit pénible. Pfister n'en est aucunement troublé, au contraire : « J'attends [votre brochure] avec une impatience pleine de joie. Un adversaire de la religion, s'il est d'une puissante intelligence, lui est certainement plus utile que mille disciples inutiles. »

Une fois l'ouvrage reçu, il s'étonne d'être si peu surpris. Mais il fait observer à Freud que son substitut de religion, la pensée des Lumières du XVIIIe siècle, « orgueilleusement revue et modernisée », ne lui suffit pas : il lui faut un plan de vie, intégrant l'analyse, la morale et la philosophie et « correspondant à la nature de l'homme et du cosmos »; c'est-à-dire une religion, le protestantisme, aux formes libres, pétri d'évangélisme et qu'il a eu le bonheur de connaître, alors que Freud a vécu dans le voisinage de formes pathologiques de la religion; il faut entendre par là le catholicisme triomphaliste de l'empire austro-hongrois et le judaïsme légaliste.

Cela dit, il faut reconnaître avec Widlöcher que le débat entre Freud et Pfister sur la religion nous laisse insatisfaits. La plupart des arguments avancés, d'un côté comme de l'autre, n'ont guère de rapport avec l'expérience analytique. Ce sont ceux dont on se servait à l'époque dans d'autres milieux de savants ou de philosophes.

Ce que la science produit, c'est un désenchantement du monde. Et la psychanalyse, en tant qu'elle est scientifique, participe à ce désenchantement; elle est sceptique et pleine d'amertume. Du moins est-ce l'image que l'on en retire à la lecture de Freud.

Pour Pfister, le but ultime de la psychanalyse est, certes, également de détruire les illusions, « d'anéantir le mirage après lequel courent tant de malheureux », mais dans une perspective plus morale que scientifique – et sans bousculer ce « plan de vie », cet « ordre des choses », liant harmonieusement le Créateur et ses créatures, auquel les authentiques chrétiens doivent leur sérénité, leur confiance et leur amour de la vie. Ce que Freud a bien perçu, lorsqu'il lui écrit : « Mon pessimisme me semble être un résultat, l'optimisme de mon adversaire un présupposé. Je pourrais dire encore que j'ai conclu avec mes sombres théories un mariage de raison, tandis que les autres vivent avec les leurs un mariage d'inclination. Espérons qu'ils seront ainsi plus heureux que moi. »

Freud admet par ailleurs volontiers que ses « spéculations » ne font pas partie intégrante du système analytique et que, s'il a tiré certains arguments de l'analyse, « cela ne devrait empêcher personne d'exploiter la méthodologie sans parti de l'analyse au service de l'opinion opposée ». Ce que fera Pfister dans *L'Illusion d'un avenir*.

Dans sa paroisse zurichoise, ayant à s'occuper d'enfants, le pasteur Pfister tiendra largement compte de ce que la psychanalyse lui a enseigné. C'est en ce sens qu'il est un des précurseurs de la pédagogie analytique, dont Anna Freud deviendra par la suite l'éminente représentante. En 1909, il n'est bien sûr pas encore question d'analyser des enfants, mais déjà l'on y pense : la pédagogie inspirée par la psychanalyse ne peut-elle pas assurer une prophylaxie des névroses de l'adulte ? Oui, répond Pfister, qui, dans ce domaine, fera œuvre de pionnier.

L'éducateur, répète-t-il dans ses livres et ses conférences, doit écarter les inhibitions malfaisantes qui ont leur origine dans les puissances inconscientes de l'âme et soumettre ces forces, mises à découvert, à la maîtrise de la personnalité morale. A cette fin, il utilisera tous les moyens qu'offre la psychanalyse, mais en les subordonnant à la pédagogie générale. Surtout, insiste-t-il (et l'idée est neuve, révolutionnaire au début de ce siècle), l'éducateur substituera au refoulement inconscient une répression consciente. Il n'hésitera pas à parler de la sexualité et en termes très précis. « L'éducation psychanalytique, écrit-il, a pour tâche essentielle de triompher des images sexuelles déjà présentes, mais refoulées, qui arrêtent le développement normal et souvent provoquent une maladie morale. »

Quant aux forces que libère l'analyse, il convient aussitôt que possible de les diriger sur le monde réel, « et c'est sous la forme du travail que cela se fera surtout », ajoute-t-il.

Pfister dans ce domaine parle d'or, et Freud reconnaîtra que la pédagogie analytique lui doit beaucoup. Mais la religion là-dedans ? Si, pour Freud, elle est un facteur de refoulement et de misère psychique, ce n'est évidemment pas le cas pour Pfister. Il est vrai que sous le même terme ils entendent des réalités si différentes... Dans *L'Avenir d'une illusion* Freud appelle de ses vœux une éducation résolument athée qui permette de montrer le caractère rationnel des interdictions en démystifiant le caractère sacré des dogmes religieux. Il est temps, pour l'homme, de devenir adulte, et la religion correspond à un stade infantile qu'il faut dépasser : « L'homme ne peut éternellement demeurer un enfant, il lui faut enfin s'aventurer dans l'univers hostile. » On peut appeler cela « l'éducation en vue de la réalité », écrit-il – rejoignant ici cet autre éducateur en réalité que fut Nietzsche.

A l'opposé de cette attitude, Pfister voit tout ce que la religion (bien comprise) peut apporter au névrosé, comme à l'homme normal : une piété absolument libre, la confiance dans l'aide de Dieu, le pardon des péchés, l'indépendance vis-à-vis de l'autorité parentale (il évoque la « lutte gigantesque que Jésus a menée contre un attachement servile aux parents »), l'absence de pruderie, l'amour enfin.

Les conceptions religieuses du pasteur Pfister reflétaient l'homme qu'il était – une heureuse exception. Lorsqu'il parle de religion, il n'a en vue que le Christ et le message évangélique. alors que ce qui a retenu Freud, ce sont les attitudes concrètes des croyants dans le cadre de cette institution qu'est aussi la religion.

En revanche, là où Freud et Pfister parlent à nouveau le même langage et s'accordent, c'est dans les buts qu'ils assignent à l'éducation : dompter ce petit monstre qu'est l'enfant. « Il faut naturellement qu'il y ait une éducation; elle doit même être sévère », écrit Freud à Pfister, cependant que ce dernier observe : « Et quand on a analysé, il faut bien remplir les petites brutes ou les petits anges auxquels nous avons affaire d'intentions honnêtes. Non qu'on leur souffle sa propre haleine spirituelle et leur insuffle son âme; il est néanmoins indispensable qu'ils possèdent quelques parcelles d'hygiène spirituelle et sociale et qu'ils la réalisent en un amour sain. »

Nulle trace de rousseauisme chez eux.

Un dernier trait (et non des moindres) concourt à rendre lumineuse la figure du pasteur Pfister; il s'agit de sa perspicacité politique. Dès 1933, alors que C. G. Jung et quelques autres psychiatres zurichois (prétendant connaître « l'âme germanique ») ont salué l'avènement du nazisme comme l'aurore d'une époque nouvelle, Pfister, lui, d'emblée, a pris la mesure du phénomène et l'a combattu. Le 24 mai 1933, il écrit à Freud : « La semaine dernière, j'ai fait un rapide voyage en Allemagne et en ai rapporté un écœurement dont je ne me débarrasserai pas de sitôt. Le militarisme plébéien sent encore plus mauvais que l'esprit sang-bleu des hobereaux de l'ère wilhelmienne. Lâche à l'extérieur, il s'attaque, avec une rage puérile, à des juifs sans défense et va jusqu'à piller les bibliothèques. Bien heureux celui qui, face à une telle bêtise sans dignité, garde encore assez de force pour les considérations psycho-médicales. »

La dissidence jungienne

Christian DELACAMPAGNE

Il est peu d'auteurs, dans l'histoire du mouvement psychanalytique, qui aient suscité des controverses aussi passionnées que Jung. Il en est peu qui aient fait l'objet de jugements aussi outranciers, que ce soit dans l'éloge ou le blâme. Une telle ambiance d'irrationalité, entourant l'œuvre d'un psychiatre qui se voyait lui-même comme un chercheur effectuant des recherches objectives, a de quoi surprendre; de même, la violence des polémiques auxquelles les idées de Jung donnent régulièrement lieu ou la fascination qu'elles exercent sur le grand public peuvent sembler excessives.

Peut-être cette atmosphère irrationnelle est-elle née de certaines circonstances de l'existence de Jung, de son tempérament propre ou de l'époque troublée durant laquelle il a vécu. Peut-être a-t-elle été créée par quelques-uns de ses disciples, à la faveur de confusions, de simplifications que Jung lui-même n'a pas su – ou voulu – empêcher. Il paraît difficile, en tout cas, de séparer ses théories de sa vie personnelle, ainsi que des interprétations diverses – dont il ne fut pas toujours responsable – auxquelles, dès avant sa mort, elles ont donné lieu. On essaiera donc ici de dégager les principales articulations de la pensée de Jung tout en cernant, avec la plus grande sérénité possible, les équivoques ou les ambiguités qui en sont, elles aussi, constitutives.

La carrière d'un non-conformiste

Carl Gustav Jung naît en 1875 dans une petite localité située au bord du lac de Constance, d'une famille d'origine allemande mais qui avait acquis la nationalité suisse environ un siècle auparavant. Quatre ans plus tard son père, qui était pasteur, vient s'établir près de Bâle. C'est dans cette dernière ville que Jung fait ses études. Il manifeste très tôt un intérêt particulier pour la *paléontologie* et l'*archéologie* [1] : cette curiosité pour l'origine de la vie et les cultures anciennes ne devait jamais l'abandonner et inspirera une bonne partie de ses recherches ultérieures. Mais c'est en fin de compte vers la carrière médicale que se tourne Jung, plus précisément vers la psychiatrie. En 1900, il entre comme assistant au Burghölzli, asile d'aliénés du canton de Zurich, où il travaille aux côtés d'Eugen Bleuler. L'hiver 1902-1903 le voit suivre à Paris un semestre de cours donnés par Pierre Janet. A son retour, il épouse Emma Rauschenbach; de cette union, naîtront cinq enfants. Enfin, en 1905, Jung devient médecin-chef de la clinique du Burghölzli et commence à effectuer, à l'université de Zurich, des cours sur la psychologie des névroses.

C'est en 1906 qu'il découvre les théories de Freud. Enthousiasmé par les idées du fondateur de la psychanalyse, il se rend l'année suivante à Vienne pour le rencontrer : la première conversation entre les deux hommes, qui dure – paraît-il – treize heures d'affilée, leur laisse à tous deux le sentiment qu'ils sont d'accord sur l'essentiel. Pendant cinq ans, ce sentiment ne sera pas remis en cause. En 1909, Jung renonce à son travail en clinique pour se consacrer uniquement à la psychothérapie analytique. L'année d'après, Freud écrit de lui : « Je suis plus que jamais convaincu qu'il est l'homme de demain », et lorsque, en 1911, est fondée l'Association psychanalytique internationale, Jung en devient le premier président. Tout se passe, nous confie Ernest Jones, comme si Freud « avait cru trouver en Jung son successeur direct [2]. »

Pourtant, dès 1912, dans la seconde partie d'un texte qui a été traduit en français sous le titre *Métamorphoses et symboles de la libido*, Jung amorce « l'élargissement du concept de libido, considérant notamment que dans la démence précoce il est difficile de penser que le retrait de l'intérêt à l'égard de la réalité

1. Cf. BAUDOUIN (Charles), *L'Œuvre de Jung*, Paris, Payot, 1963, p. 9.
2. JONES (Ernest), *La Vie et l'œuvre de Sigmund Freud*, Paris, P.U.F., 1961, t. II, p. 151.

puisse se réduire au retrait d'une libido purement sexuelle [3] ». A partir de ce moment, une faille s'introduit entre la théorie « pansexualiste » de Freud et les conceptions de Jung, plus nuancées. L'année 1913 consomme la séparation; de celle-ci on pourra lire deux récits évidemment divergents, l'un qui a été effectué par Jung lui-même, l'autre qui l'a été, du point de vue de Freud, par Jones [4].

Pour affirmer l'originalité de sa propre méthode, Jung remplace alors le vocable de « psychanalyse », dont il laisse le monopole à Freud, par l'expression de « psychologie analytique » à laquelle il substituera plus tard celle de « psychologie complexe ». Quant aux livres qu'il publie après la Première Guerre mondiale, ils témoignent d'un élargissement progressif de la distance qui le sépare de Freud. L'opposition de leurs caractères, souvent notée par leurs contemporains, explique peut-être que les deux hommes n'essayèrent jamais de discuter leurs idées respectives. Le désaccord manifesté par Jung fut donc transformé en dissidence, puis en hérésie, par les freudiens orthodoxes; quant aux jungiens, ils se regroupèrent de leur côté, désormais imperméables à l'évolution ultérieure de la psychanalyse « orthodoxe ».

De plus en plus vivement intéressé par l'anthropologie et l'étude de la « mentalité primitive » – à laquelle Lévy-Bruhl venait de consacrer un livre remarqué –, Jung se lance, au cours des années vingt, dans une série de voyages à travers l'Afrique du Nord, chez les Indiens d'Amérique (entre autres chez les Pueblos), puis en Afrique orientale (Ouganda, Kenya); il se familiarise ainsi directement avec les civilisations traditionnelles – démarche assez originale pour une époque pleinement dominée par l'européocentrisme. En 1938 il visitera l'Inde : ce sera, dès lors, l'influence de l'Orient et de ses nombreuses philosophies qui jouera le rôle principal dans la genèse de la dernière partie de son œuvre.

Mais revenons en 1930 : cette année-là, Jung est nommé président d'honneur de la Société médicale allemande de Psychothérapie; en 1933 – au moment où Hitler arrive au

3. BAUDOUIN (Charles), *op. cit.*, p. 13, n. 2.
4. JUNG, *Ma vie*, Paris, Gallimard, 1967; JONES, *op. cit.*, t. II, pp. 146-161.

pouvoir en Allemagne –, il devient président de la Société médicale internationale de Psychothérapie et, du même coup, rédacteur en chef de l'organe de cette association, le *Zentralblatt für Psychotherapie und ihre Grenzgebiete.* Il partage, malheureusement, cette dernière fonction avec un collègue nazi, proche parent de Goering. On reviendra plus loin sur le rôle de Jung à la tête de cette Société et sur les déclarations qu'il fit au cours de ces années marquées par le déchaînement du nazisme et de l'antisémitisme, déclarations qui n'ont cessé de lui être reprochées depuis lors. Toujours est-il qu'il s'en retire en 1939 et mène, durant la guerre, une existence assez discrète.

En 1944, l'université de Bâle, sa ville d'origine, décide de lui offrir une chaire où il puisse exposer ses idées, mais il n'y enseigne que durant deux ans. En 1948 est créé à Zurich l'institut Jung, dont on reparlera également plus loin. Le « maître », quant à lui – car tel est le rôle qu'il commence à jouer –, se retire sur la partie haute du lac de Zurich, à Bollingen, où il s'est construit une retraite qu'il appelle *La Tour.* « De toutes les parties du monde, on venait l'y visiter ainsi qu'un sage », note Raymond de Becker; quant à Mme Jacobi, l'une de ses disciples préférées, elle nous révèle que dans les derniers mois de sa vie Jung lit avec enthousiasme les œuvres de Teilhard de Chardin et déclare les idées de ce dernier très proches des siennes.

Il meurt le 6 juin 1961, âgé de près de quatre-vingt-six ans.

La dialectique de l'inconscient individuel et de l'inconscient collectif

On peut dire que le but ultime de l'œuvre de Jung a été l'élucidation du contenu de la « psyché », terme qui recouvre à la fois la conscience et l'inconscient, réalités entre lesquelles Jung voit une séparation bien moins tranchée que ne l'affirmait Freud. Pour le fondateur de la « psychothérapie complexe », la psyché est avant tout un système dynamique, en mouvement constant; la « libido » est le nom donné par lui à l'énergie psychique en général (et non au seul instinct sexuel). Cette libido s'écoule entre deux pôles opposés : plus grande, donc, est la tension entre ces pôles, plus grande est l'énergie.

Irréductible à la sexualité, la libido ne se confond pas non plus avec l'énergie naturelle, avec les besoins vitaux; ou plus exactement une certaine quantité d'énergie instinctuelle peut toujours être sublimée et utilisée à des fins culturelles. Donnons, de ce processus, un exemple particulièrement bien choisi par Frieda Fordham [5] : la cérémonie de printemps des primitifs Watschandis. Après avoir creusé un trou dans la terre et l'avoir entouré de buissons pour imiter les organes génitaux féminins, les Watschandis dansent autour du trou en brandissant leur lance pour simuler un pénis en érection, puis enfoncent les lances dans le trou au moment où la danse atteint son paroxysme d'intensité; durant toute cette cérémonie, les femmes doivent être tenues à l'écart et nul homme ne peut les voir. Il s'agit donc bien de la reproduction d'un acte sexuel mais d'une reproduction magique, non naturelle, puisque la libido, au lieu de s'écouler dans la sexualité courante, est dirigée vers un but symbolique. On atteint donc ici la notion de *symbole*, que Jung distingue soigneusement du *signe :* « Un signe, commente Frieda Fordham, est un substitut, une représentation de la chose réelle, tandis qu'un symbole porte un sens plus large et exprime un fait psychique qu'on ne peut formuler plus exactement [6]. » Notons que cette absence d'exactitude, cette inadéquation entre le concept et l'affect sont des traits que l'on retrouve fréquemment dans les analyses de Jung qui, à la différence de Freud, estime impossible d'arriver à une parfaite précision dans la description des phénomènes psychiques.

Revenons à l'inconscient : réservoir de la libido et de ses symboles, celui-ci est aussi la matrice de la conscience. Mais, nous l'avons dit, entre celle-ci et celui-là, la coupure n'est pas absolue : entre la conscience, qui correspond au moi social, et la partie la plus profonde de l'inconscient, que Jung nomme

5. FORDHAM (Frieda), *Introduction à la psychologie de Jung*, Paris, Imago, 1979, pp. 17-18.
6. *Ibid.*, p. 18.

« inconscient collectif » parce qu'il le croit commun à tous les hommes, il conviendrait d'intercaler une zone intermédiaire, correspondant à ce qu'on pourrait appeler, « inconscient personnel ». Celui-ci, d'après Jung, est une zone obscure, composée non seulement de désirs infantiles refoulés mais aussi de perceptions subliminales et d'innombrables expériences oubliées, zone que le moi conscient peut toutefois reconquérir au prix d'un certain travail d'anamnèse que lui facilite, précisément, la cure analytique.

Il importe, en somme, de bien distinguer entre inconscient individuel et inconscient collectif. Comme le dit encore Frieda Fordham, « les souvenirs de l'inconscient personnel, quoique n'étant pas entièrement sous le contrôle de la volonté, peuvent être évoqués quand le refoulement s'atténue [...]; parfois ils reviennent d'eux-mêmes, parfois une association de hasard ou un choc les fait resurgir au jour ». L'inconscient collectif, en revanche, est « une strate plus profonde »; c'est « la substance inconnue d'où émerge notre conscience [7] ». Il est donc constitué par les instincts les plus généraux de l'humanité – qui ne se réduisent pas, encore une fois, au seul instinct sexuel – et porte l'empreinte de toutes les expériences lointaines par lesquelles le cerveau des hommes a été formé et influencé. Cet ensemble d'empreintes conditionne évidemment la façon dont nous-mêmes, aujourd'hui, ressentons ce qui nous arrive; et cette tendance que nous éprouvons à appréhender la vie d'une manière conditionnée par l'histoire passée de notre espèce porte, dans la théorie de Jung, le nom d' « archétypique ».

Tenter de définir le contenu de l'inconscient collectif – tâche à la limite beaucoup plus difficile que l'analyse des inconscients individuels – revient donc à décrire les archétypes qui en constituent la structure de base. Ces archétypes jouent, chez Jung, un peu le même rôle que les formes à priori de la représentation chez Kant : innés, immuables, ils représentent le cadre général à l'intérieur duquel nous percevons, sentons, voulons et désirons. Ils ne justifient pas pour autant un déterminisme absolu de la vie psychique : d'une part l'incons-

7. *Ibid.*, p. 20.

cient individuel apporte des modifications, toujours originales, aux réactions collectives; d'autre part l'inconscient collectif doit s'entendre lui-même de façon assez nuancée puisque, s'il existe bien un patrimoine commun à toute l'humanité, ce patrimoine se différencie ensuite en strates superposées selon les peuples, les groupes ethniques et même, à la limite, selon les groupes familiaux. Il ne faut donc jamais perdre de vue la complexité des rapports dialectiques entre l'individuel et le collectif, même si l'on estime possible de réduire à un petit nombre les archétypes les plus fondamentaux communs à tous les hommes.

Jung, en particulier, s'est longuement étendu sur six de ces archétypes, auxquels il a donné des noms qui sont restés célèbres. Le plus aisément reconnaissable est celui qui pousse l'individu à rechercher un compromis avec la société, autrement dit à accepter d'y jouer un rôle pour y être reconnu par ses semblables : Jung le nomme *persona,* du mot latin qui désigne le masque jadis porté par les acteurs du théâtre antique et, par dérivation, la notion juridico-sociale de personne. La *persona* est bien un phénomène collectif dans la mesure où, pour chaque individu, elle correspond à une contrainte abstraite, à une nécessité subie et non à l'expression profonde de sa propre personnalité; elle est toutefois une nécessité dans la mesure où c'est elle qui nous relie au monde extérieur. Inversement la notion d'*ombre* désigne, chez Jung, l'archétype de notre être inférieur, largement représenté dans notre inconscient individuel par l'ensemble des pulsions qui appartiennent à « celui que nous voudrions ne pas être » mais que nous sommes aussi, d'une certaine façon, tout comme Dr Jekyll est aussi Mr. Hyde. Phénomène à la fois collectif et personnel, l'ombre est d'autant plus grande que la société dans laquelle nous vivons est plus répressive. Mal tolérée par notre conscience morale, elle réapparaît dans les rêves, dans les productions psychopathologiques, dans certaines œuvres artistiques ou religieuses. Prendre conscience du fait que l'ombre ne peut être ignorée, lui reconnaître un droit à l'existence, bref « faire la part de l'ombre » : il y a là, pour Jung, une exigence que le psychothérapeute ne doit jamais oublier, malgré son désir de réadapter à tout prix l'individu à la société.

Un second couple d'archétypes, encore plus profondément enracinés dans l'inconscient collectif, est constitué par le couple *animus/anima.* Très rapidement, on pourrait dire que l'*anima* correspond à l'aspect féminin – donc refoulé – de l'inconscient de l'homme, et l'*animus* à l'aspect masculin de l'inconscient de la femme. Tout être porte en effet en lui – comme l'indiquait déjà un célèbre mythe du *Banquet* de Platon – une double orientation sexuelle; il est donc naturel que des tendances psychiques, contraires à celles qui correspondent théoriquement à son sexe biologique, se manifestent dans l'inconscient de tout individu, qu'il soit homme ou femme. L'*anima,* par exemple, est double comme la femme elle-même : elle correspond, en l'homme, à l'attrait des valeurs spirituelles les plus hautes mais aussi à l'énergie, vitale et chaotique, qui l'entraîne vers l'amour et le conduit au désespoir. L'*animus,* de son côté, donne à la femme courage ou agressivité; il fortifie chez elle la tendance à raisonner, à moins qu'il ne dégénère en volonté d'émettre des opinions sur tout... Inutile d'ajouter que les analyses de Jung sont évidemment plus complexes que ce résumé sommaire ne pourrait le faire croire – mais qu'elles n'échappent pas, malgré tout, à une représentation un peu stéréotypée, caractéristique de la culture germanique et protestante qui fut celle de Jung, des rapports entre hommes et femmes.

Les deux derniers archétypes parmi les plus importants sont ceux de la *Grande Mère* et du *Vieux Sage.* Lorsqu'un homme est habité par le *Vieux Sage,* il se croit omniscient et tout-puissant; sa mégalomanie peut fasciner les foules, mais n'en est alors que plus dangereuse. L'archétype de la *Grande Mère* agit de façon symétrique sur les femmes : il les porte à exercer une véritable tyrannie sur leur entourage et à considérer tous les autres êtres comme des enfants qu'il leur appartient de protéger.

Jung appelle « inflation » la possession par les archétypes; celle-ci est évidemment contraire à un authentique épanouissement de la personnalité. L'épanouissement, en effet, ne peut être recherché qu'à égale distance des acquisitions de la conscience, précaires et artificielles, et des forces de l'inconscient, puissantes mais obscures; il est atteint lorsque l'individu coïncide enfin avec son *soi* profond, lorsqu'il réalise en lui l'équilibre vital entre nécessités sociales et pulsions instinctives.

Cet équilibre vital, qui correspond à un état d'harmonie parfaite entre l'individu et le cosmos, Jung a souvent eu tendance à en chercher le secret dans les sagesses orientales. Jung est, en ce sens, l'un des premiers à avoir jeté un pont entre les psychothérapies occidentales d'une part et, d'autre part, le taoïsme ou le bouddhisme. C'est à cette dernière religion, entre autres, qu'il emprunte la figure du *mandala* – cercle magique – pour en faire une représentation symbolique du soi, à l'intérieur duquel toutes les forces doivent se compenser et s'équilibrer. Le symbolisme du *mandala* n'est-il pas, d'ailleurs, un symbolisme universel, attesté aussi bien dans les rêves que dans les productions de l'art psychopathologique ou dans les œuvres de mainte culture traditionnelle? Là aussi Jung, en effectuant des rapprochements inattendus entre ces divers domaines d'expression, a fait œuvre de précurseur : les surréalistes ne s'y sont pas trompés, qui se sont intéressés très tôt à ses idées.

L'étude des archétypes constituant l'inconscient collectif a donc conduit Jung vers la conclusion qu'il existe, en tout homme, une sorte de « fonction religieuse naturelle » qui s'exprime à travers les symbolisations les plus diverses, en particulier à travers les créations mythiques ou artistiques, et qu'il est impossible d'éliminer même dans le cadre d'une société officiellement incroyante ou tout au moins agnostique. Il va de soi que, pour un esprit rigoureusement matérialiste comme celui de Freud, une telle supposition était inadmissible : elle revenait à justifier l'existence des croyances religieuses les plus fantaisistes. Du reste Jung n'a pas hésité à faire scandale en manifestant, dans la seconde partie de sa vie, un intérêt de plus en plus prononcé pour l'œuvre des grands mystiques et en particulier pour l'histoire de l'alchimie.

Refusant de ne voir, en cette dernière, qu'une illusion préscientifique heureusement dissipée par les travaux de Lavoisier, Jung s'est patiemment employé à interpréter les systèmes symboliques mis au point par les alchimistes médiévaux – qu'ils soient occidentaux ou orientaux, chrétiens ou chinois. Il a montré, avec le maximum de précision possible en un domaine où tout est largement invérifiable, que ces systèmes témoignaient d'une connaissance profonde, par les alchimistes, des archétypes découverts par lui-même. Il a proposé, enfin, d'interpréter symboliquement l'alchimie elle-même : bien loin de n'avoir pour but que de faire de l'or, l'alchimie n'aurait été, dans une telle perspective, qu'une tentative ésotérique pour mener à bien, dans les profondeurs de l'âme, la grande transmutation par laquelle l'homme cherche à *devenir ce qu'il est*, c'est-à-dire à atteindre son soi authentique. Cette transmutation, réalisée au terme d'un affrontement dialectique entre conscience, inconscient individuel et inconscient collectif, reçoit aussi chez Jung un autre nom : il l'appelle volontiers « processus d'individuation ». Tout à la fin de sa vie, il y voyait la découverte d'un « Dieu intime », une sorte de révélation mystique grâce à laquelle l'individu comprendrait qu'il ne fait qu'un avec le Grand Tout, dont l'essence spirituelle aspire à se réaliser en lui comme en toute l'humanité. On voit bien, ici, en quoi le dernier Jung pouvait se sentir assez proche des grandes intuitions formulées à la même époque par Teilhard de Chardin.

La fortune du jungisme

Comme il a déjà été dit, les idées de Jung peuvent difficilement être séparées du sort qui leur a été fait par les disciples du maître : disciples parfois trop zélés qui, dans leur hâte à traduire ces idées en un langage qui fût immédiatement accessible comme doit l'être celui de toute « révélation », les ont évidemment tronquées et déformées. Il faut dire que le jungisme, encore plus que le freudisme, a passionné d'emblée un très large public; faisant moins de place à la sexualité proprement dite, il a aussi soulevé moins de résistance. On a vu comment, dès 1948, s'était créé à Zurich l'institut Jung,

« véritable conservatoire de la pensée jungienne[8] » sous les auspices duquel, chaque année, sont organisés des séminaires et publiés des travaux réalisés par des chercheurs du monde entier. Quelques années plus tard, en 1957, les praticiens s'organisent à leur tour : ils constituent une société professionnelle, la Société suisse de Psychologie analytique, dont le premier président est le Dr Kurt Binzwanger. En 1958 cette association et d'autres, qui venaient de se créer dans d'autres pays, se regroupent à l'intérieur d'une Société internationale de Psychologie analytique; cette fois, le premier président est un Anglais, le Dr Robert Moody, mais le premier congrès a lieu, la même année, à Zurich.

Trois ans plus tard, en 1961, lorsque Jung meurt – sans avoir cherché, autre différence avec Freud, à faire rentrer tous ses disciples à l'intérieur d'une même église –, le mouvement jungien est déjà bien implanté, tant dans les pays germaniques et anglo-saxons que dans les pays latins. Il n'est pas pour autant solidement structuré; mais les nombreuses scissions qui se produisent au fil des années, pas plus que le surgissement de groupes nouveaux à partir de la fin des années 60, n'empêchent ce mouvement de continuer à former un bloc globalement dissident par rapport au freudisme, ni d'affirmer son originalité sur le plan théorique. Dans certains pays, comme l'Italie, la psychologie analytique reste même, pendant des années, la seule forme de psychanalyse connue, sans doute parce que l'intérêt de Jung pour les phénomènes religieux rend ses théories plus admissibles, dans ce pays profondément marqué par l'empreinte de l'Église, que les conceptions ouvertement athées de Freud.

Globalement, on peut dire qu'aujourd'hui l'école jungienne a évolué dans deux directions différentes, que ce soit en France, en Grande-Bretagne ou aux États-Unis : une partie de ses membres, surtout intéressés par l'aspect clinique de la psychologie analytique, se sont efforcés de « professionnaliser » leur pratique, à l'intérieur d'organisations relativement bien structurées; une autre partie, apparue en Europe au moment de

8. BAUDOUIN (Charles), *op. cit.*, p. 32.

1968, fait au contraire porter l'accent sur les « prolongements » de l'œuvre de Jung, sur sa philosophie imprégnée d'influences orientales ainsi que sur son « art de vivre ». Il existe, par exemple, deux sociétés jungiennes en Grande-Bretagne : la première, la Society of Analytical Psychology, demeure assez fidèle à l'esprit de la psychanalyse « orthodoxe », tandis que la seconde, l'Association of Jungian Analysts, fait davantage confiance à la liberté d'esprit et à l'inventivité du dernier Jung. La situation est identique en France à ceci près que, dans ce pays, la pénétration de Jung a été plus lente – comme en témoigne le fait qu'il n'existe pas encore, dans notre langue, d'édition des œuvres complètes du fondateur de la psychologie analytique.

Il faut dire qu'en France c'est le freudisme qui, au lendemain de la seconde guerre mondiale, s'est installé en force : l'école française de psychiatrie, Lagache et Lacan en tête, a toujours défendu avec intransigeance l'orthodoxie freudienne. Les jungiens sont donc demeurés, chez nous, aussi timides que peu nombreux jusqu'à la fin des années 60 et, encore aujourd'hui, les grandes revues françaises de psychanalyse continuent de fermer leurs portes aux disciples de Jung, suspectés à la fois de sympathie pour le nazisme et de « spiritualisme » trouble, tandis que les lacaniens persistent à refuser toute discussion sur le concept d'inconscient collectif – bien que Freud lui-même paraisse avoir utilisé une notion similaire dans *Totem et tabou*, pour rendre compte de l'hérédité des fantasmes relatifs au meurtre du père.

Pourtant, hors des cercles strictement psychanalytiques, les choses ont commencé de changer. Trois circonstances, d'ailleurs liées entre elles, expliquent fort bien ce renouveau d'intérêt pour l'œuvre de Jung. D'abord la curiosité pour l'ethnologie, le folklore et l'histoire des religions, jadis confinée à l'intérieur d'un petit cercle d'érudits, a donné lieu depuis vingt ans à une littérature abondante et fort prisée du public cultivé : en témoigne le succès d'œuvres difficiles comme celles d'Henry Corbin, de Mircea Eliade ou de Gilbert Durand, dont les recherches sur le symbolisme dans l'art et la religion reconnaissent explicitement ce qu'elles doivent à l'œuvre de

Jung. Du coup celle-ci en a repris quelque lustre : il est intéressant, par exemple, de voir l'usage que fait de la notion d'archétype un historien des religions comme Mircea Eliade. Notons, au passage, que l'actualité de Jung en ce domaine vient en partie du fait que ses connaissances sur l'Orient, loin d'être superficielles, étaient au contraire très en avance pour leur époque : Jung lui-même était lié à deux des plus grands orientalistes de son temps, le sinologue Richard Wilhelm, traducteur du *Yi King*, avec la collaboration duquel Jung publia un commentaire sur un ancien texte taoïste *(Le Mystère de la fleur d'or)*, et l'indianiste Heinrich Zimmer, mort en 1934, dont Jung publia la dernière œuvre en 1944 sous le titre : *Le Chemin vers le soi.*

Second facteur de renouveau pour le jungisme : l'essor du mouvement antipsychiatrique. Ce mouvement de contestation, qui s'est développé en Grande-Bretagne à partir de la fin des années 50, a montré d'emblée une prédilection pour les psychothérapies « non répressives », pour les techniques orientales de relaxation et les philosophies qui les sous-tendent, bref un respect du « fou », un désir de se mettre à son écoute et un souci du « sacré » qui, par bien des côtés, apparentent Laing et Cooper à Jung. Là aussi toute une génération de « psy » – psychologues et psychiatres – s'est retrouvée, souvent sans le savoir, dans le sillage du médecin zurichois qui, dès 1938, avait fait le pèlerinage à Bénarès. Il n'est pas jusqu'à la notion de « voyage », par laquelle les antipsychiatres désignent le processus schizophrénique, qui ne renvoie explicitement aux recherches de Jung sur les descriptions, mystiques ou alchimiques, de « voyages initiatiques » : qu'est-ce, en effet, que le « processus d'individuation » dont parle Jung, sinon une tentative désespérée de l'individu pour ressaisir, derrière les masques et les images sociales, son soi profond, autrement dit sa véritable identité ?

Mais c'est surtout la grande vague de mai 1968 qui a donné, à tous ces mouvements épars, la possibilité de rattacher leurs racines théoriques à la pensée de Jung. Le refus d'un intellectualisme desséchant, le désir de plonger dans des sources spirituelles qui s'adressent à la personnalité totale, la méfiance envers tout dogmatisme, l'explosion des paroles et des désirs refoulés, la volonté de rompre avec la société de consommation occidentale, l'appel de la nature et celui de l'Orient : tous ces traits de la révolte estudiantine qui secoue alors l'Europe et les États-Unis se conjuguent soudainement pour redonner, à l'œuvre de Jung, une actualité inattendue. Jung devient, avec Herbert Marcuse et Alan Watts, l'un des maîtres possibles de la « contre-culture ». Sans doute la nostalgie d'une origine perdue, l'évocation de paradis inaccessibles, le sentiment que « la vraie vie est ailleurs » ne sont-ils pas des phénomènes absolument nouveaux : on trouverait les mêmes tendances chez Rimbaud et, bien sûr, déjà chez Platon. Sans doute est-il aussi insuffisant de réduire le mouvement de mai 1968 à cette rébellion contre le matérialisme. Il n'en reste pas moins qu'au-delà des événements, une demande très profonde montait alors des couches les plus diverses de la population, et pas seulement des jeunes, une demande d'affection et de régénération, une demande de salut pour tout dire, à laquelle le jungisme apportait des réponses séduisantes. En témoignent plusieurs faits, que nous pouvons mieux apprécier avec quinze ans de recul.

Et tout d'abord la multiplication des praticiens qui aboutit, en 1969, à la création de la Société française de Psychologie analytique, affiliée à l'Association internationale. Son succès est immédiat puisque, de neuf membres en 1969, la S.F.P.A. est passée à trente membres actifs aujourd'hui, plus une quarantaine de membres associés, en passe de devenir analystes à leur tour. Notons qu'une forte majorité parmi ces analystes est composée de médecins; les activités de la S.F.P.A. sont d'ailleurs principalement orientées vers l'aspect clinique de la psychologie analytique. Certes, ces praticiens sont plus tolérants que leurs collègues freudiens; ils lisent volontiers Laing, Lacan ou Winnicott; mais leur pratique, même si elle est relativement souple et informelle, reste essentiellement une pratique psychothérapique, orientée dans une perspective médicale et clinique. Deux médecins, le Dr Elie Humbert et le Dr Geneviève Guy-Gillet, se sont succédé à la tête de ce groupe depuis sa création.

Second volet du diptyque : le groupe de ceux qui se disent

moins intéressés par l'aspect strictement médical de l'œuvre de Jung que par les « percées » qu'elle permet d'effectuer dans des directions plus lointaines : alchimie, gnose, philosophies orientales. Ce groupe, qui n'a pas de nom ni de structure fixe, est animé par Étienne Perrot. Il réunit quelques disciples fervents, soucieux de rechercher à la fois le « grand œuvre » intérieur, c'est-à-dire la réalisation du soi profond, et une nouvelle éthique à la mesure des exigences de l'âme moderne, lasse du matérialisme ambiant. Pour Étienne Perrot, l'année 1928, durant laquelle Jung découvrit le manuscrit de ce traité alchimique chinois qui porte pour titre *Le Mystère de la fleur d'or*, marque un tournant décisif dans la modernité : la psychologie analytique n'est-elle pas, au fond, la vérité de l'alchimie médiévale, c'est-à-dire une alchimie toute intérieure, tournée vers le réveil de l'âme et l'illumination spirituelle? C'est en tout cas la direction que Perrot ne cesse d'explorer depuis une dizaine d'années.

Naturellement, ces deux groupes ont beaucoup publié. Et, d'abord, ils ont publié Jung. Depuis un certain temps, les traductions françaises commencent à se multiplier. Certes, il n'y a pas encore d'œuvres complètes en chantier, alors que celles-ci sont déjà disponibles en anglais et le seront d'ici peu en allemand. Mais enfin les grands livres de Jung sont devenus presque tous accessibles, et bien que la presse néglige en général d'en rendre compte ils se vendent bien : les cinq mille premiers exemplaires de *Ma vie* n'ont-ils pas été épuisés, dès janvier 1967, en quelques semaines? Ce détail anecdotique semble prouver, s'il en était encore besoin, qu'un nombre croissant d'hommes, en proie au trop fameux « malaise de civilisation » dont souffre notre Occident matérialiste, parvient à trouver, chez Jung, une réponse à ses angoisses.

Cette réponse est-elle vraiment satisfaisante? C'est là un autre problème. Ce qui paraît probable, c'est que le jungisme a plus de chances que le freudisme de devenir, dans la France d'aujourd'hui, une composante de la culture de masse – avec tous les dangers que cela implique pour lui, et les inévitables risques de récupération et de déformation.

Trois affaires litigieuses

Il ne nous appartient pas ici de porter un jugement définitif sur la valeur de la doctrine de Jung : outre qu'un tel projet serait irréalisable dans le cadre nécessairement limité d'un travail comme celui-ci, il reviendrait à méconnaître un aspect essentiel des psychothérapies : celles-ci sont efficaces pour celui qui y croit... Et cette fameuse « efficacité symbolique », dont Claude Lévi-Strauss a décelé l'action au sein de la magie primitive, est particulièrement applicable à la psychologie analytique, laquelle sauve en priorité ses fidèles. Notre propos sera donc plus modeste. Sans prétendre remettre en cause l'appareil théorique construit par Jung autour de la notion d'inconscient collectif, on se bornera, pour finir, à évoquer trois interprétations qui peuvent en être faites au prix de certaines déformations, et à montrer les dangers que ces interprétations, sans doute abusives, recèlent.

Première tentation : oublier que l'inconscient collectif existe, d'après Jung lui-même, à trois niveaux au moins (l'humanité, le peuple, la famille) et ne retenir que le second de ceux-ci, correspondant à ce qu'on pourrait appeler « l'inconscient ethnique ». La notion d'ethnie est en effet confuse : elle peut servir à désigner un ensemble socio-culturel, auquel cas elle a une certaine consistance; mais elle peut également être employée, dans une perspective plus ou moins explicitement raciste, pour désigner un « groupe biologique » déterminé, auquel cas elle est forcément imaginaire, puisqu'il est impossible de prouver, d'aucun peuple connu, qu'il constitue une véritable entité biologique.

Il n'en reste pas moins qu'une telle interprétation de Jung a pu être d'actualité à une époque où les préjugés racistes semblaient normaux et prouvés par la science, c'est-à-dire dans l'Allemagne des années 30. De là à accuser Jung lui-même de sympathies pro-nazies, il n'y avait qu'un pas : un pas abusif, mais qui a été allégrement franchi par de nombreux adversaires du médecin zurichois, soucieux de rejeter sur son œuvre le discrédit qui atteignait ainsi l'homme. Faisons donc le plus équitablement possible le point sur cette ténébreuse affaire [9].

En 1933, le professeur Ernest Kretschmer démissionne de son poste de président de la Société médicale internationale de Psychothérapie, estimant ne plus disposer d'une liberté suffisante pour exercer ses fonctions en toute indépendance. Avec son accord, Jung lui succède. Suisse et non allemand, Jung pense en effet bénéficier d'une plus grande marge de jeu; il croit par ailleurs préférable d'occuper lui-même cette charge plutôt que de la laisser à un nazi, et espère pouvoir en profiter pour aider ceux de ses collègues – juifs, en particulier – qui semblent directement menacés par le régime. Il s'agit là d'un choix moral qui, face à d'autres adversaires, aurait pu se révéler « payant » mais qui, en l'occurrence, va se retourner contre Jung. Celui-ci partage en effet avec un parent de Goering la direction de la revue publiée par la Société; or, dès 1933, cette revue publie un manifeste invitant tous les psychothérapeutes à prendre *Mein Kampf* et les idées d'Adolf Hitler pour base de leur activité. Une telle publication suscite évidemment un tollé de la part des psychiatres non allemands; Jung a beau leur répondre que le manifeste a été imprimé contre sa volonté expresse, le mal est fait.

Mal d'autant plus difficile à effacer que Jung lui-même écrira, peu après, un article dans la même revue destiné à préciser ce qui distingue la « psychologie juive » de la « psychologie aryenne ». Certes, ces termes sont, depuis un siècle, monnaie courante dans la littérature germanique; et Jung affirme avec la plus grande sincérité apparente que distinguer entre « âme aryenne » et « âme sémite » n'implique, dans sa pensée, aucune hiérarchie, aucun jugement de valeur. Il n'en reste pas moins que, là aussi, la forme l'a emporté sur le fond : une telle publication, à une telle époque, était une véritable maladresse et même une faute. Une faute qui n'a pas fini d'être reprochée à Jung... Avec quelque complaisance, d'ailleurs, puisque les torts de Heidegger, dont l'engagement aux côtés du régime nazi fut beaucoup plus intense, ont été bien plus

9. Un résumé objectif de la question : l'article de Roland Jaccard sur « Jung et le nazisme », in *Le Monde*, 31 août 1980.

rapidement oubliés par l'intelligentsia française. Il est vrai que Lacan citait Heidegger, alors qu'il ne citait pas Jung.

La seconde interprétation abusive du jungisme est plus récente : il convient de la rattacher à l'essor, vers la fin des années 70, d'une « nouvelle » droite européenne et nord-américaine. Ici, Jung sert explicitement d'antidote à Freud, dont la pensée est définitivement compromise avec le marxisme... et avec le judaïsme ou, plus exactement, le « judéo-christianisme ». En héritier de la tradition biblique, Freud insiste sur les conflits entre le désir et la loi et rappelle la suprématie de cette dernière; sa pensée doit donc être rejetée, selon les tenants de la nouvelle droite, au profit d'une doctrine qui révèle l'existence d'un certain « polythéisme » dans les tréfonds de l'inconscient (pluralité des archétypes), et insiste parfois sur les aspects « ethniques » de ce même inconscient, grande force collective qui emporte les individus dans son cours. Comme on le voit, cette interprétation sommaire n'est pas si nouvelle qu'elle le prétend : elle partage les mêmes références théoriques (au premier plan desquelles figure la pensée de Nietzsche, totalement trafiquée pour les besoins de la cause) que l'idéologie nazie, bien qu'elle se défende explicitement de tout soupçon d'antisémitisme. Il ne serait pourtant pas inutile d'arracher Jung aux griffes de la nouvelle droite, car sa pensée est beaucoup plus sérieuse que l'image qu'en présente ce courant.

Mais s'il est relativement facile de montrer que Jung ne prône pas le retour à un quelconque polythéisme païen, il est impossible de nier qu'une partie de son œuvre procède d'une sensibilité indiscutablement religieuse. On a déjà signalé le succès qu'ont rencontré ses idées dans les milieux fortement imprégnés de catholicisme ou de protestantisme. Ce « spiritualisme » jungien n'est évidemment pas une tare en soi; mais il convient d'empêcher, là aussi, la pensée de Jung d'être récupérée par une Église, quelle qu'elle soit. Cette tâche est, de loin, la plus malaisée, d'autant que tout le mouvement de la contre-culture a revalorisé Jung précisément en raison de cette sensibilité religieuse qui leur était commune. Elle n'en est pas moins indispensable si l'on veut, encore une fois, prendre la véritable mesure d'une œuvre qui, bien loin de prôner le « retour au sacré » ou je ne sais quel « nouveau mysticisme », se veut au contraire, de part en part, animée par un désir d'intelligibilité et un rationalisme foncier.

Sauver Jung des jungiens ? Vaste programme, sans doute... Mais n'est-il pas aussi indispensable – et aussi difficile, convenons-en – que de sauver Freud des freudiens ?

QUELQUES ÉTUDES SUR JUNG

ADLER (Gerhard) : *Études de psychologie jungienne*, Genève, Georg, 1957.

BAUDOUIN (Charles) : *L'Œuvre de Jung*, Paris, Payot, 1963.

BENNET (E. A.) : *C. G. Jung*, Londres, Barrie and Rockleff, 1961.

FORDHAM (Frieda) : *Introduction à la psychologie de Jung*, Paris, Imago, 1979.

GLOVER (Edward) : *Freud ou Jung*, Paris, P.U.F., 1954.

JACOBI (Jolande) : *La Psychologie de C. G. Jung*, Neuchâtel-Paris, Delachaux et Niestlé, 1950.

TEILLARD (Ania) : *L'Âme et l'écriture*, Paris, Stock, 1948.

Alfred Adler dans l'ombre de Freud

Roland JACCARD

« Alfred Adler était un des élèves les plus remarquables de Freud. Il n'avait qu'un défaut : il ne savait pas analyser. Les faits de la vie mentale inconsciente lui étaient difficilement accessibles. » Cette réflexion se trouve dans l'essai sur Freud de Fritz Wittels [1] qui participa, lui aussi, aux soirées du mercredi et qui décrivit admirablement Adler assis à la table ronde, un éternel cigare de Virginie à la bouche, s'exprimant dans le dialecte aisé du bourgeois de Vienne et revenant sans cesse à son idée de « l'infériorité des organes ».

Bien qu'il ne soit pas facile de définir en quoi consiste précisément cette « capacité d'analyse » à laquelle Wittels fait allusion, la plupart des freudiens lui emboîtèrent le pas et soutinrent que si Adler était un fin psychologue, il était, en revanche, peu doué pour « la pénétration en profondeur ». A cet égard, on opposait volontiers son intelligence intuitive et pratique de la nature humaine à celle de Freud qui passait pour être un « piètre connaisseur des hommes ».

Jusqu'à leur rupture, en 1911, Freud estimait Adler; il lui adressa même la femme de son frère Alexandre pour une analyse. Et, en 1910, pour justifier son choix comme président de la Société psychanalytique de Vienne, Freud fit remarquer : « Après tout, c'est ici la seule personnalité. »

Adler, né en 1870 à Vienne, grandit comme Freud dans les faubourgs et, comme lui, entreprit des études de médecine. Les points les plus permanents de sa théorie peuvent être mis en relation avec les expériences qu'il vécut dans sa petite enfance : rachitique, il souffrit effectivement d'une « infériorité organique ». En outre, il était le second enfant de sa famille, correspondant parfaitement à la description qu'il en donna,

1. WITTELS (Fritz), *Freud, l'homme, la doctrine, l'école,* Éd. Alcan, 1929.

c'est-à-dire « toujours sous tension, s'efforçant de rivaliser avec son frère aîné, et suivi lui-même de près par un frère plus jeune, tout aussi compétitif. »

Curieusement, le frère aîné d'Adler se prénommait Sigmund et une rivalité incessante semble les avoir opposés. D'après Phillis Bottom [2], Alfred supportait mal de vivre à l'ombre d'un frère paré de toutes les qualités, qui évoluait dans des sphères bien supérieures aux siennes, sphères auxquelles en dépit de sa bonne volonté il était persuadé ne jamais pouvoir accéder. On comprend mieux que lors de sa rupture avec Sigmund Freud il se soit exclamé : « Pourquoi donc devrais-je toujours travailler dans votre ombre? »

Autre point que ses biographes ont amplement souligné : la constellation familiale dans laquelle il a grandi ne ressemblait en rien à celle de Freud. On sait que ce dernier était le premier-né et le préféré de sa mère; il éprouvait en outre une certaine animosité à l'égard de son père, si bien que la situation œdipienne lui parut tout à fait naturelle. Il n'en alla pas de même pour Adler qui était très proche de son père, alors qu'il ne comprenait pas sa mère et se sentait rejeté par elle; de là viendrait, selon Ellenberger [3], qu'il ne put jamais vraiment accepter l'idée du complexe d'Œdipe.

Enfin, il ne semble pas qu'Adler ait jamais eu à souffrir de l'antisémitisme. Il ne se sentait pas juif, pas même autrichien, mais profondément viennois. En 1904, il se convertit au protestantisme. Manès Sperber note que Freud interpréta vraisemblablement cette conversion comme un signe d'ambition et d'opportunisme. D'autant plus qu'Adler ne dissimulait ni son athéisme, ni ses convictions socialistes. Selon Sperber, le baptême de ce non-croyant fut essentiellement une fuite devant le judaïsme : « Par son passage à l'Église protestante, écrit-il, il voulait trouver un refuge et une échappatoire à la situation d'exception, à la communauté de destin juive, et aux conséquences de la naissance juive. Il la ressentait donc plus

2. BOTTOM (Phillis), *Alfred Adler, Apostle of Freedom*, Londres, Faber and Faber, 1939.

3. ELLENBERGER (Henri F.), *A la découverte de l'inconscient*, Paris, Éd. Simep, 1970.

fortement que l'on ne pourrait le supposer en considérant sa biographie [4]. »

Pendant ses études de médecine, Adler s'enthousiasma pour les idées socialistes et participa à de nombreuses réunions politiques. C'est probablement à cette occasion qu'il rencontra sa future femme, Raïssa Epstein. Très engagée politiquement, elle était en contact avec des révolutionnaires russes, notamment avec Trotski. Soucieux de son indépendance et plutôt versatile, Adler acceptait mal la discipline d'un parti. Proche des sociaux-démocrates, il se moquait des marxistes dogmatiques, y compris de Raïssa, qu'il épousa en 1897. Ils eurent quatre enfants, dont deux devinrent psychiatres, d'obédience adlérienne bien sûr...

Contrairement à Freud, Adler n'exerça jamais dans les quartiers bourgeois. Partisan d'une médecine sociale, il ouvrit un cabinet dans un quartier populaire, proche du célèbre parc d'attractions viennois, le Prater. Sa première publication intitulée : *Manuel d'hygiène pour le métier des tailleurs* (1898) était parsemée de considérations politiques qui lui donnaient un caractère provocant et pamphlétaire. Malgré les recherches des historiens, on ignore comment Adler entra en contact en 1902 avec Freud. Selon la légende, après avoir lu un article discréditant les théories freudiennes dans la *Neue freie Presse*, il aurait pris la défense de son confrère. Ce dernier, après l'avoir remercié, l'aurait invité à ses réunions du mercredi auxquelles se joignirent dans un premier temps Kahane, Reitler et Stekel. Neuf ans plus tard survint la rupture et dès lors les deux hommes n'eurent plus aucun contact personnel.

Après avoir quitté la Société psychanalytique de Vienne, en même temps d'ailleurs que neuf autres psychanalystes (ils avaient en commun d'être inscrits au parti socialiste), Adler fonda la Société de psychologie individuelle dont les réunions se tenaient au premier étage du café *Arkaden*. Tous ceux qui ont connu Adler l'ont dépeint comme un intellectuel viennois typique, qui avait le sentiment d'avoir perdu une journée si celle-ci ne l'avait pas mené au cœur de la vie des cafés de Vienne

4. SPERBER (Manès), *Alfred Adler et la psychologie individuelle*, Paris, Gallimard, 1972.

afin de participer à d'interminables joutes oratoires. Il était un orateur-né, mais ne soignait pas son style.

A l'inverse de Freud, dont les manières retenues et cérémonieuses, ainsi que l'esprit systématique, impressionnaient ses interlocuteurs, Adler était très sociable, négligé d'aspect, d'humeur très variable et grand amateur de musique. Sa vision du monde était diamétralement opposée à celle de Freud. Ainsi que l'a fait remarquer Ellenberger : « Freud, dans la tradition pessimiste d'un Schopenhauer, voyait dans le névrosé la victime d'une grandiose et tragique illusion de l'humanité. Adler, dans la ligne d'un optimisme à la Leibnitz, considérait le névrosé comme un pitoyable individu recourant à des ruses transparentes pour fuir les obligations de la vie. »

Leurs méthodes thérapeutiques différaient également du tout au tout; Lou Andréas Salomé, qui avait rallié le camp freudien, disait qu'elles étaient aussi dissemblables que le bistouri et la pommade. Adler prônait le face à face dans la relation avec ses patients; il indiquait même que le siège du thérapeute devait avoir la même hauteur, la même forme et la même dimension que celui du consultant. Les séances étaient moins fréquentes et le traitement moins long que chez les freudiens. Outre cela, les adlériens n'étaient pas opposés à la gratuité du traitement.

Si les patients de Freud étaient généralement issus de la riche bourgeoisie juive, ce n'était pas le cas de ceux d'Adler qui appartenaient soit à la classe moyenne (40 %), soit à la classe pauvre (35 %). On peut se demander si certaines différences théoriques de base ne tiennent pas à ce contraste marqué entre leur clientèle [5]. Pour celle, démunie, d'Adler, les angoisses auraient été beaucoup plus liées à des problèmes sociaux, ce qui l'aurait conduit à mettre l'accent sur la dynamique des relations interpersonnelles. Il ne décrit jamais l'individu à l'état statique ou isolé, mais l'envisage toujours dans la perspective de ses actions et des réactions de son entourage.

5. SULLOWAY (Frank J.), *Freud, biologiste de l'esprit*, Paris, Fayard, 1981.

Heinz Ansbacher a soutenu que le choix initial que Freud et Adler avaient fait de leur clientèle tenait à des différences de caractère et que là résidait la vraie clef de leurs théories. Selon lui, Freud, favori incontesté de sa mère et fils aîné typique, était conscient de sa position sociale, méprisait ouvertement le peuple et aimait exercer son autorité et son pouvoir sur autrui. Il parlait souvent de la médiocrité des êtres humains, y compris de celle des analystes. Adler considérait au contraire qu'il existe chez l'être humain une disposition fondamentale au bonheur et qu'il est virtuellement possible de faire disparaître la névrose en développant chez le malade des attitudes égalitaires et un engagement social. Ansbacher conclut que les théories de chacun de ces deux psychanalystes reflètent les valeurs dominantes de leur propre psychisme, cependant qu'un choix très sélectif de leurs patients les amenait à confirmer leurs préjugés extra-scientifiques.

La première œuvre importante d'Adler s'intitule : *Étude sur l'infériorité des organes* et date de 1907. L'auteur montre comment par un mécanisme de surcompensation les individus affligés soit de naissance, soit à la suite d'un accident, d'une infériorité organique développent des aptitudes supérieures à la moyenne, l'exemple le plus célèbre étant celui de Démosthène qui, bien que bègue, devint l'orateur le plus illustre de son temps. Adler souligne combien l'intelligence elle-même peut recevoir une « plus-value » de fonctions organiques déficientes.

Par la suite, il décrira le névrosé comme un homme qui attend trop de l'avenir et qui d'ailleurs en attend souvent d'autant plus qu'il n'a aucune prise sur lui. Le névrosé voudrait être un « homme total », ce qui est hors de portée pour le commun des mortels. Aussi se trouve-t-il pris dans l'impasse de celui qui désire sans pouvoir, qui n'a pas les moyens de ses ambitions, qui est coincé entre la fiction et la réalité. A partir de là, le névrosé interprète, ou mieux, il reconstitue son passé : il y cherche la justification présente de son état à partir d'événements insignifiants; il se sert des traumatismes psychiques comme d'excuses. Si, pour Freud, le névrosé souffre de réminiscences, Adler inverse le rapport : le névrosé fabrique ses réminiscences; il n'en souffre pas vraiment.

En fait, pour Adler, l'inconscient est un artifice utilisé par le patient chaque fois que l'unité de sa personne se trouve menacée à la suite d'un conflit entre ses aspirations et la réalité sociale. A la fin de sa vie, Adler renoncera complètement aux notions d'inconscient, de sexualité infantile et de refoulement; la sexualité n'était, d'après lui, qu'un moyen pour le sujet d'exprimer sa puissance. On comprend qu'au moment de leur rupture, Freud ait écrit dans une lettre adressée au pasteur Pfister et datée du 26 février 1911 qu'Adler avait « imaginé un système global sans amour, et je viens, telle la déesse offensée qui a nom *libido,* me venger de lui ».

Notons que dès 1908, Adler manifestait son désaccord à l'égard d'une des idées fondamentales de Freud, à savoir que la libido constituerait la principale source du dynamisme de la vie psychique. Il affirmait l'existence d'un instinct d'agressivité qui ne saurait s'expliquer par la simple frustration de la libido et qui jouerait un rôle aussi important que cette dernière, dans la vie normale comme dans la névrose.

En 1910, Adler esquissa une théorie de l'hermaphrodisme psychologique. L'expérience, disait-il, lui avait montré la grande fréquence chez les névrosés des caractéristiques sexuelles secondaires du sexe opposé. Le malade en éprouve un sentiment subjectif d'infériorité qui le pousse à chercher une compensation sous la forme d'une « protestation virile ». Le jeune garçon identifiera masculinité et agression, féminité et passivité. La « protestation virile » le conduira à vouloir dépasser son père et, secondairement, à posséder sa mère. C'est ainsi qu'Adler explique le thème d'Œdipe.

Un jour qu'il était particulièrement de bonne humeur, il dit familièrement à l'un de ses amis : « Savez-vous comment on trouve la clef de toutes les névroses? On demande : qui doit crever? C'est toujours le but. Ils sont tous malades contre quelqu'un. »

Après la première guerre mondiale, Adler s'occupa particulièrement de l'éducation des enfants; il pensait que son effort principal devait porter sur les instituteurs plutôt que sur les familles; aussi ouvrit-il des consultations pour les enseignants. Grâce à lui, Vienne fut la première ville du monde où tous les enfants scolarisés purent bénéficier de traitements médico-pédagogiques, s'ils en avaient besoin. Il fut soutenu dans ses initiatives par la municipalité socialiste de la ville. Lorsque le parti social-démocrate perdit le pouvoir, Adler poursuivit sa carrière aux États-Unis et en Angleterre.

Même si ses conceptions s'écartèrent complètement de la psychanalyse orthodoxe, il n'en reste pas moins que ses travaux par certains côtés ont devancé les théories d'Anna Freud et de Wilhelm Reich sur le rôle du moi et les mécanismes de défense. Adler fait également figure de précurseur de l'école culturaliste américaine par l'attention qu'il a portée à une caractérologie sociale liée à la diversité des cultures. Son projet fut de réaliser la synthèse de Darwin, de Nietzsche et du socialisme. Certains se sont demandés comment à partir d'une telle ambition, il n'a réussi qu'à créer la plus plate et la plus bourgeoise des écoles de psychanalyse [6].

Adler est décédé à Aberdeen, en Écosse, le 28 mai 1937, foudroyé par une crise cardiaque. Commentant la mort subite de son ancien collaborateur, Freud écrivit, non sans cynisme, à Arnold Zweig : « Pour un enfant juif des faubourgs de Vienne, cette mort est l'aboutissement d'une carrière inespérée; elle prouve simplement qu'il est allé très loin. Vraiment, le monde l'a généreusement récompensé de son opposition à la psychanalyse. »

Deux autres psychanalystes dissidents du premier cercle de Freud méritent également d'être cités ici : Wilhelm Stekel (1868-1940) et Otto Rank (1884-1939).

Médecin exerçant à Vienne, Wilhelm Stekel était également doué comme écrivain et comme musicien; après avoir

6. JOHNSTON (William M.), *The Austrian Mind*, Berkeley, University of California Press, 1972.

entrepris une brève analyse avec Freud, il devint, ainsi qu'il l'exprima lui-même, « un apôtre de Freud qui était mon Christ »; ce fut sur son initiative qu'eurent lieu les premières soirées du mercredi. Freud l'appréciait particulièrement pour ses dons psychologiques, pour le « flair » qu'il possédait pour détecter l'inconscient et, plus particulièrement, le symbolisme dans les rêves.

Pourtant, aux yeux de la plupart des analystes, son intérêt pour la sexualité dérangeait; il passait pour une personnalité équivoque, dotée d'un intérêt malsain pour le matériel que révélaient les cas. Un de ses ennemis le décrivit un jour comme un homme qui portait le démoniaque dans la poche de son gilet. Freud lui-même en vint de plus en plus à redouter que sa personnalité ainsi que son travail ne discréditent la psychanalyse.

Lorsque Adler démissionna de la présidence, le 22 février 1911, Stekel abandonna simultanément son poste de vice-président; d'une part, il partageait certaines positions théoriques d'Adler, et d'autre part il acceptait mal l'offensive menée par les « orthodoxes »; il démissionna finalement de la Société de Vienne le 6 novembre 1912. Freud ne cacha pas le soulagement qu'il en éprouva, tout en soulignant que les divergences n'étaient pas d'ordre scientifique, mais personnel. A plusieurs reprises, Stekel chercha à se réconcilier avec Freud, mais ce fut toujours en vain. Ainsi, en date du 19 janvier 1924, ce dernier lui écrivit : « Vous vous trompez si vous croyez que je vous hais ou que je vous ai jamais haï. La réalité, c'est qu'après un premier moment où je vous ai accordé ma sympathie, vous m'avez agacé pendant plusieurs années alors que je devais vous défendre contre tous ceux qui m'entouraient... »

Bien qu'il ait été l'un des premiers à mettre l'accent sur le symbolisme de la mort dans la vie onirique et à envisager l'angoisse comme « la réaction à la pulsion de mort provoquée par une répression de la pulsion sexuelle », Stekel fut toujours considéré plus comme un vulgarisateur ou un journaliste que comme un psychanalyste. On lui reprochait notamment d'inventer des cas cliniques pour illustrer ses théories. Contrairement à Freud, il soutenait que la masturbation était susceptible de libérer les humains des frustrations imposées par la société. Sur le plan thérapeutique, il refusait de soigner ses patients plus de trois à six mois. « Ce qui n'est pas guéri en ce laps de temps, ne veut pas guérir », disait-il.

Le nazisme le força à s'exiler à Londres. C'est là qu'il mit fin à ses jours, le 25 juin 1940.

Né à Vienne en 1884, Otto Rank était issu d'un milieu pauvre. Son vrai nom était Rosenfeld, mais il décida de le changer contre celui de Rank, son père étant un alcoolique irresponsable. Très jeune, il dut travailler en usine pour subvenir aux besoins de sa mère. Néanmoins, il lisait et écrivait énormément. Il se hasarda un jour à parler de Freud à Alfred Adler, son médecin de famille. Ce dernier le présenta en 1906, alors qu'il n'était âgé que de vingt-deux ans, au maître. Voici comment Freud le décrivit en 1914 : « Un jour, nous reçûmes la visite d'un jeune homme qui venait de terminer ses études dans une école professionnelle. Il était porteur d'un manuscrit qui révélait une compréhension extraordinaire de la psychanalyse. Nous l'engageâmes à compléter ses études secondaires, à se faire ensuite immatriculer à l'Université et à se consacrer aux applications non médicales de la psychanalyse. Notre petit groupe se trouva ainsi nanti d'un secrétaire zélé et sûr, et pour moi-même Otto Rank ne tarda pas à devenir un aide et un collaborateur d'un dévouement à toute épreuve. »

Rank fut donc chargé de rédiger les Minutes de la Société de Vienne. Il devint progressivement le secrétaire et presque le fils adoptif de Freud. Les domaines privilégiés de sa recherche étaient d'une part la mythologie où son érudition faisait merveille et, d'autre part, la psychologie de l'artiste. En 1909, il publia *Le Mythe de la naissance du héros*, suivi deux ans plus tard de *La Légende de Lohengrin* et du *Thème de l'inceste dans les légendes et dans la littérature.*

Cependant, comme le rappelle Serge Viderman [7], Rank en vint progressivement à dénier à l'Œdipe le rôle que lui assignait

7. VIDERMAN (Serge), « Les écoles dites psychanalytiques non freudiennes », in *Traité de psychanalyse* publié sous la direction de S. Nacht, Paris, P.U.F., 1965.

Freud dans la genèse des difficultés névrotiques et à élaborer une théorie – et une technique – toute personnelle de la névrose qui fait du « traumatisme de la naissance » (1924) la *fons et origo* de l'angoisse primitivement vécue et répétée tout au long de l'existence.

La rupture définitive avec Freud ne se produisit qu'en 1926; Rank s'était alors déjà rendu à plusieurs reprises aux États-Unis pour y répandre ses théories et former des disciples. Après avoir vécu dans des conditions modestes à Vienne, il connaissait enfin la célébrité. Il se lia à Henry Miller et à Anaïs Nin qui a longuement parlé de lui dans son journal. Il développait l'idée que la névrose doit être considérée non comme une maladie, mais comme une œuvre d'art ratée. Seule une psychologie de la créativité pouvait aider le névrosé. En outre, comme la plupart des dissidents, il préconisait des analyses à court terme, avec des délais fixés à l'avance. L'obligation de quitter l'analyste, croyait-il, faisait ressortir toute l'anxiété de la naissance. Plutôt que d'attaquer les résistances du patient, le thérapeute devait, par son travail, l'aider à affirmer sa volonté et lui permettre d'exprimer ses pouvoirs créateurs, quels que pussent être ses sentiments de culpabilité ou ses angoisses de fusion.

La mort d'Otto Rank présente, elle aussi, un caractère étrange [8]; elle survint un mois après celle de Freud, en octobre 1939. Si Freud avait survécu seize ans à son cancer de la mâchoire, Rank, lui, succomba en quelques jours à une infection de la gorge. Il avait environ quarante-cinq ans et venait de se remarier avec Estella Buel, sa secrétaire américaine. « Il s'apprêtait, écrit Anaïs Nin, à réaliser son souhait de vivre en Californie. Sa nouvelle femme possédait un ranch là-bas. Elle avait comblé son besoin d'une collaboratrice, avait traduit ses écrits, travaillé avec lui. Il avait été heureux. Il allait se libérer de la thérapie individuelle et il venait de terminer un nouvel ouvrage. »

8. TAFT (J.), *Otto Rank*, New York, Julian Press, 1958.

Débuts de psychanalyses au temps de Freud

Alain DE MIJOLLA

La psychanalyse n'est pas sortie toute armée de la tête de Freud, mais s'est élaborée très progressivement au long d'années de recherches, d'essais, d'espoirs et de désillusions. Freud lui-même reprochait aux critiques de négliger cette évolution : « On dirait que pour eux l'analyse est tombée du Ciel ou sortie de l'Enfer, qu'elle est figée, tel un bloc de lave, et non pas construite à partir d'un ensemble de faits lentement et péniblement réunis au prix d'un travail méthodique. » Aujourd'hui encore, bien des zélateurs ont pris la suite des « critiques » dans leur indifférence au temps et dans l'amalgame qu'ils font, par exemple, de citations que séparent parfois des dizaines d'années. Comme si le parcours clinique et psychanalytique de Freud ne s'était pas étalé sur plus de cinquante ans, de 1886 à 1939, marqué, au niveau de la pratique, par des modifications techniques concomitantes. Celles-ci apparaissent en effet liées à l'épreuve d'idées théoriques qui se précisaient elles-mêmes à la suite des difficultés cliniques. On oublie trop souvent de nos jours ce que pouvait avoir de révolutionnaire la pratique médicale de Freud en une époque où les traitements électriques, l'isolement, l'hydrothérapie, les massages, la suggestion hypnotique ou le plus parfait mépris sadique constituaient le seul arsenal thérapeutique du « neurologue » débutant.

« En ce qui concerne les articles de technique, avait confié Freud à son élève Smiley Blanton [1], je les trouve tout à fait inadéquats. Je ne crois pas que l'on puisse inculquer les principes de la technique par des écrits. Cela ne peut se faire que par enseignement direct. Évidemment, les débutants ont sans doute besoin d'un minimum pour commencer. Autrement ils

1. BLANTON (S.), *Journal de mon analyse avec Freud*, trad. fr. I. David, Paris, P.U.F., 1973.

n'auraient rien sur quoi tabler pour aller de l'avant. Mais s'ils suivent trop consciencieusement les directives, ils ne tarderont pas à rencontrer des difficultés. Aussi bien doivent-ils surtout apprendre à développer leur technique personnelle. »

Ainsi se justifie la présentation et la discussion des diverses modalités de l'exercice de la psychanalyse à travers le temps de son histoire, les lieux de sa pratique et les idéologies qui la sous-tendent, afin de mieux comprendre ce qui différencie la psychanalyse de toute autre forme de psychothérapie et de permettre selon le vœu de Freud, à chaque analyste de « développer sa technique personnelle ».

Il est bien vrai que l'on ne pratique plus la psychanalyse comme cela se faisait du temps de Freud, mais non moins remarquable de constater que Freud lui-même a modifié au long des années les conditions de son approche des patients qui venaient le consulter. C'est qu'il y a eu, et continue d'y avoir, une modification progressive des buts que s'assignait le traitement, en fonction de découvertes théoriques, elles-mêmes suscitées par les transformations de son mode d'application. Il est tout à fait extraordinaire de suivre l'espèce de jeu qui veut qu'à chaque avancée du thérapeute s'oppose une nouvelle forme de pathologie du patient, tout comme, dans le même souffle, une nouvelle sorte de connivence, lesquelles déclenchent la découverte d'un autre abord thérapeutique qui lui-même, etc. Le mécanisme est sans fin, tributaire également des modifications socio-économiques et de l'environnement culturel, conduisant à chaque époque les psychanalystes à se poser la question de la finalité de leur pratique.

L'étude complète des modalités de la cure psychanalytique, avec son long déroulement, ses conditions « orthodoxes » ou ses variantes au long des années de l'histoire de la psychanalyse étant impossible à réaliser dans le cadre d'un bref article, il semble plus fructueux de se limiter à un aspect parcellaire de la pratique de Freud lui-même et d'en suivre la progressive et significative évolution. Nous avons donc arbitrairement choisi les premiers temps de la rencontre analytique, ces « débuts de cure » où transfert et contre-transfert s'affrontent pour la première fois, où les défenses psychiques se mobilisent – vers un aménagement pour certains, un durcissement pour d'autres – selon des stratégies bien tributaires de cette finalité à laquelle nous faisions allusion. Freud avait en son temps noté : « Celui qui tente d'apprendre dans des livres le noble jeu des échecs ne tarde pas à découvrir que, seules, les manœuvres du début et de la fin permettent de donner de ce jeu une description schématique complète, tandis que son immense complexité, dès après le début de la partie, s'oppose à toute description [2]. »

A l'époque des *Études sur l'hystérie* [3], l'accent était mis sur la recherche des facteurs pathogènes, c'est-à-dire des traumatismes primaires qui représentaient l'origine des symptômes. Ceux-ci constituaient dès lors le point de départ d'une recherche qui visait à extirper des souvenirs et à en effacer les images par suggestion hypnotique. Il fallait alors parler beaucoup, interroger, ne laisser passer aucun détail, exiger des compléments d'information. C'était, disait Freud, épuisant, tout comme il trouvait monotone et trop souvent ridicule la suggestion qui devait affirmer la disparition prochaine de symptômes fort prompts à se manifester de nouveau pour faire mentir l'hypnotiseur.

Freud, alors âgé de trente-trois ans, commande, exige et presse de questions une malade à qui nous devons davantage qu'à Anna O., bien que son rôle soit tenu par la postérité pour plus effacé, Mme Emmy von N. Celle-ci ne se laisse pas faire et, dès ses premières rencontres avec lui, détermine au moins cinq des conditions de la future situation psychanalytique. Lorsqu'il la reçoit pour la première fois, le 1er mai 1889, Freud ne note-t-il pas : « Je me trouve en présence d'une femme paraissant encore jeune, aux traits expressifs, étendue sur un divan, la tête appuyée sur un traversin en cuir » ? Le cadre est en place, dans lequel vont retentir, comme des consignes auxquelles tout psychanalyste continue encore d'obéir, ses cris angois-

2. FREUD (S.), « Le Début du traitement » (1913), in *De la technique psychanalytique*, trad. fr. A. Berman, Paris, P.U.F., 1953.
3. FREUD (S.), *Études sur l'hystérie*, trad. fr. A. Berman, Paris, P.U.F., 1956.

sés : « Ne bougez pas! Ne dites rien! Ne me touchez pas[4]! »

Bien plus, alors qu'il lui demande d'où vient qu'elle s'effraye aussi facilement, la voici qui lui désigne elle-même l'origine infantile de ses symptômes : « A cause de souvenirs de mon tout jeune âge... » Très vite, elle va continuer hors hypnose le travail sur les réminiscences auquel Freud l'a contrainte, profitant pour ce faire des séances de massages biquotidiennes que lui prodigue son jeune médecin : « Elle se tranquillise, devient plus sereine et découvre, même en dehors des questions posées sous hypnose, les motifs de chacun de ses accès de mauvaise humeur. D'ailleurs les propos qu'elle me tient, pendant que je la masse, ne sont pas non plus aussi intentionnels que leur apparence le ferait supposer; ils reproduisent plutôt assez fidèlement les souvenirs et les impressions nouvelles qui ont agi sur elle depuis notre dernier entretien et émanent, souvent d'une façon tout à fait inattendue, de réminiscences pathogènes dont elle se décharge spontanément par la parole. Tout se passe comme si elle s'était approprié mon procédé. Elle semble utiliser cette conversation, en apparence menée à bâtons rompus, comme complément de l'hypnose. »

Si Mme Emmy von N. s'est approprié, à sa grande surprise, le « procédé » de Freud, celui-ci le lui rendra bien désormais, comme il prendra en compte une querelle qui va les opposer : « Avec assez de réticence elle me répond qu'elle n'en sait rien. Je lui donne jusqu'à demain pour s'en souvenir. Elle me dit alors, d'un ton bourru, qu'il ne faut pas lui demander toujours d'où provient ceci ou cela, mais la laisser raconter ce qu'elle a à dire. J'y consens et elle poursuit. » Elle vient d'inventer l'association libre...

Miss Lucy R., traitée trois ans plus tard, profitera de l'acquis. Plus question d'hypnose car Freud, que ses faibles dons d'hypnotiseur condamnent à des échecs trop fréquents, y a renoncé au profit de la technique dite de concentration. « Je décidai d'utiliser comme point de départ l'hypothèse suivante : mes malades étaient au courant de ce qui pouvait avoir une importance pathogène, il s'agissait seulement de les forcer à le

4. SCHNEIDER (M.), *Blessures de mémoire*, Paris, Gallimard, 1980.

révéler. » Il leur était donc uniquement demandé de s'allonger et de fermer les yeux, le traitement s'accompagnant au moment des plus grandes résistances aux aveux d'une pression de Freud sur les tempes ou le front de ses patientes : « A la troisième ou quatrième pression, j'avais fini par extorquer aux malades leur information. »

« Première analyse complète d'une hystérique », la cure de Fr. Elizabeth von R. va débuter drôlement en l'automne 1892 : « Ma première entrevue avec cette jeune fille [...] âgée de vingt-quatre ans ne me permit pas d'éclairer davantage ce cas. » Freud décide alors d'entreprendre un « simulacre de traitement » – en fait celui que pratiquaient dans des histoires semblables tous ses confrères neurologues –, à base de massages et de faradisation « afin de rester en contact avec la malade ». « Je me réservai, ajoute-t-il, le traitement des jambes par une franklinisation. » Quand, au bout de quatre semaines, « j'en vins à proposer une cure psychologique, et que je donnai à la malade quelques renseignements sur le procédé employé et son mode d'action, je rencontrai tout de suite chez elle de la compréhension et peu de résistance. » Freud n'avait pas encore découvert et encore moins théorisé le transfert, d'où cette « psychothérapie » préliminaire qu'il recommandera plus tard d'éviter, comme nous le verrons. Et ce même transfert est également absent de la formulation de la première règle fondamentale dont il nous donne alors un libellé qui, à part ce manque, reste bien moderne : « J'informe mon malade que je vais, dans l'instant qui suivra, exercer une pression sur son front et lui assure que, pendant tout le temps que durera cette pression, un souvenir surgira en lui sous la forme d'une image ou bien qu'une idée se présentera à son esprit. Je lui enjoins de me faire part de cette image ou de cette idée quelles qu'elles puissent être. Il ne doit pas les taire, même s'il pense qu'elles n'ont aucun rapport avec ce qu'on recherche, qu'il ne s'agit pas de cela ou encore s'il les trouve désagréables à révéler. Aucune critique, aucune réserve ne sont admises, même pour des raisons d'affect ou de mésestimation ! C'est de cette façon que nous parviendrons immanquablement à trouver ce que nous recherchons. Puis j'exerce pendant quelques secondes une pression sur le front du malade allongé devant moi et lui demande ensuite, d'un ton assuré, comme si la déception était impossible : " Qu'avez-vous vu ? " ou " A quoi avez-vous pensé ? " »

S'il ne parle pas encore de transfert, au sens actuel du terme, Freud est toutefois sensible au « rapport », vieille notion tirée de sa pratique d'hypnotiseur, qui existe entre ses patientes et lui, et il insiste sur l'importance de la relation qui doit s'établir entre eux. Elles ne livrent leurs secrets que si on leur témoigne de l'intérêt et de la compréhension, attitude contre-transférentielle qu'il conservera tout au long de sa pratique, si nous en jugeons par les témoignages de ceux qui firent avec lui leur analyse ou durent se contenter d'une rencontre, tel Bruno Goetz en 1904 : « Freud vint au-devant de moi, me serra la main, me pria de m'installer et m'examina attentivement. Je regardais ses yeux merveilleusement bienveillants, chaleureux, ils reflétaient une mélancolie qui donnait à penser qu'il en savait long. En même temps, j'eus l'impression, comme si une main effleurait rapidement mon front – et les douleurs en furent comme effacées. « Oh, me dis-je, que voilà donc un homme-médecine comme on en rencontre aux Indes. Il n'a nul besoin de sa méthode, il pourrait aussi bien dire abracadabra que déjà on se sentirait le cœur plus léger et presque bien portant. Ça, mon cher, c'est un médecin ou je ne m'y connais pas ! Je n'avais jamais vu un tel homme. Au même instant je conçus pour lui une confiance sans réserve [5]. »

« Quant à la première entrevue, je demandais à mes malades s'ils se souvenaient de ce qui avait d'abord provoqué le symptôme considéré, les uns prétendaient n'en rien savoir, les autres me rapportaient un fait dont le souvenir, disaient-ils, était vague et auquel ils ne pouvaient rien ajouter. » Allongés sur le divan, Freud derrière eux leur pressant le front aux moments de plus intense résistance, ils se mettent toutefois à raconter leur histoire, et l'intérêt de Freud va se porter peu à peu sur les lacunes de leurs premiers récits, attiré qu'il se trouve par le parfum de l'association énigmatique, par l'éclat négatif

5. GOETZ (B.), « Souvenirs sur Sigmund Freud en 1904-1905 », in *Freud, jugements et témoignages*, ouvr. dir. par R. Jaccard, Paris, P.U.F., 1976.

du maillon manquant. Il s'agit désormais de deviner ce qui est tu, étape initiale de l'interprétation et approche, au-delà des accusations de dissimulation, de la reconnaissance de l'inconscient.

Livrés à eux-mêmes – et nous allons constater que c'est là que la découverte freudienne est absolument originale –, les malades rapportent de plus en plus souvent leurs rêves. Freud, de son côté, s'interroge sur les siens et imagine la plaque qui indiquera où « le 24 juillet 1895 le mystère du rêve fut révélé au Dr Sigmund Freud ». La technique en est bouleversée.

« Depuis qu'ont été écrites les *Études*, la technique psychanalytique a subi une transformation fondamentale, écrit Freud en 1901. Le travail avait alors pour point de départ les symptômes et pour but de les résoudre les uns après les autres. Depuis j'ai abandonné cette technique car je l'ai trouvée mal appropriée à la structure si délicate de la névrose. Je laisse maintenant au malade lui-même le soin de choisir le thème du travail journalier et prends par conséquent chaque fois pour point de départ la surface que son inconscient offre à son attention. » A quarante-quatre ans passés, Freud accepte de prendre en traitement la jeune Dora dont il a déjà soigné le père. Il l'avait elle-même vue pour la première fois deux ans auparavant, mais aucune suite n'avait été donnée à sa proposition d'un « traitement psychique ». Il indique alors : « Ce que racontent les proches du malade – dans mon cas le père de cette jeune fille de dix-huit ans – ne donne qu'une image méconnaissable de l'évolution de la maladie. Je commence bien le traitement en invitant la malade à me raconter toute l'histoire de sa maladie et de sa vie, mais ce que j'apprends ne suffit pas encore à m'orienter. Ce premier récit est comparable à un courant qui ne serait pas navigable, à un courant dont le lit serait tantôt obstrué par des rochers, tantôt divisé et encombré par des bancs de sable [6]. »

Ce premier récit a toutefois une importance diagnostique considérable puisque Freud note, à propos d'une autre patiente : « Je laissai la malade elle-même, dans une première séance,

6. FREUD (S.), « Fragment d'une analyse d'hystérie », in *Cinq psychanalyses*, trad. fr. M. Bonaparte et R. M. Lœwenstein, Paris, P.U.F., 1954.

raconter son histoire. Ce récit étant absolument clair et ordonné, malgré les événements particuliers auxquels il était fait allusion, je me dis qu'il ne pouvait s'agir dans ce cas d'hystérie et je fis immédiatement un examen somatique très soigneux, grâce auquel je découvris un tabès moyennement évolué. »

La fuite de Dora le 31 décembre 1900 va laisser Freud, on le sait, aux prises avec la nécessité de théoriser l'importance d'un transfert dont il a bien senti la présence mais dont il n'a pas su évaluer la force ni le rôle exact. Toute la conception de la thérapeutique psychanalytique en sera modifiée jusqu'à l'affirmation, en 1913, dans l'article sur « Le début du traitement », de ce que : « Le nom de psychanalyse ne s'applique qu'aux procédés où l'intensité du transfert est utilisée contre les résistances [7]. »

« Résistances » et « transfert », nous nous trouvons désormais en terrain plus familier. Freud est peu à peu rejoint dans ses recherches par les premiers psychanalystes des réunions du mercredi. Lors de celle du 30 octobre 1907, Otto Rank note sur le compte rendu fidèle qu'il fait des séances de la Société psychanalytique de Vienne : « La technique de l'analyse a changé dans la mesure où le psychanalyste ne cherche plus à obtenir le matériel qui l'intéresse lui-même, mais permet au patient de suivre le cours naturel et spontané de ses pensées [8]. » Ce jour-là, Freud a commencé le récit d'une cure entreprise au début du mois, celle de l'Homme aux rats, triomphe de la méthode des associations libres.

Le mardi 1er octobre, Freud avait en effet inscrit sur ses notes journalières : « Il donne l'impression d'un esprit clair et sagace. Après que je lui ai indiqué mes conditions, il dit qu'il lui faut en parler à sa mère [9]. » Le lendemain, sans dire à Freud qu'il a pensé, à propos des honoraires : « Pour chaque couronne, un rat pour les enfants *(Für jede Krone eine Ratte für die*

7. FREUD (S.), « Le Début du traitement », *op. cit.*

8. *Les premiers psychanalystes. Minutes de la Société psychanalytique de Vienne,* t. I : 1906-1908, trad. fr. N. Schwab-Bakman, Paris, Gallimard, 1976.

9. FREUD (S.), *L'Homme aux rats, Journal d'une analyse,* trad. fr. E. R. Hawelka, Paris, P.U.F., 1974.

Kinder) », Franz Lehrs revient et sa première séance commence. « Après lui avoir communiqué les deux conditions principales du traitement, je l'ai laissé libre de son commencement. » Ceci est donc une petite révolution qui bouleverse toutes les habitudes d'une observation médicale bâtie sur un interrogatoire précis, toute la coutume de l'intérêt porté à la maladie, toute la tradition qui laisse à l'homme de l'art le rôle directif dans la cérémonie de « la consultation ».

Des « deux conditions principales du traitement », nous connaissons la première, édictée par la règle fondamentale : tout dire. Elle effraye l'Homme aux rats qui, à la deuxième séance, avouera à Freud qu'il pense que les choses arrivent s'il en parle. Quant à l'autre condition, si Freud ne la précise pas, il me semble à la lumière d'autres textes qu'il s'agit de la nécessité que le patient soit allongé et surtout que le psychanalyste soit placé derrière lui de telle sorte qu'on ne puisse pas voir son visage. « Cet usage, précise Freud dans l'article de 1913 [10], a une signification historique, il représente le vestige de la méthode hypnotique d'où est sortie la psychanalyse. Mais c'est pour plusieurs raisons qu'il mérite d'être conservé. Parlons d'abord d'un motif personnel, mais probablement valable pour d'autres que moi : je ne supporte pas que l'on me regarde pendant huit heures par jour (ou davantage). Comme je me laisse aller, au cours des séances, à mes pensées inconscientes, je ne veux pas que l'expression de mon visage puisse fournir au patient certaines indications qu'il pourrait interpréter ou qui influeraient sur ses dires. En général l'analysé considère l'obligation d'être allongé comme une dure épreuve et s'insurge là contre, surtout quand le voyeurisme joue dans sa névrose un rôle important. Malgré cela je maintiens cette mesure qui a pour but et pour résultat d'empêcher toute immixtion, même imperceptible, du transfert dans les associations du patient et d'isoler le transfert, de telle sorte qu'on le voit apparaître à l'état de résistance à un moment donné. »

Si l'on a beaucoup glosé sur la première raison, personnelle, donnée par Freud à son exigence, on a souvent oublié de

10. « Le Début du traitement », *op. cit.*

rappeler la seconde qui est pourtant plus importante. Elle est liée à la nécessité pour la psychanalyse de se différencier des méthodes utilisant la suggestion dont elle est issue. Elle montre la place qu'acquiert dans le traitement la naissance du transfert, considération qui n'est pas sans autres conséquences pratiques : « De longs entretiens précédant le début du traitement analytique, une méthode thérapeutique différente antérieurement appliquée, ainsi que des relations amicales déjà établies entre l'analyste et son futur patient, peuvent avoir certaines fâcheuses conséquences auxquelles il faut être préparé. Au moment où le patient commence son analyse, le transfert est déjà établi et le médecin se voit alors contraint de le démasquer lentement au lieu d'être en mesure de le voir naître et décroître sous ses yeux, à partir du début du traitement [11]. » Seize ans plus tard, l'opinion de Freud n'aura pas changé sur ce point : « J'ai demandé à Freud, écrit Smiley Blanton, s'il croyait préférable d'avoir plusieurs entretiens préliminaires avec un patient avant d'entreprendre l'analyse, ou bien de commencer d'emblée celle-ci en consacrant les premières séances à un dialogue préalable. " Avec un étudiant en formation cette dernière méthode est convenable, mais avec un patient venant pour se faire traiter, certainement pas [12]. " » Si l'on considère la fréquence avec laquelle, de nos jours, on voit des psychanalyses succéder à de longs mois, voire des années de psychothérapie de face à face, le tout pratiqué par le même praticien, on peut s'interroger sur le problème soulevé par Freud dans ces réflexions. Il n'est d'ailleurs pas seulement lié à la situation de face à face, ce que Freud avait bien précisé au fidèle Blanton : « La position n'est qu'une affaire de commodité, mais un point demeure essentiel : l'analysé ne doit pas voir le visage de l'analyste. S'il en était autrement, l'expression de l'analyste l'influencerait. »

L'Homme aux rats supporte mal cette position et s'agite. Durant les premières séances, Freud lui fait faire son apprentissage théorique. Petit discours sur la résistance à la deuxième séance. A la quatrième, différence entre affect et représentation,

11. *Ibid.*
12. BLANTON (S.), *op. cit.*

après la phase inaugurale : « Comment allez-vous continuer maintenant ? » La distinction entre le conscient et l'inconscient sera introduite par un « truc » que Freud continuera d'employer jusqu'à la fin de sa vie : « J'attire son attention sur les objets antiques de mon bureau, trouvailles faites dans des tombeaux et dont l'ensevelissement conditionne la conservation. Pompéi ne périt que maintenant, depuis sa mise à jour. » Car le bureau joue son rôle dans la thérapeutique, visible par la porte ouverte sous le regard du patient, petite pièce surencombrée d'objets dont les photographies d'Edmund Engelman nous ont gardé la trace. Avec H. D., on verra Freud se lever, prendre les statuettes et les commenter en fonction de l'analyse en cours dont elles deviendront alors un élément déterminant.

A la fin de cette quatrième séance, Freud note : « J'émets sur lui un jugement très favorable, qui manifestement le réjouit beaucoup. » C'est en effet une pratique courante que de faire quelque compliment à ses patients, sans doute pour aider l'installation d'un transfert positif que Freud juge absolument indispensable à constater avant de se risquer à la moindre interprétation, sous peine d'être qualifié d'analyste sauvage.

L'Homme aux loups, se souvenant des débuts de son analyse en janvier 1910, rappelle que Freud parla à son propos de « penseur de première classe, ce qui ne me remplit pas de peu d'orgueil puisque dans mon enfance j'avais souffert de la compétition avec ma sœur ». Et encore : « Le sentiment de " travailler ensemble " était accru par la reconnaissance par Freud de ma compréhension de la psychanalyse, au point qu'il dit même une fois que ce serait bien si tous ses élèves pouvaient saisir la nature de l'analyse aussi profondément que moi [13]. »

Ernest Jones, se référant à une lettre inédite de Freud à Ferenczi, raconte que « dès la première séance du traitement [il] proposa à Freud de se livrer avec lui à des fornications rectales et ensuite à déféquer sur sa tête [14] », ce que bien des années plus

13. *L'Homme aux loups par ses psychanalystes et par lui-même,* prés. M. Gardiner, trad. fr. L. Weibel, Paris, Gallimard, 1981.

14. JONES (E.), *La vie et l'œuvre de Sigmund Freud,* t. II, trad. fr. A. Berman, Paris, P.U.F., 1961.

tard Serguei Pankejeff démentira avec indignation [15]. Son propre récit dans ses *Mémoires* avait été d'ailleurs beaucoup plus traditionnel : « Le trait le plus impressionnant c'était ses intelligents yeux noirs qui me regardaient de façon pénétrante, mais sans me causer le plus petit sentiment d'inconfort. Sa façon correcte, conventionnelle de s'habiller et ses manières simples, mais sûres d'elles-mêmes, indiquaient son amour de l'ordre et sa sérénité intérieure. Toute l'attitude de Freud et la façon dont il m'écoutait le différenciaient considérablement de ses collègues fameux. [...] Il me dit qu'il trouvait mon cas convenable pour un traitement psychanalytique, mais qu'il était à présent si occupé qu'il ne pourrait prendre aucun nouveau patient dans l'immédiat. Cependant nous pourrions faire un compromis. Il visitait chaque jour une patiente dans le Sanatorium Cottage et, à la suite de cette visite, il commencerait là mon traitement si j'étais d'accord pour passer quelques semaines dans ce sanatorium [16]. » La lune de miel commence : « Après les quelques premières heures avec Freud, je sentis que j'avais enfin trouvé ce que j'avais si longtemps cherché », mais le professeur n'est pas dupe : « Maintenant Freud me mettait en garde contre mon optimisme excessif, prévoyant tout à fait justement que la résistance et ses difficultés attenantes étaient encore à venir. Au temps convenable, je retournai dans ma pension et continuai mon analyse dans l'appartement de Freud. »

Désormais, pour Freud : « Le traitement comporte deux parties : le médecin se livre à un travail de déduction et fait part au patient de ce qu'il a déduit et, d'autre part, le patient retravaille ce que lui a dit le médecin. » C'est que : « A l'époque du traitement cathartique notre but était d'expliquer les symptômes; par la suite, nous détournant des symptômes, nous avons cherché à découvrir les “ complexes ”, suivant le terme, devenu indispensable, de Jung. Actuellement, nos efforts tendent directement à trouver et à vaincre les “ résistances ” et nous pensons à juste titre que les complexes se révéleront sans

15. OBHOLZER (K.), *Entretiens avec l'Homme aux loups*, trad. fr. R. Dugas, préf. M. Schneider, Paris, Gallimard, 1981.

16. *L'Homme aux loups par ses psychanalystes et par lui-même, op. cit.*

peine dès que les résistances auront été découvertes et écartées [17]. »

Ces phrases ont été prononcées au congrès psychanalytique de Nuremberg, en 1910. C'est l'année où l'importance du contre-transfert apparaît de plus en plus nettement à Freud, avec bientôt l'exigence d'une psychanalyse pour les futurs thérapeutes. C'est également l'année de la fondation de l'Association psychanalytique internationale, dont une des missions sera de distinguer le bon grain de l'ivraie parmi ceux qui prétendent appliquer la méthode freudienne. Freud n'est plus seul et les « élèves » vont peu à peu remplacer sur son divan les « malades », ce qui nous vaut les souvenirs et les anecdotes de ceux qui notent sur leur journal le contenu de leurs séances.

Abram Kardiner, en 1921, apporte un intéressant témoignage. Dans une lettre préliminaire, Freud lui a précisé : « Je suis heureux de vous accepter en analyse, d'autant que le Dr Finck me fait un excellent rapport à votre sujet [...]. Si l'on veut arriver à quelque chose tant sur le plan théorique que personnel, une bonne mesure est de six mois [...]. Mes honoraires sont de 10 dollars par heure, ce qui fait environ 250 dollars par mois, que vous voudrez bien me payer en billets et non en chèques, car je ne peux que changer ces derniers en couronnes. Si vous connaissez l'allemand, ce serait utile pour notre analyse, et vous pourriez travailler ici à la rédaction de l'*International Journal of Psychoanalysis* [18]. »

Parvenu à Vienne avant la fin des vacances estivales de Freud, Kardiner va chercher celui-ci à la gare : « Je fus déçu. Je m'attendais à un homme plus grand. Il avait une voix rauque et éraillée; mais il parlait un anglais impeccable. Freud me tendit la main et me présenta à sa femme, à sa fille Anna et à Paula. » Toutefois, dès la rencontre du lendemain, le ton change : « J'eus sur-le-champ pleinement confiance en lui. Il dégageait de la force et un air d'autorité et je me sentais parfaitement à l'aise

17. FREUD (S.), « Perspectives d'avenir de la thérapeutique psychanalytique », in *De la technique psychanalytique, op. cit.*

18. KARDINER (A.), *Mon analyse avec Freud*, trad. fr. A. Lyotard-May, Paris, Belfond, 1978.

avec lui – et avec moi-même. J'étais convaincu que cet homme était non seulement en mesure de m'aider personnellement mais qu'il me lancerait également vers une carrière passionnante. Au cours de l'entretien préliminaire, il me demanda de lui esquisser une biographie que je lui résumai rapidement. » A la fin, Freud conclut : « Je crois que vous êtes une personnalité intéressante et quelqu'un avec qui on peut travailler », puis il envisage le problème des horaires : « Vous êtes cinq Américains et j'ai trente heures. Voulez-vous aller chez Abraham, Rank ou Ferenczi ? » La réponse est bien sûr négative. « " Bien, nous verrons. J'en discuterai avec ma femme et ma fille Anna. Je suis disposé à faire une heure de plus, mais elles ne voudront pas en entendre parler " [...] Sur quoi, et ce fut son habitude par la suite, il me tendit la main et m'attira légèrement vers lui en disant : « Auf Wiedersehen ! ". »

Le compromis consistera à proposer aux Américains une heure en moins chacun « et c'est ainsi que débuta le régime des cinq heures par semaine car jusque-là ç'avait toujours été six heures ». Les élèves anglais restés à l'ancien régime en seront bien punis, et ils se plaindront que Freud ne leur parle jamais, le soupçonnant même de dormir, alors que Kardiner excitera leur envie en leur rapportant tout ce que lui raconte son prolixe et flatteur analyste.

A la première séance, « Freud m'introduisit dans son bureau, me désigna le divan et dit : " Vous savez ce qu'il vous reste à faire ! " et je commençai. [...] Freud m'interrompit et me demanda : " Avez-vous préparé cette séance ? " Je répliquai : " Non ! Mais pourquoi me posez-vous cette question ? – Parce que la présentation était parfaite. Je veux dire *druckfertig* (« bon à tirer ») comme on dit en allemand. A demain. " Il me serra la main et je partis, ravi, impressionné par l'idée que je pouvais réellement retenir son attention. En le quittant, je supportai difficilement l'idée d'attendre la séance du lendemain. »

D'autres compliments suivront, comme la phrase d'encouragement que Kardiner n'oubliera pas : « " Vous pouvez être au tapis, vous ne serez jamais battu. " Je me sentis réconforté par cette observation. J'avais de toute évidence plus de force que je ne le croyais. Et Freud m'a donné ce jour-là un coup de main dont j'avais grand besoin. » Une telle relation idéalisée ne peut manquer de contenir son contraire négatif, que Kardiner va très vite formuler. Alors que Freud lui interprète un rêve en insistant sur la résistance à l'analyse qui s'y exprime, il commente : « Ma première réaction fut d'accepter cette interprétation. Mais j'ai compris bien des années plus tard l'erreur profonde que Freud avait commise. L'homme qui avait inventé le concept de transfert ne savait pas le reconnaître quand il se présentait. Une seule chose lui avait échappé : oui, bien sûr, j'avais peur de mon père quand j'étais petit, mais aujourd'hui l'homme que je craignais, c'était Freud en personne. Il pouvait me donner la vie ou la briser, ce qui n'était plus le cas de mon père. Sa lecture renvoyait ma réaction tout entière dans le passé, et du même coup elle faisait de cette analyse une reconstruction historique. » On sait qu'il faudra attendre 1937 pour que Freud reconnaisse le reproche que lui avait également fait Ferenczi de négliger l'analyse du transfert négatif...

Ce n'est pas celui-ci qui semble directement caractériser les souvenirs que Joan Riviere garde de son analyse en 1922 : « On percevait sa vitalité, la force de son énergie, son horreur des préambules et des salamalecs. Contrairement aux règles et avec une certaine imprudence, il me dit au début de ma première séance d'analyse : " Eh bien, je sais déjà quelque chose sur votre compte; vous avez eu un père et une mère! " Ce qui signifiait : " Vite! Je n'ai pas le temps de vous attendre vous et vos inhibitions; je désire quelque chose qui me permettra de commencer, mettez-moi vite en possession des grandes lignes! " Comme tout maître il se permettait de plaisanter avec son patient jusqu'au moment où un nouveau problème se posait, sur lequel il devait se pencher comme un étudiant [19]. »

Peut-être aime-t-il également brusquer un peu les femmes, comme Maryse Choisy en fera l'expérience en 1924 avec une interprétation sauvage, à la troisième séance, d'un rêve où Freud lut le secret de sa naissance. Comme elle crie à l'impossible, il lui dit de se renseigner. Elle prend le premier avion pour interroger une parente qui va confirmer l'intuition

19. RIVIERE (J.), « An Intimate Impression », in JONES (E.), *op. cit.*

de Freud, et commente : « Je ne revins jamais à la Berggasse. Jamais plus. Freud était pour moi un père magique, un sorcier. Il voyait à travers moi. J'en avais peur. J'avais pris tellement peur que pendant dix ans je traversai sur l'autre trottoir dès que je voyais un psychanalyste [20]. »

En fait, cinq ans plus tard, il est aussi direct dans ses manières avec Smiley Blanton, même s'il ne lui assène pas de telles vérités. Arrivé avec un peu de retard dans la villa de vacances où Freud le reçoit pour la première fois, il se fait tancer par cet « homme de petite taille, 1,65 m environ, frêle et grisonnant » qui l'accueille, un cigare à la main. « Ayant pris connaissance de la lettre de recommandation, Freud m'a invité à m'étendre tandis qu'il s'installait dans son fauteuil. " Vous avez écrit et donné des cours sur l'analyse ? " a-t-il commencé sur un ton interrogateur. Je me suis empressé de lui répondre qu'il n'en était rien. " Mais du moins vous avez lu des textes concernant l'analyse ? – Ah cela, oui, ai-je répliqué. – Bon, alors, comment procède-t-on ? " Je lui ai répondu que le patient, une fois étendu sur le divan, formule librement tout ce qui lui vient à l'esprit. J'ai ajouté que l'analysé était également censé se détendre complètement. En fait je me trouvais mi-assis, mi-étendu et, à vrai dire, plutôt contracté. " Eh bien alors, pourquoi ne vous détendez-vous pas ? " Je me suis aussitôt mis dans une position plus confortable [21]. »

De fait, nous l'avons déjà noté, Smiley Blanton est un élève docile, et si Freud le rudoie ou ironise un peu, il ne s'en offusque pas. C'est qu'il y a des bons côtés dans cette relation : « Il m'a paru constamment attentif à ce que je disais. J'ai perçu qu'il s'y intéressait et qu'il l'enregistrait intégralement [...]. J'ai continué à parler jusqu'au moment où la pendule a sonné quatre heures. M'arrêtant au milieu d'une phrase, je me suis levé aussitôt. " Je regrette que l'heure ait été si courte ", m'a dit Freud en me raccompagnant dans l'entrée. »

Le lendemain, à la deuxième séance, Freud conseille d'emblée : « Allez-y comme si c'était une nouvelle fois et non pas

20. CHOISY (M.), *Mes enfances, Mémoires 1903-1924*, Paris, Éd. Mont-Blanc, 1971.
21. BLANTON (S.), *op. cit.*

la suite de la dernière séance. » C'est qu'il a bien senti les protections obsessionnelles de son nouveau patient et s'apprête à les contrarier : « Freud m'a interrompu : " Avez-vous préparé ce que vous êtes en train de me dire ? – Oui, ai-je répondu. – Il ne faut pas que vous prépariez ce que vous allez dire. Vous devez au contraire donner libre cours à ce qui vous vient à l'esprit. Telle est la méthode classique. " Je suis resté silencieux un long moment. Sur quoi Freud m'a relancé : " Vous pouvez néanmoins continuer et communiquer ce que vous avez préparé ! " » A la fin de la séance suivante, il le complimentera : « C'était beaucoup mieux. Vous avez été beaucoup plus libre qu'auparavant. » Et le lendemain, cet autre compliment – de taille pour quelqu'un qui avait observé le premier jour de sa rencontre avec le professeur : « Il est partiellement chauve, sa tête n'est pas large; et son front, quoique haut, n'est pas aussi haut que le mien » – : « J'ai oublié de noter que j'ai également associé sur ma calvitie, précisant que je suis chauve depuis l'âge de vingt et un ans mais que cela m'a toujours été égal ayant un crâne de forme harmonieuse. " Oui, m'a dit Freud, je l'ai remarqué. " »

A la cinquième séance, Freud s'inquiétera : « Rêvez-vous ? – Oui, souvent. Ainsi j'ai rêvé la nuit dernière. – Pourquoi n'en avez-vous pas parlé ? – Parce que je voulais attendre d'en avoir pris note au réveil. – Mais il ne faut pas procéder ainsi, s'est-il écrié », ajoutant même en fin de séance en lui mettant la main sur l'épaule : « Pour un analyste, ne pas rapporter ses rêves, voilà une sérieuse résistance ! » Mais, deux mois plus tard, le zèle de Smiley Blanton lui vaudra cette nouvelle remarque : « N'en avez-vous pas assez des rêves ? Il faut aussi que vous livriez ce qui est dans votre moi conscient. »

On ne peut résumer le récit ni le journal que H. D. a publiés de son analyse, en 1933, car il faut lire ces témoignages dus à un véritable écrivain. Sigmund Freud a soixante-dix-sept ans. Lors de sa première visite, H. D. est fascinée par les objets qui envahissent le bureau : « J'aurais pensé que le Gardien, à l'abri derrière le seuil, aurait accueilli l'âme frissonnante. Mais ce n'est pas ainsi qu'agit le Professeur. Il attendit et, après avoir compris que je ne voulais ou ne pouvais pas parler, il prononça alors quelques mots. Et ces mots – j'y perçus quelque tristesse – furent : " Vous êtes la seule personne qui ait jamais pénétré dans cette pièce et regardé les objets avant de me regarder. " Mais le pire ne s'était pas encore produit. D'un pas étouffé une petite créature à l'aspect léonin s'avança vers moi, une sorte de lionne [..]. A la fois timide et embarrassée, tout à fait décontenancée, je me penchai pour saluer cette créature. Mais le Professeur s'interposa : " Ne la touchez pas, elle mord, elle est très difficile avec les étrangers. " *Étrangers*? L'âme qui franchit le seuil est-elle donc une étrangère pour celui qui en est le Gardien ? [...] Nullement intimidée, mais vraiment affligée par l'attitude quelque peu rébarbative du Professeur, non seulement je poursuivis mon geste vers l'animal, mais je m'accroupis sur le sol pour qu'il pût mieux me mordre si tel était son désir. Yofi – c'était son nom – enfouit son nez dans ma main et blottit sa tête contre mon épaule, en un geste de délicate sympathie. Ainsi puis-je dire que le Professeur n'avait pas toujours raison [22]. »

A la même époque, le contact se passe encore plus rudement avec Joseph Wortis qui ne supporte pas du tout de n'être pas accueilli comme un élève exceptionnel. Dès le début, les questions d'argent surgissent, car Freud ne semble pas disposé à perdre son temps. Il lui suggère de se faire analyser par sa fille, Anna, mais Wortis ne veut pas en entendre parler. Après de nouvelles rencontres, il lui propose une heure par jour, cinq jours par semaine en commençant par une période d'essai de quatorze jours. « Je fus conduit à un divan. Freud s'assit derrière moi et commença une petite conférence, exposant la procédure, utilisant, délibérément et lucidement, un vrai style de conférence que je ponctuais d'un *Ja-Ja* périodique. » Au bout d'un temps : « Et maintenant, continua-t-il, vous pouvez commencer et dire ce que vous voulez. » On a compris que rien ne va se passer comme avec les autres patients dont nous avons lu les récits, et Wortis conclut le récit de cette première séance par : « Il y avait cette désagréable perspective de développer ce que Freud appelait *Widerstand*, contre lui, mon actuel seigneur et maître qui, pendant que je parlais, se posait en juge comme le

22. H. D., *Visage de Freud*, trad. fr. F. de Gruson, Paris, Denoël, 1977.

Jéhovah sévère de l'Ancien Testament; il ne me semblait pas spécialement se donner de peine pour être accueillant ou rassurant, il avait au contraire troublé sans motif notre association amicale en donnant, à mon avis, une importance exagérée aux questions d'argent [23]. » En fait, Freud laissera entendre son irritation et sa tactique à la douzième séance : « Il n'y a pas besoin d'avoir d'égard pour vous, dira-t-il à son ergoteur de patient. Vous avez suffisamment confiance en vous pour être protégé de toute critique. C'est une position vraiment enviable. » La bonne servante Paula s'en étonnera le lendemain : « Cela fait longtemps que je travaille ici, dit-elle, et je n'ai jamais vu le Professeur réellement en colère. »

Les quelques exemples que nous avons cités permettent cependant de se faire une idée de ce petit homme au regard si pénétrant qui savait écouter avec tant d'attention mais qui n'était pas le moins du monde disposé à se laisser faire. Il confiera un jour à Abram Kardiner : « A dire les choses franchement, les problèmes thérapeutiques ne m'intéressent pas beaucoup. Je suis à présent beaucoup trop impatient. Je souffre d'un certain nombre de handicaps qui m'empêchent d'être un grand analyste. Entre autres, je suis beaucoup trop un père. Deuxièmement, je m'occupe tout le temps de théorie, je m'en occupe beaucoup trop, si bien que les occasions qui se présentent me servent plus à travailler ma propre théorie qu'à faire attention aux questions de thérapie. Troisièmement, je n'ai pas la patience de garder les gens longtemps. Je me fatigue d'eux et je préfère étendre mon influence. » Il y a à prendre et à laisser dans cette « citation » faite par Kardiner – surtout si l'on songe à son immense déception lorsque Freud lui rappela le terme prochain de son analyse! –, comme d'ailleurs dans tous les propos ou les comportements qu'un ancien analysé attribue dans ses souvenirs à son analyste, même si des notes quotidiennes ont été scrupuleusement prises (pratique que condamnait Freud, soit dit en passant, ainsi que nous l'apprend H. D.

23. WORTIS (J.), *Psychanalyse à Vienne, 1934, Notes sur mon analyse avec Freud*, trad. fr. Ph. Rousseau, Paris, Denoël, 1974.

qui devra mettre fin au bout d'un temps à cette « résistance »), mais elle ne m'apparaît pas entièrement fabriquée. Il n'est que de se souvenir de l'émerveillement de Freud devant ce que lui faisaient peu à peu découvrir ses malades hystériques ou ce que lui dévoilait l'Homme aux rats de la névrose obsessionnelle. Il n'est que de songer à son peu de goût pour des malades psychotiques dont on sait l'engagement affectif et effectif qu'ils exigent.

Rappelons le conseil qu'il donne de ne pas multiplier les entretiens préliminaires pour ne pas se priver de l'observation directe de la naissance du transfert en une situation psychanalytique caractérisée par ses deux « conditions » essentielles : la règle fondamentale de l'association libre et la nécessité de ne pas voir le visage du psychanalyste, nécessité dont la position allongée de l'analysé n'est qu'un corollaire. La question des honoraires est abordée en toute franchise, parfois même avec un peu trop d'âpreté, juge Wortis, et déjà les patients sont fiers de payer plus cher avec le professeur qu'avec un de ses élèves ou sa fille. Il faut savoir que Freud constitue la principale source de clientèle de la plupart de ses disciples viennois, surtout lorsqu'ils ne sont pas médecins, ce qui n'est pas sans provoquer des situations d'allégeance et de dépendance, voire de sérieuses rivalités. Quant aux répercussions de cette position patronale, on peut l'imaginer en lisant la recommandation que le maître rédigeait en envoyant tel patient à tel jeune collègue, par exemple, le 8 octobre 1917, à Paul Federn : « Mme Marie H. relève de façon urgente de la psychanalyse avant son mariage et offre les meilleures chances. »

Dès 1913, il insiste sur sa pratique de « traitements d'essai » que nous lui verrons encore proposer à Joseph Wortis en 1933 : « Je tiens à ajouter que j'ai maintenant pris l'habitude lorsque je connais encore peu un malade, de pratiquer d'abord un traitement d'essai de une à deux semaines. Si l'on vient à interrompre le traitement au bout de ce temps, on épargne au malade l'impression pénible que lui laisserait l'échec d'une tentative de cure [...]. Cet essai préliminaire constitue pourtant déjà le début d'une analyse et doit se conformer aux règles qui la régissent; la seule différence peut être que le psychanalyste laisse surtout parler le patient sans commenter ses dires plus qu'il n'est absolument nécessaire à la poursuite de son récit. »

Son regard, sur lequel ses analysés insistent, comme tous ceux d'ailleurs qui l'ont rencontré, semble tout voir, tout noter : le plaisir que ressent Fr. von R. si on lui pince la peau ou les muscles hyperalgiques de ses jambes, « l'horreur d'une volupté qu'il ignore lui-même » de l'Homme aux rats, les mille détails qui caractérisent les premières résistances, les premiers symptômes ou les premiers actes manqués, ceux-ci méritant en effet une attention semblable à celle qui doit être portée aux premières paroles et aux premiers rêves.

Nous avons vu le soin qu'il mettait à éveiller un transfert positif par des remarques flatteuses sur l'intelligence, la fermeté de caractère ou les qualités physiques de patients ravis de ces compliments, comme d'entendre ponctuer ou conclure leur séance d'un : « Très intéressant ! » Mais nous pouvons aussi constater sa grande rigueur : « Lorsqu'on fait une seule concession (ici, permettre à un patient de taire le nom des gens dont il parle sur le divan), tout le travail est voué à l'échec [24] », ce qu'expérimentera l'Homme aux rats lors de sa deuxième séance : « Ici il s'interrompt, se lève et me prie de lui faire grâce de la description des détails. Je l'assure que, quant à moi, je n'ai aucun penchant pour la cruauté et n'ai certainement pas envie de le tourmenter, mais que, bien entendu, je ne peux le dispenser d'une chose sur laquelle je n'ai pas de pouvoir. Il pourrait tout aussi bien me prier de lui dispenser deux comètes. Surmonter des résistances est un commandement du traitement, auquel nous ne pouvons naturellement pas nous soustraire. » Dans le même esprit, il reconnaît que la confiance ou la méfiance manifestées au début du traitement n'importent pas car, en cas de manifestation de confiance d'un patient : « Tout en le remerciant, on le prévient que ses préjugés favorables vont être détruits par les premières difficultés qui surgiront au cours du traitement. » Il faut également refuser de dispenser les patients de l'obligation d'être allongés, mais : « On ne peut les

24. FREUD (S.), « Le Début du traitement », *op. cit.*

empêcher de converser un peu, avant de " s'allonger " ou bien une fois qu'on leur a signifié la fin de la séance et qu'ils ont quitté le sofa. Ils partagent ainsi mentalement le traitement en deux parties : une partie officielle, durant laquelle ils se montrent généralement très inhibés et une partie " familière " où ils se sentent à l'aise et parlent vraiment librement en racontant bien des choses qu'ils imaginent n'avoir aucun rapport avec leur traitement. Le médecin ne se laisse pas longtemps imposer cette distinction : il prend note de ce qui lui a été dit en dehors des séances pour l'utiliser à la première occasion, de façon à abattre la cloison que voulait élever le patient. Cette cloison est, elle aussi, édifiée à l'aide des matériaux d'une résistance de transfert. »

Encore qu'il conseille de ne pas le faire avant qu'un transfert positif assez solide ait été établi, Freud paraît communiquer assez rapidement à ses analysants ses premières interprétations. Elles portent principalement sur les résistances à la psychanalyse et c'est dans cette optique que se trouvent interprétées des réactions d'opposition que nous classerions plus volontiers aujourd'hui comme manifestations d'un transfert négatif. « Je ne suis pas cruel », assure Freud à l'Homme aux rats qui l'appelle alors compulsivement : « Mon capitaine! » Plus tard, l'homosexualité passive, elle aussi envisagée comme une résistance, et le complexe d'Œdipe seront les thèmes permanents de ses interprétations, ce qui peut sembler difficile à imaginer aujourd'hui où ont été largement diffusées les théories de Karl Abraham, Mélanie Klein, Winnicot et tant d'autres. Abram Kardiner nous apprend d'ailleurs qu'en 1924 Freud enverra Hélène Deutch à Berlin pour étudier toutes les nouveautés qu'Abraham apporte à la théorie de la libido. Ce n'est qu'à la suite de son rapport favorable que des interprétations de type « oral » ou « anal » joueront un rôle thérapeutique, débordant le cadre strictement théorique dans lequel elles avaient été jusqu'alors maintenues. Freud, d'après ce que l'on peut lire, ne les utilisera que fort peu, préférant rester fidèle à sa vieille technique d'interprétation opiniâtre de l'homosexualité et du complexe d'Œdipe.

Tous ses analysés reconnaissent son intuition remarquable

pour les rêves, même si nous avons noté avec Maryse Choisy l'usage un peu brutal qu'il pouvait faire de sa pénétration de leur signification inconsciente. Un autre élève, Clarence Oberndorf, en vivra également l'amère expérience. S'agissait-il pour Freud de tentatives de mobilisation de ses patients, comme nous l'avons vu bousculer le boudeur Joseph Wortis ? Les expériences de technique active de Ferenczi sont proches et vont assez dans le sens d'un Freud un peu impatient. Ne peut-on simplement y deviner la manifestation d'un contre-transfert négatif qu'après tout l'homme Freud avait comme tout un chacun le droit d'éprouver et peut-être moins que nous la possibilité ou l'envie de surmonter ? « Je n'aime pas être la mère », confiera-t-il un jour à H. D., marquant ainsi quelque limite secrète à son écoute et à ses facultés de compréhension. Il n'est rien moins qu'une sœur de charité, il suffit de lire dans ses remarques ou leur correspondance combien l'oblativité du pasteur Pfister lui semble critiquable.

« Mais, remarque finalement Smiley Blanton, son intérêt, en dépit de toutes les interdictions préliminaires et indispensables, demeurait curieusement impersonnel. On avait toujours l'impression d'une certaine réserve, dissimulée derrière cet ardent intérêt, comme si ce n'était pas pour lui-même qu'il désirait comprendre les choses, mais en vue d'un but situé à l'extérieur. » Smiley Blanton notera également : « Les minutes passant, la simplicité de Freud m'a permis de me sentir à l'aise et plus en sécurité. En même temps je percevais bien, chez lui, une certaine distance, mais ce n'était nullement désagréable, plutôt plaisant même au contraire. »

Une telle réserve un peu distante était certainement liée au fonctionnement psychique d'un Freud si occupé à maîtriser dans sa maturité les affects qui envahirent avec tant de violence passionnelle ses années de jeunesse, mais elle correspondait également à une pratique de la psychanalyse de plus en plus éloignée des préoccupations à proprement parler psychothérapiques de ses débuts.

Cette évolution, qui allait peu à peu donner au patient le rôle actif et contenir le psychanalyste dans celui d'un accompagnateur, n'était cependant pas pour Freud, en dehors même des interventions que nous avons jugées « sauvages » auxquelles il s'est livré, synonyme de passivité de l'analyste, surtout au début de la cure. « Il estimait, rapporte Theodore Reik, que le psychanalyste devait introduire ses interprétations par des remarques qui puissent donner au patient une vue élémentaire sur l'opposition et le conflit entre, d'une part le moi organisé et conscient, d'autre part le moi réprimé : " Il serait manifestement aussi absurde de dire au patient non initié qu'il eut autrefois des désirs incestueux à l'égard de sa mère que de dire à l'homme de la rue qu'il voit les choses à l'envers [25]. " » Et ce même Reik, à propos de la façon de livrer à un patient la première interprétation de son analyse, de rappeler une histoire que Freud aimait alors à raconter : « Le Shah de Perse avait fait un rêve inquiétant. Il fit venir celui qui avait pour fonction d'interpréter les rêves et il lui livra le contenu de son rêve. Le magicien déclara : " Hélas, ô Roi, tous vos proches vont mourir et après eux ce sera votre tour ! " Le Shah se mit en colère; il donna l'ordre de décapiter cet interprète. Il fit ensuite venir un second interprète à qui il raconta son rêve. Celui-ci lui dit alors : " Salut à toi, ô Roi, tu survivras à tous tes proches ! " Le Shah donna l'ordre d'offrir à ce second interprète cent pièces d'or. »

25. REIK (Th.), *Trente ans avec Freud*, trad. fr. E. Sznycer, Paris, Éd. Complexe, 1975.

Index des noms cités

Les chiffres en italique renvoient aux pages où le nom propre est cité en note, lorsque celui-ci n'apparaît pas déjà dans le corps du texte, ou dans une bibliographie en fin de chapitre.

Table des matières

Imprimé en France par FIRMIN-DIDOT S.A. - Paris-Mesnil
sur SYSTÈME CAMERON
Dépôt légal : octobre 1982
N° d'édition : 5313 – N° d'impression : 0071

23.71.3701.01
ISBN 2.01.008414.4

23.3701.2